深化行政体制改革
创新社会治理

SHENHUA XINGZHENG TIZHI GAIGE
CHUANGXIN SHEHUI ZHILI

郑德涛　林应武　主编

中山大學出版社
SUN YAT-SEN UNIVERSITY PRESS
·广州·

图书在版编目（CIP）数据

深化行政体制改革　创新社会治理/郑德涛，林应武主编．—广州：中山大学出版社，2014.9
ISBN 978-7-306-04968-1

Ⅰ．①深…　Ⅱ．①郑…②林…　Ⅲ．①行政管理—政治体制改革—研究—中国　Ⅳ．①D63

中国版本图书馆 CIP 数据核字（2014）第 164993 号

出 版 人：徐　劲
策划编辑：赵　婷
责任编辑：赵　婷
封面设计：林绵华
责任校对：曾育林
责任技编：黄少伟
出版发行：中山大学出版社
电　　话：编辑部 020-84111996，84113349，84111997，84110779
　　　　　发行部 020-84111998，84111981，84111160
地　　址：广州市新港西路 135 号
邮　　编：510275　　　　传　真：020-84036565
网　　址：http://www.zsup.com.cn　　E-mail:zdcbs@mail.sysu.edu.cn
印 刷 者：广州中大印刷有限公司
规　　格：787mm×960mm　1/16　17.25 印张　320 千字
版次印次：2014 年 9 月第 1 版　　2014 年 9 月第 1 次印刷
印　　数：1～1000 册　　定　　价：40.00 元

第四期广东省公务员公共管理芬兰研究班集体照

开班合影

与土尔库市政府人员进行交流

课堂一角

学员论坛

课题讨论

编　委　会

目　录

第一部分　社会发展与公共服务创新

第二部分　政府政务改革与社会保障管理

第一部分　社会发展与公共服务创新

从芬兰水电现状议水电开发和生态环境的关系

彭　惠

经国际权威机构评价，芬兰是世界上最具竞争力的国家，在垃圾处理、反腐倡廉、科技教育、环境保护等诸多方面都有卓越成就。2010 年笔者有幸参加了第四期广东省公务员公共管理芬兰专题研究班的学习，收获很多。作为一位在水电建设管理方面工作多年的技术管理人员，笔者仅从芬兰境内一条河流的水电开发利用现状上对水电开发和生态环境的关系发表一些看法。

芬兰境内有湖泊 55000 多个，没有高山，河流落差不大，河流水能资源蕴藏量非常有限。20 世纪初，为保护环境和满足局部地区电力需求，芬兰积极推进清洁能源——水电资源的开发。此次学习未经实地调研，仅经拉普兰市博物馆咨询得知局部信息：拉普兰市的 Karsinapadot Kemijoessa 河流的水电开发率已近 100%。Karsinapadot Kemijoessa 河流最上游建有一座小型水库，在水库以下约 70 千米范围内修建了装机容量大小不等的 21 座小型水电站。水电资源的过度开发使该条河流局部地段存在河段断流、影响生态等现象，并因此导致当地环保人士抗议、致使水电站报废的情况发生。

目前，广东省的水电开发情况和芬兰 Karsinapadot Kemijoessa 河流水电开发情况惊人的相似：

一是经济社会的发展需要水能资源。事实证明，选择开发清洁的可再生能源——水能资源是发达国家和发展中国家不约而同的选择。开发利用水能资源，既减少了温室气体的排放，又促进了能源结构的优化。

二是开发程度非常高。广东省小水电装机容量约 700 万千瓦，超过 9600 座小水电站，开发率已经超过 90%。除西江干流外，全省其他主要干流、支流河段上水电站星罗棋布，仅东江干流上就建设了 14 座水电站。

三是高开发率导致水电开发和生态环境保护相矛盾。在高度开发甚至过度开发的过程中，导致了矛盾的出现：河流出现脱水河段和半脱水河段，水生生态系统遭到破坏，河流自净能力减弱，水质受到影响，居民生活和农田灌溉用水得不到保障，农民对水电站的存在产生了不满情绪并进而投诉，等等。

此外，由于我国国情原因还出现了一些特有的问题，如电站运行中的安全问题、淹没问题、移民问题、土地问题、运行管理问题、自然遗产保护问题等等。

我国经济快速发展和人民生活水平日益提高，能源需求的缺口越来越大，能源安全已成为国家安全的重要话题。我国水能资源非常丰富。小水电属可再生能源，积极开发利用水能资源是我国能源发展战略的重要内容，但水电开发涉及生态环境保护问题。在生态环境日益受到关注的今天，水电开发引起了各方人士的激烈争论。2010 年 5 月 19 日，《中国青年报》上题为《陕西岚河百公里建 16 座电站　河道断流鱼类灭绝》的报道指出：由于岚河河流上水电“疯狂”开发，致使河道断流，生态破坏严重。2010 年 12 月 22 日，环境保护部的工作人员在“中国水污染控制战略与政策创新研讨会”上指出，“水电在某种程度上可能比火电造成的污染更严重”。

因此，在高开发率的情况下如何正确认识水电开发和生态环境的关系，成为目前广东省水能资源利用的主要议题。同时，如何借鉴芬兰等发达国家的发展经验，正确指导我们的工作实践，是我们学习研究的真正目的。本文仅以芬兰 Karsinapadot Kemijoessa 河流水电开发情况为例，结合广东省的实际情况，阐述积极发展水电的社会意义，并提出正确处理水电开发与生态环境关系的个人看法，最后提出如何在保护生态环境的基础上科学合理地、可持续地开发水能资源的有关建议。

一、充分认识积极发展水电的重大意义

（一）开发利用水能资源是国家能源发展战略的需要

今后很长一段时间，我国将仍处于工业化、城镇化加速发展时期，保证能源经济持续向好态势、进一步稳定发展，是我国能源发展的重要目标。广东省作为经济发达地区，确保电力供应结构合理、供需总体平衡是经济发展的必要条件。

水电资源作为能源的重要部分，其重要性表现在：①提供了清洁、廉价的能源。尽管水电发电量在电力供应中所占份额不大，但多年来水电资源为广东省经济发展提供了有效的补充。仅 2010 年广东省小水电发电量就达约 200 亿

度，这还不包括参与调峰错峰的中型水电的发电量。②体现了国家能源发展战略的需要。国家“十二五”规划明确提出要加快推进非化石能源发展，加快推进水电、核电建设，积极有序地做好风电、太阳能、生物质能等可再生能源的转化利用，确保到2015年非化石能源消费占一次能源消费的比重达到11%以上，为实现2020年非化石能源消费比重占一次能源消费比重达15%和单位GDP二氧化碳排放比2005年下降40%～45%的目标奠定坚实的基础。③它是能源结构调整的必然选择。在应对全球气候变化的新形势下，我国要大力推进能源结构调整，加快能源发展方式转变，采取有效措施加大节能力度，为国民经济和社会发展提供稳定、清洁、可靠的能源安全保障。因此，国家能源发展战略的具体体现就是要加快水电和核能等清洁能源的开发建设。但是，随着“3·11”日本大地震引发的核电危机，有关核能安全开发的问题在全球范围内展开了热烈的议论。核电信任危机为各国未来实施核电战略蒙上了一层阴影，有些国家甚至呼吁停建核电。同时，水电是我国目前最大的清洁能源，太阳能、风能等其他清洁能源远不能和水电的发电量相比拟。在减排压力下，现在没有别的替代能源可以取代水电。因此，开发水电作为清洁能源，是我国能源发展的最佳途径。

（二）开发利用水能资源是促进经济发展、农民脱贫致富的有效途径

在我国西南地区、广东省粤北东西两翼贫困山区，要促进集体经济发展、解决农民温饱问题，发展水电是最有效的途径之一。在贫困山区，除了水就是矿，显然利用水能资源在环保问题上比利用矿产资源更有优势。在注重环保的今天，山区人民秉承中国人民的传统理念，发挥资源优势，靠山吃山靠水吃水，既是一条脱贫捷径，也是一劳永逸的方法。近二十年来，广东省广大山区通过大力发展水电来促进经济发展就是一个明显的例子。乳源县、阳山县、怀集县、连南县等50多个山区县，水电收入占财政收入的比重普遍超过10%，有的甚至达到70%。

（三）开发水能资源也是河流本身发展的需要

随着人口的急剧增长，目前人的活动已经遍布全球，尤其是经济比较发达的广东省，现在已不存在真正意义上的原始河流了。人类为了生存，为满足日益增长的物质文化生活的需要，已想方设法或竭尽所能地对河流进行了不同程度的开发。养殖、采集、垦荒、种植、旅游，无不是对原生河流的侵蚀。与其任由无序无理的蹂躏，不如科学合理的引导，力求达到人与自然的和谐统一。

（四）合理开发河流体现了防灾减灾、防汛抗旱的重要作用

社会化高度发展的今天，由于人类的发展，极端天气频繁出现，自然灾害防不胜防，如青海玉树地震、华南冰冻灾害、西南五省旱灾等。山区水电工程的建设却在历次防灾工作中发挥了重大作用：改善了交通，提供了电力，缓解了灾情。也正是由于许多山区水电工程的存在，使山区很多地方提高了灾难抵御能力，保证了春耕生产，促进了社会稳定。但这种隐形的、强大的社会效益一直被很多人所忽视。

二、正确认识水电开发与生态环境的相互关系

既然水电开发有着如此重大的意义，但同时又有着异议，如何正确认识水电开发与生态环境的相互关系，成为解决矛盾的关键所在。水能资源的问题不仅仅是能源、环保等单方面的某个行业的问题，而是牵涉国家发展、社会进步的更深层次的问题，更不能成为个别“伪环保主义者”作为反对水电开发的借口。

（一）水电开发对河流生态环境的负面影响是局部的、可以最大限度消除的

不可否认，过度的、无序的、不合理的开发河流水电资源将对河流生态环境造成破坏，有时这种破坏甚至是不可逆的。主要表现有：①引水式电站引起局部河道生态基流不足，出现脱水、减水河段，改变了局部河流原有生态状态；②工程不合理施工过程中造成的水土流失、地貌破坏、水质恶化、噪声污染等；③永久拦河建筑物阻隔河道，形成上下游不同水生生态系统，阻碍上下游鱼类种质交流，阻断洄游性水生动物通道，淹没产卵场，可能加速水生生物及土著特有物种消亡；④水库水温分层现象可能对鱼类繁殖和农作物生产长期不利；⑤工程建筑物可能对动物活动构成威胁或形成障碍；等等。

但是，上述负面影响有些是人为造成的，其实是可以通过人类的活动进行避免或者减弱的，也可以通过工程措施加以改善。同时，水电开发率很高的欧美等发达国家在20世纪40年代就进行了研究，在影响程度和影响的正负作用上也并没有一致意见。生物的进化总是在不断适应环境的过程中得到进步，河流生态环境的进化在一定时期内总是能找到新的平衡点。

（二）水电开发促进了对河流生态环境的保护

利用水能资源给我们带来了大量的清洁能源，首先是优化了能源结构，节省了大量的煤炭资源，减少了大量的二氧化硫、二氧化碳等温室气体的排放。山区人民实现了以电代柴，减少了森林砍伐。例如，仅2010年广东省水电发电量200亿度，就相当于节约了675万吨标准煤，减少二氧化碳排放1725万吨。其次，水电开发解决了部分农民的就业问题，使他们提高了收入、改善了生活条件，也推动了城镇化进程。最后，由于蓄水工程的建成，改善了自然景观，保护了植被，减少了水土流失，涵养了水源，对保护生态环境起了很大的促进作用。

鉴于上述原因，积极发展水电资源应是一个十分肯定的结论。2011年中央一号文件明确提出“在保护生态和农民利益前提下，加快水能资源开发利用”。因此，现在不是做不做的问题，而是如何做的问题。广东省在水电开发率很高的情况下，总结探讨如何在保护生态环境的基础上科学合理地、可持续地开发水能资源，妥善处理好发展与保护的矛盾，是一个复杂的课题，也可为我国正在如火如荼发展水能资源的广大西部地区提供有力借鉴。笔者的建议是：坚持统筹规划、保护并举、有序开发、强化监管、兴利除弊的基本原则；建立安全有保障、效益有保证的基本机制；实现环境可承受、社会可接受的水能资源合理开发的基本目标。

参考文献

余谋昌．水电开发与生态保护的关系——以怒江水电开发为例［J］．水利发展研究，2005（8）．

芬兰环境保护经验及其对广东省的启示

卢　强

到过“千湖之国”芬兰的人，无一不对其清新的空气、干净的湖水、茂密的森林和与游人调皮玩耍的松鼠、海鸥留下深刻印象。芬兰多次被世界经济论坛评为全球环境最佳及最具环境可持续性的国家。2009 年美国《读者文摘》杂志选出了全球十大最适宜居住的绿色环保国家及城市，芬兰因空气和水源质量好、婴儿疾病率低、政府对水污染以及自然灾害的防治得力排名第一。作为一个人均 GDP 从 1960 年的 1179 美元提高到 2009 年的 44668 美元（比 2008 年的 50982 美元下降了 12.4%）的发达国家，芬兰的环境保护经验值得我们学习和借鉴。

一、芬兰环境管理的主要做法和经验

芬兰也经历了先污染后治理的过程。20 世纪 60 年代，芬兰的造纸业对环境造成了很大的污染，但芬兰人环保意识很强，他们认为环境是自己的，只有优美的环境才能让自己的生活更美好，于是从 70 年代起，芬兰加强污染治理，注重环境保护，发展高新技术产业，最终实现了环境与经济社会的和谐发展。芬兰环境管理的主要做法和经验有以下几点。

（一）努力构建全面细致的环保法律体系

芬兰通过不断的环境立法来确立一系列重要的法律制度，规范解决经济社会发展过程中出现的环境问题。1995 年加入欧盟后，芬兰根据欧盟关于工业污染防治公约修订了《环境保护法》，该法是芬兰污染防治的一般法令，适用于造成或可能造成环境损害的所有活动，它规定了污染防治的五项基本原则，即预防和减少有害影响原则、谨慎小心原则、应用最佳技术原则、环境最佳使用原则和污染者付费原则。在此基础上，芬兰还颁布了《水资源管理法》、《水务法》、《机动车法》、《废物法》、《土壤保护法》、《基因技术法》、《环境损害法》和《环境影响评价法》。政府根据这些法律制定了详尽具体的行政法

规，对有可能造成环境污染的物质和行为提出具体的处理处置要求和办法。例如，在水方面，颁布了危险和有害物质水环境排放法规、污水管网外的生活污水处理法规、农业硝酸盐排入水体限制法规；在废物治理方面，颁布了废旧机动车、废旧电子电器、危险废物、生活污泥、臭氧层损耗物质、废旧轮胎等近30个固体废物的处理规定；在空气方面，颁布了机动车、燃料燃烧、室内空气质量、臭氧、农业、游艇、少量木材燃烧等方面的法规。这些法规细致到几乎任何一种排污行为都可以从中得到指引，保证了企业和个人有法可依。

另外，在生态保护方面，芬兰也有严格的法律法规。在芬兰，森林在人民的生活中占据举足轻重的位置，被认为是最重要的自然资源。20世纪90年代，芬兰有关山地生态环境方面的立法经过几次大的变动，《森林法》、《自然保护法》、《土地资源开采法》都经过详细的修正。芬兰是世界第二大纸张和纸板出口国，按常理，造纸业对森林树木的消耗量非常大，但实际上，芬兰森林面积占陆地面积的86%，约占全世界森林面积的5%，从20世纪20年代到90年代，芬兰的林木生长量都大于采伐量，森林覆盖率长期保持在70%以上，这主要得益于芬兰严格的法律法规和政府在保护森林方面的巨大投入。

（二）认真制定并实施科学可行的发展建设规划

芬兰有着不同层次的发展规划体系。最高一级规划是国家生态环境建设规划，如芬兰的《21世纪议程》，规划全国人口、资源、环境的可持续发展框架，提出环境保护和自然资源开发利用的基本设想，着眼长远谋划发展蓝图。其主要内容包括：环境管理的目标、原则和规定，土地利用结构、环境保护和基础设施的最低标准，全国性的基础设施，包括高速公路、铁路、内河航运的建设规划，等等。次一级是地区层面的规划，国家规划对地方规划具有指导和约束作用。地区按照国家规划的统一要求，勾划出一定时期内本地区人口、资源、环境可持续发展的蓝图，通过细化土地利用结构和土地利用类型，对水源保护区、湿地、森林以及居住区、工业、农业和交通建设用地等都作出统筹性安排，从而保证各项建设的布局能够与规划的环境要求相一致。最低层次的规划是市县的规划，在国家和地区规划的基础上，不仅进一步明确细化了工业区和商业区、水源保护区、森林保护区的位置，明确标注了每一块土地的用途，而且对建筑物类型、道路、绿化区等都做了具体的规定。市县规划是最详细的土地利用规划，一切建设都要按规划进行，谁都不得违反。

此外，为了提高区域规划的科学性和有效性，政府在制定各个层次的区域规划时，都注意动员广大公民积极参与，广泛地听取公民的意见。芬兰各地都有由各阶层的代表组成的民间组织，政府制定规划时，会经常与这些民间组织沟通讨论、交换意见，在此基础上出台规划方案，然后交给市民去提意见，直至各方达成共识为止。规划一旦出台，就向公众公布，由公众监督规划的实施，确保规划落实到位。

（三）着力建立广泛动员的公众参与机制

芬兰《宪法》第20条规定："保护自然及其生物多样性，环境和国家遗产是每个人的责任。公共当局应努力保证每个人都有权享有健康的环境，保证每个人对可能涉及自身的决策施加影响。"据此，芬兰环境部草拟法例的主要目标之一，就是增加公民的参与机会和影响决策，并确保这些信息是广泛提供给市民的。如《环境效益评估法》规定，国家所有大型项目，凡有可能对环境造成影响的，包括任何对社会产生巨大影响的大型发展计划，在项目启动前都要经过评估，任何可能受之影响的个人都有权参加并发表意见。2000年的《新环保法案》也规定了公民、民间环保组织、非政府组织有权参与环境决策和评估。芬兰的非政府组织专业化、制度化程度高，与公众联系紧密，在参与决策时非常理智，能集中反映民众的呼声。当然，公众也有权对工程的必要性提出质疑，他们的意见可能推翻整个工程。据了解，2001年，芬兰政府曾打算在南部投资修筑一条高速公路，在环境评估阶段，公众对高速公路破坏沿途生态环境提出尖锐批评，对修这条公路的必要性提出质疑。经过几个月的辩论，政府召开了听证会，结果因大多数人的强烈反对而使这一项目搁浅。虽然公众参与这一过程可能会付出一定的代价，而且最终妥协的结果可能不是最经济的，但芬兰人认为，环境没有被破坏是工程产生的最佳效益，这一点是无法仅仅用经济成本来衡量的。

此外，政府还通过信息公开等制度保障和激励机制极大地促进公众的参与。比如，为了让市民了解可能涉及自身利益项目的情况，吸引广泛参与监督，环保部门会主动公开拟开工建设项目的目的、施工方式、具体位置等有关信息，接受公众咨询，环保部门的技术官员会就有关技术问题向市民进行解释。对市民提出的有些意见，环保部门和业主还要与提意见的市民一起讨论，以找到最佳的解决办法。为了促进公众参与，政府还建立了激励机制，如政府财政每年都向地方环保机构拨专款，用于开展公众环境决策工作；具体项目另有补贴；政府向民间环保组织提供津贴支持；等等。

（四）不断完善灵活有效的环境经济管理政策

芬兰按照"使用者和污染者付费"原则，逐渐从基于立法和政府管理的"命令和强制"的环境管理方式向采用市场经济中更活跃的经济手段的方式转

变。芬兰现有的环境经济政策包括税收、市场化的排污许可证制度、强制污染保险、民间资助协议、经济鼓励、财政补贴和用于鼓励回收利用的公积金计划等，其中最重要的手段是税收。芬兰是世界上第一个根据能源中碳含量收取能源税的国家，每年收取的能源税近30亿欧元，约占芬兰整个税收的9%。芬兰通过增加环境方面的税收来弥补个人收入所得税的不足，目的是鼓励人们保护能源，减少垃圾的排放。这样做可以在保持国家总财政收入不变的情况下，降低其他方面的税收。芬兰还对有可能存在严重的环境破坏风险的情况采用强制保险，如核事故和石油泄漏，虽然发生的概率很小，但一旦发生，造成的损失太大，企业或公司根本无法弥补损失。通过强制实行污染保险，不仅增强了企业防范环境污染事故的意识，还基本解决了污染事故发生后损失赔偿的问题。

（五）大力发展新能源和节能环保产业

由于芬兰使用的能源70%需要进口，因此芬兰政府一直把开发新能源技术、提高能源效率作为优先战略予以大力扶持。芬兰政府一方面对环保产业提供多渠道的资金支持，如对促进垃圾回收再利用项目，政府资助资金可达项目投资的30%～50%，对风力发电、太阳能等项目资金支持最高可达项目投资的40%。另一方面，推动建立产学研一体化的研发模式。芬兰设立了国家技术创新局对研究机构、大学开展的研究工作给予研究赠款资助，可达项目合理成本的50%～100%，通常情况下，这些项目是与公司合作开展的，这保证了技术开发后能得到有效应用。在芬兰政府的大力推动和扶持下，目前芬兰已拥有1300多家环保类企业，其环保技术和研究能力已跻身世界领先水平，一批具有全球竞争力和较强创新能力的环保类企业脱颖而出，如液化床锅炉、柴油和天然气双燃料以及自动化控制技术节能效果达到了40%～70%，CRT-Finland公司是世界上第一个在处理废弃电视机和检测器方面使用激光切割的电子资源回收公司，Cool Finland是采用专门技术提取冰箱和冷藏箱内危险性氟利昂的公司。环保产业已经成为芬兰新的经济增长点，其清洁能源技术出口额达到33亿欧元，占芬兰出口总额的7%，远远高于其他经合组织国家。

（六）全面开展生动务实的环境和生态保护意识教育

芬兰能保持优美清洁的环境，很大程度上归功于全社会良好的环保意识，归功于持续不懈、生动务实的环境和生态保护意识教育。

首先，芬兰学校对环保教育高度重视。芬兰人认为，孩子们了解环保方面的知识越早越好，从小接受环保教育，学到的环保知识将受益终身。环保教育

已被列入芬兰基础学校的教学大纲，地理、生物、语文和数学等课程中都有涉及环保方面的知识。而且芬兰学校的环保教育很实际具体，例如，老师会告诉学生，一卷擦手布和2.4万张擦手纸的清洁功效相同，但废弃后，一卷擦手布可产生2千克垃圾，而2.4万张擦手纸将产生79千克垃圾。学生们马上就能意识到，用擦手布所产生的垃圾要比用擦手纸少得多。老师还会告诉学生，全世界每年使用的塑料袋多达5万亿个，购物时应尽量避免使用塑料袋，用布袋或背包替代。老师还在课堂上展示不同垃圾分类回收的标志，详细介绍分类垃圾回收注意事项，并让学生们在课堂上实践，把不同垃圾分类放到正确的回收箱中。相关的职业和高等教育更是少不了环保内容。芬兰农林部会向全国农民发放有关指南，介绍如何使用农药和化肥，怎样采用科学的耕作方法保护农村环境。

其次，芬兰还在全国建立了若干个自然保护区和自然公园，开设了若干个教育基地。一些自然保护区离中心城市不远，交通十分便利。保护区不仅在保护动植物区系完整性、生物多样性方面做了大量工作，还利用保护区的管理设施开展环境保护教育。在保护区管理人员的精心管理下，学生、教师、社会各界人士都可以来保护区参观。管理部门组织人员采集了许多动植物标本，制作了很多宣传展板和实物样本，使参观者特别是小学生能从生动活泼的实物展示中得到启迪和教育。保护区管理部门也承担教师和环保工作者的培训工作。

二、芬兰环保经验对广东省的启发

一直以来，部分发达国家的发展历程使不少人认为经济发展与环境保护之间是“鱼与熊掌不可兼得”的关系：发展经济必然导致环境污染，如果注重环保，则必须以牺牲经济发展速度为代价。但实际上，环境保护和经济发展不是鱼和熊掌的关系，而是鸡和蛋的关系。芬兰的发展历程证实了环境保护和经济发展可以实现互利共赢。

（一）必须注重经济和环境协调发展

环境问题的本质是发展方式问题，促进经济与环境协调发展是解决环境问题的根本途径。芬兰自20世纪60年代以来，抓住机遇，大力推动科技创新，先后结合自身特点，有选择性地发展现代造纸业和造纸机械业、现代造船业和先进装备制造业、现代电信产业、信息通讯业、新能源和节能环保产业等战略性新兴产业，在造纸、造船、信息通信、节能环保等多个行业和领域拥有先进的、具有自主知识产权的核心技术和制造能力，并占有了相当大的国际市场份

额，从而实现了经济的跨越式发展。与此同时，在经济发展的每一个阶段，芬兰都把环境保护放在首位，注重不会因发展而破坏环境。例如，芬兰在大力发展林产品和造纸业的同时，通过制定严格的法律法规、加大对森林保护和技术创新方面的投入等一系列措施，确保森林覆盖率不降反升，促使芬兰造纸厂采用先进的污染治理技术，不断提高废水重复利用率，现已达到欧盟国家先进水平。芬兰的发展历程说明必须坚持在保护中促进发展，在发展中加强保护。当前，广东省正处在工业化进程的后期，各地必须牢固树立“发展为要、环境优先”的理念，环保工作不能脱离发展、只讲环保，而必须要服务于科学发展、促进科学发展，要服务那些自主创新能力强、经济附加值高、符合主体功能区要求、污染物排放量小的产业和项目的发展需要；对那些高投入、高能耗、高污染的产业和项目加强控制和引导，帮助其科技进步、转型升级。

（二）必须注重培育提高全民环境保护意识

环境保护是一项系统工程，不仅需要政府的主导，而且需要全社会共同努力。而意识决定行为，全社会环保意识的强弱决定了环境受到保护的程度。现在，不仅芬兰政府进行决策时会充分考虑环境保护，而且芬兰企业也将环保看作自己的“脸面”，不会为了追求更大的商业利益而作出破坏环境的行为，因为一旦企业在环保上出现问题，它面临的不仅有法律严厉的惩处，还有公众的谴责和随之而来的市场占有率的下降。而目前在我国，一方面，仍有个别地方政府和部门尚未真正树立科学发展观，将发展等同于单纯的经济增长，不惜以牺牲环境和群众健康为代价来追求不可持续的发展。一些地方甚至在招商引资过程中，出台违反环境法律法规规定的“土政策”，使一些严重污染环境的企业在这些政策的庇护下得以生存。另一方面，企业社会责任意识缺失，重生产轻环境保护现象相当普遍，在追逐利益最大化的驱动下，缺乏自觉地控污减排的意识，不惜以牺牲环境为代价取得自身的经济利润和发展。黎友焕 2007 年对企业社会责任的一份问卷调查显示，只有 38.76% 的企业对“企业是否严格按照该行业的环境保护的法规或标准的要求来安排生产”的回答选择“是”；仅有 3.98% 的企业对“对企业没有能力投资环境保护设备而导致企业生产违反环境保护法规的经营行为的态度”的回答中，选择“不可姑息，严惩不贷”。同时，公众参与环境保护的自觉性、主动性和积极性有待于激发，仍有相当人群对违法排污企业“事不关己，高高挂起”，“老鼠过街，人人喊打”的局面和有利于环境保护的氛围尚未形成。在这种情况下，人力物力有限的环保部门势单力薄、孤掌难鸣，因此，必须要注重培育全社会各方面的环境意识，形成环境保护齐抓共管的有力局面。

（三）必须注重建立有利于环境保护的法律政策体系

法律和政策是人们明辨是非、扬善除恶的行为准则，即指引人们日常行为中，什么是可以做的，什么是鼓励做的，什么是不提倡的，什么是绝对禁止的。建立有利于环境保护的法律政策体系是保护环境的重要基础。芬兰关于保护环境的法律政策非常全面细致，其科学性、权威性、前瞻性、针对性和可操作性都很强，对于环境违法行为的查处相当严厉，违法成本很高。例如，1962年，芬兰的第一部水法规定严重污染水环境的造纸、纸浆、化工和金属工业企业必须限期建立污水和废液处理系统，逾期没有达标的企业将被课以巨额罚款、停产整顿甚至被关闭。这些措施使工业废水排放量得到有效控制，湖泊、河海和地下水的质量有明显改善。再如，芬兰实行高资源能源环境价格体系，促进企业积极节约资源、治理污染、回收废物循环利用。而目前广东省的环境法律政策还不适应环保工作的要求，一些重要的环境保护领域立法薄弱，现有的一些环境法律法规偏软，对违法企业的处罚额度过低、处罚力度较轻，环保部门缺乏强制执行权，企业“守法成本高、违法成本低”的现象突出。因此，要大胆探索有利于环境保护的新体制、新机制、新政策，从单纯依赖行政手段向综合运用法律、经济、行政手段转变，逐步建立起资源节约型、环境友好型的法律政策体系，促进广东省产业加快转型升级，进而从根本上解决环境保护问题。

（四）必须注重发展环保科技和环保产业

社会经济要科学发展、环境保护要持续发展必须走科技创新之路，通过发展环保科技和环保产业预防、减少或消除对环境有害的产品，使用、推广环境友好型产品，不仅可以有效提高企业的生产效率和绿色竞争力，而且可以有效保护环境。芬兰非常注重发展环保科技和环保产业，一方面，严格的环境管理催生了环保科技和产业的发展；另一方面，芬兰人很早就敏锐地看到环保产业的前景十分诱人，据他们分析，目前世界环保市场年均利润4000亿美元，而且还在稳步增长。2007年2月，芬兰贸工部、环境部与芬兰创新基金会携同芬兰国家技术研究中心、赫尔辛基技术学院、环保协会等研究单位和环保企业，共同研究出台了环保产业国家行动计划，其目标是要打造国家经济的新支柱产业，在2012年实现芬兰环保产业年增长率从3%上升到15%，使芬兰成为世界竞争力最强的环保产业大国。反观广东省，目前环境科技投入总体不足，环保科技水平不高，环保产业总体规模不大，适合省情的生态环境技术开发和应用体系尚未形成。因此，必须要加快发展环境科技和环保产业，大力推

进环境科技创新，以先进的科技手段不断提高环境保护能力，以环保产业的蓬勃发展带动广东省绿色转型升级。

三、几点建议

当前，广东省环境保护形势严峻。一方面，环境污染和生态破坏的总体态势尚未能从根本上得到有效遏制，仍有部分区域环境质量呈下降趋势，一些历史遗留的环境问题尚未解决，新型污染和二次污染又已出现。另一方面，“十二五”时期，广东省进入了人均 GDP 从 7000 美元向 10000 美元跨越的阶段，随着工业化、城市化的深入推进和经济继续处于相对高速增长，而经济发展方式依旧比较粗放，产业结构层次不高，高投入、高消耗、高污染、低效益的发展模式尚未得到根本转变，资源环境要素瓶颈将更加凸显。进一步加大环境保护力度，促进经济发展方式转变，破解日趋强化的资源环境约束，加快建设资源节约型、环境友好型社会，是广东省走可持续发展之路的必然选择。

（一）完善环境与发展综合决策机制

一是建立环境与发展科学咨询制度，成立由多学科专家组成的环境与发展咨询委员会，对经济与社会发展的重大决策、规划实施以及重大开发建设活动可能带来的环境影响进行充分的研讨和咨询，促使鼓励发展的政策与鼓励保护环境的政策充分融合，为决策提供科学依据。二是探索建立能反映综合考虑环境与发展的绿色国民经济核算体系，进一步完善广东省全面建设小康社会、率先基本实现现代化的指标体系，以万元 GDP 能耗、水耗及单位土地产出率等指标衡量宏观经济效益。三是完善干部考核机制，将环境质量变化和公众满意度等指标纳入各级政府目标责任制和干部实绩考核指标体系，并将工作责任和考核结果作为干部任免奖惩的重要依据。四是建立健全环境保护和生态建设责任追究制度，对环境质量明显恶化、生态破坏严重、干预执法及因决策失误造成重大环境污染和生态破坏的有关人员，依法追究责任。

（二）引导全社会力量积极参与环境保护

一是加强环境文化建设。广泛开展环境宣传教育，多形式、多方位、多层面地宣传环境保护的知识、政策、法律法规，提高全民环境保护意识，让公众认识到在享受环境权益的同时必须自觉履行环境保护的法定义务，主动承担环境保护的责任，营造全社会关心、支持、参与环境保护的文化氛围。二是健全公众参与制度。要充分调动和发挥人民群众的主体作用，尊重和保障公众的环

境知情权、参与权和议事权。一方面，主动公开环境质量、环境管理政策措施和企业环境行为等环境信息；另一方面，完善公众参与环境保护制度，对涉及公众环境权益的发展规划和建设项目，要通过听证会、论证会或社会公示等形式听取公众的意见，鼓励公众检举揭发各种环境违法行为，推动环境公益诉讼。三是引导培育环保社会团体健康有序发展。发展壮大环保志愿者队伍，提高公众参与环境保护的能力和水平，促进社会公众依法、理性参与环境保护。

（三）实施从严从紧的环保政策措施

一是严格环保准入。认真落实环境影响评价制度，严禁不符合环保要求的建设项目上马。根据环境承载力，实施差别化的区域开发和环境管理政策，在环境容量不足和环境敏感的地区实行更加严格的环保准入标准。对污染严重的落后工艺、技术、装备、生产能力实行关停淘汰，对超标或超总量指标排污的工业企业实行停产治理，对未完成主要污染物排放总量控制任务的地区实行区域限批。二是抓紧制定并实施有利于环境保护的经济政策。实施绿色信贷，加大对符合环保要求项目的信贷支持，限制不符合节能减排政策和违反环境保护法律法规要求的项目的信贷。建立绿色价格体系，加快建立健全反映资源稀缺程度和环境成本的价格形成机制，完善电厂脱硫脱硝电价政策，提高重点耗能行业和淘汰类、限制类企业差别电价标准，完善污水、垃圾、危险废物等处理处置收费制度和排污费征收使用制度。推行绿色贸易，鼓励环境标志产品进出口，严格限制“两高一资”产品进出口。

（四）大力发展环保科技和环保产业

一是要推进环境科技自主创新。深化环境科研管理体制改革，建设以企业为主体、产学研结合的环保创新体系和科研平台，提高环境科研自主创新能力。组织实施污染控制技术、资源循环利用、生态修复等重要领域的技术攻关，加大对新型环境问题防控的研究。加快环境科技成果应用转化，不断提高环境保护的科技含量。二是要培育壮大环保产业。制定实施有利于环保产业发展的政策，通过财政扶持、信贷优惠、税收减免等措施，吸引社会资源向环保产业集聚，同时，强化环境管理，为企业营造开放的、公平竞争的市场环境，推动环保产业健康发展。要着重提升环保产业规模经济水平，积极培育一批有实力、有竞争力的环保产业龙头企业，加快建设一批环保产业基地，逐步形成产业内适度集中、企业间充分竞争和协调发展的格局，促进环保产业成为具有良好经济效益和社会效益的新兴支柱产业。

芬兰科技创新政策对广东省发展的启示

陈楚祥

芬兰是北欧一个小国家，人口仅530万，国土面积近34万平方公里，其中66.7%的土地被森林覆盖，境内湖泊众多，素有“千湖之国”之称。由于地处北极圈附近，海岸线漫长，芬兰气候寒冷，除了森林资源与渔业资源丰富外，其他资源匮乏，自然环境大大限制了其国家竞争力和生产发展，而且从人口数量上说，它甚至不及广州市常住人口的一半，人力资源有限同样是国家发展的不利条件。然而，来到这里学习以后，笔者发现，这个圣诞老人的故乡通过科学的管理和技术创新，极大地发展了社会生产力，而且环境优美，绿树、草地、湖泊与人类生活社区相间，社会秩序井然，人与自然处于和谐发展状态，通过坚定的自主创新政策和高效廉洁的政府管理，整个国家处于世界竞争的领先地位。芬兰连续多年被世界经济论坛“全球竞争力报告”评为最具竞争力的国家之一，并多次排名第一，在信息科学、生命科学、能源和再生能源科学、新材料、海洋科学等领域，都在世界占有一席之地，并且诞生了诺基亚这样具有全球影响力的大型创新型企业。

作为一个备受国际社会推崇的先进国家，芬兰政府管理高效透明，公共信息开放程度非常高；规划工作严谨，不因人员变动而改变；社会安定守法，个人自觉实行自我管理；社会福利完善，人民生活安康。通过观察，笔者认为，芬兰之所以能够克服自身的不利条件，取得经济社会发展的巨大成绩，核心原因在于她高度重视教育与科技创新，使有限资源得到高效利用，同时在发展上有所选择，充分利用了自己的比较优势。

一、芬兰科技创新政策特点

笔者认为，芬兰以下几方面的科技创新政策颇有特色和成效，值得我们关注与借鉴。

（一）通过发展规划和专项计划明确国家创新发展方向

芬兰中央政府与地方政府之间没有非常明确的上下级隶属关系，各自向本级议会负责，按照管理权限和分工实施管理，但芬兰却很好的协调了国家战略和地方战略。关键就在于，芬兰非常重视规划和专项计划的制定，其发展战略一旦得到相应议会的批准，则必须在规划期内得到严格遵守，不因政府任期更替而变化。20 世纪 80 年代末，芬兰开始将创新政策作为国家战略的核心，配合欧盟框架计划，在不同时期制定了各类相应的科技计划，指导政府和社会进行科技创新开发。通过这些计划，芬兰不断加大研究与开发投入，每年 R&D 投入占 GDP 比重达到了 3.5% 以上，2010 年其财政科技经费投入达到 21 亿欧元，成为世界上研究与开发投入比重最高的国家。目前正在实施的嵌入式 ICT 技术计划、燃料电池技术计划、安保技术计划、功能材料计划等，都是某个领域内具有可行性和目标性的计划，很好的指导了芬兰未来发展的方向与目标。

（二）以科技兴国作为基本国策促成经济结构转型升级

第二次世界大战以后，芬兰主要依靠森林海洋等自然资源优势，发展了森林加工业、渔业等传统产业，经济取得了长足的进步。然而，这些传统产业科技含量低，竞争力不强，发展到一定程度后便进入发展瓶颈期，20 世纪 90 年代的世界经济危机，对芬兰的经济发展造成了巨大的冲击，GDP 下降，失业率高达 15% 以上。芬兰很快调整了产业与科技发展战略，加大力度落实其自 20 世纪 80 年代提出的以科技开发为核心的科技兴国战略，将科技开发定为产业政策的首要内容，将教育和科技开发作为国家投入的主要方向，以科技开发带动产业发展，增加芬兰工业整体竞争能力。在对传统的造纸、金属、机械等行业进行重组的同时，加大了对信息产业的投入和扶持，信息产业、生命科学产业飞速发展，芬兰经济很快走上良性发展轨道，走出了经济危机的困境。到 20 世纪 90 年代末，芬兰已成为世界产业最发达的国家之一，涌现了世界森林工业巨子斯托拉恩索公司、世界最大的造纸机械生产商梅佐公司以及生产自动扶梯的通力电梯公司等世界瞩目的跨国集团公司。特别是在发展通信产业上，芬兰政府制定了电信法、数据法、商务电子通信法、电子签名法和信息社会保护法等一系列法规，完全开放电信市场，为 IT 产业发展创造了非常有利的环境，诺基亚公司快速崛起，成为创新型企业的一个标杆，芬兰也借助这样一些知名的大型企业，成为世界创新型国家的代表之一。

（三）科技创新与产业发展紧密结合

芬兰大力推动科技创新的目的是促进本国高技术产业的发展，建立现代化的产业体系，为国家社会创造财富。芬兰根据自己是个小国家的特点，没有面面俱到地开展研究，也没有开展很多的基础性研究，而是强调直接支持企业进行研发和成果产业化应用的政策，通过国家技术开发中心等机构出资，吸引和鼓励企业、高等院校和研究机构共同参与实施国家技术开发计划项目。为此，芬兰高度重视支持产业技术开发，政府研究与开发投资的90%用于产业与科技创新的结合性研究，吸引和鼓励企业、高等院校和研究所共同参与实施国家技术开发计划项目，在争取政府支持的研究项目中，企业、高校、研究所共同参与的产学研合作项目，更容易获得资助。产业和研究体系的结合，使芬兰取得了技术成就的硕果，在运用这些技术成果产业化方面也领先全球，造就了芬兰独一无二的科技专长。同时，芬兰高度重视工业设计工作，经常举办以工业产品设计为主的设计竞赛，拥有200多名专业会员的芬兰工业设计师协会和位于首都的设计公园，就是芬兰人对设计与创新的重视的一个标志代表。由于技术研究成果的商品化速度相对较快，芬兰数字信息、生物医药、新能源、环保等支柱产业普遍具有世界领先的技术水平，确保了经济整体竞争力和强劲发展后劲。

（四）以人为本高度自由的灵活管理体制

芬兰科技管理机构灵活而有特色：科技创新局是芬兰科技发展的管理机构，由一名副总理直接领导。与我国、广东省科技管理部门与行政管理区域高度一致的布局不同，芬兰科技创新局在各地的分支机构是根据人口、科技资源的分布而不同的，直接隶属于中央政府，是一个跨地区的综合管理机构。各市则根据自身情况，有的设置了科技创新管理机构，有的并不设置科技管理机构。在人口稀少的情况下，根据需要设置机构进行管理，最大限度地发挥了科技管理的效益。芬兰科技管理决策制度灵活高效：适应于科技创新的灵活多变和风险性，芬兰政府给予科技人员高度自由而灵活的管理权限，政府制定发布的科技专项计划要求按照规定内容和时间进行申报，经过评审后对符合社会经济发展目标的项目给予支持，也鼓励企业申请欧盟或其他国际科技合作计划的各类项目；除此之外，任何企业都可随时向科技创新局提出项目支持的申请，科技创新局也聘请了多个行业专家作为工作人员，这些人既是政府工作人员又是项目评估专家，对申请项目进行自主评估，认为符合政策、有发展潜力的即可列入科技计划，进行经费支持，支持的方式主要有贷款、拨款、贷款＋拨款，对其中还不完善的项目，则会向企业提出自己的修改建议，供企业参考，修改完善后一旦批准，就可支持。芬兰政府对科研行为失败高度宽容，据统计，创新资金支持的企业有 1/3 没有成功，对于那些失败了的企业，科技创新局一般不追究其责任，一些无法归还的贷款还会转化为拨款资金，不再要求其返还资本金，甚至必要时会加大对他们的资金支持和帮助。这个灵活的体制制度，帮助芬兰企业和技术研究取得了巨大的成功。

（五）积极开展国际科技合作

芬兰除了自身的科技创新，非常重视国际科技合作，通过国际化实现系统创新，使自身能够保持在国际前沿进行科技调整和创新。这项政策得到了各政党、企业界、研究机构的大力支持，已经成为一个共识。芬兰通过欧盟框架计划、尤里卡计划、经合组织能源机构、欧洲科技研究领域合作等多种渠道加强国际科技合作，合作开展研究，也引进吸收其他地区的最新科技成果，提高企业竞争能力。十多年来，随着国家科技实力和经济实力的提高，芬兰在世界各地更多地参与了科技合作计划，尤其重视在高科技领域、环境保护领域的对外合作。科技创新局在美国、日本、俄国、韩国和我国北京、上海等地都设立有合作分支机构，以促进国家科技交流和项目合作为首要任务。

二、芬兰科技创新政策经验对广东省的启示

掌握先进的技术，通过科技创新实现产业创新和大发展，是国家和地区取得快速发展的必行之路，对比广东省与芬兰的情况，借鉴其科技发展的思路，建议广东省科技创新和产业发展在以下几方面开展工作。

（一）贯彻落实国家规划，认真编制广东发展规划

我们要贯彻落实国家《珠三角改革发展规划》和《中长期科技发展规划纲要》，通过对广东省科技资源分布、产业发展需求、区位竞争比较优势等方面的认真调研，摸清省内基本情况，理清发展思路，科学编制广东省发展的科技发展规划。同时，在科技发展规划的指导下，对一些重要的产业技术，编制目标明确、路线清晰、措施可行的专项科技计划。这些规划、计划一旦编制完成，应成为政府的年度工作任务进行执行和考核，不得随人员变动而变动，保持工作良好的延续性。配合科技规划和专项计划的实施，广东省要加大财政科技投入，确保在年度预算分配和财政超收分配中，科技投入增长幅度明显高于经常性财政收入或支出的增幅，并通过财政资金引导，充分调动和组织全社会

资源加大科技投入，争取 R&D/GDP 比重早日超过 2%，如果能够达到 2.5%，广东省的创新能力必将有一个跨越式的提高。

（二）大力发展战略性新兴产业，应对金融危机的冲击

这几年，受环境因素制约和世界金融危机影响，广东省原有产业已经遭遇到了发展瓶颈，传统产业要继续高速发展、保持就业难度极大，迫切需要提升产业结构，实现转型升级。政府应该充分利用好企业为应对金融危机而产生的创新动力，鼓励和支持企业转型发展新兴产业，提高竞争力，变坏事为好事，发展新的经济增长点。广东省的电子信息产业在全国处于领先地位，企业数量、从业人员数量大，素质高，产值和技术研发力量均居全国第一，我们应该借助这个优势，集中资源大力发展高端新型电子信息产业、LED 产业，提升广东省在全球经济链条的地位，获取更多的话语权和利益，既为保护环境作出贡献，也为广东建立现代产业体系培育新的增长点。珠三角地区是我国重要的汽车和电池产业基地，这对我们发展电动汽车提供了非常有利的条件，我们要通过政府采购运行示范、扶持技术攻关、用户补贴等多种手段，积极鼓励企业发展新能源汽车，这在未来是一个广阔的市场。在以上三大产业实现重点突破的基础上，我们也要积极培育生物、高端装备制造、节能环保、新能源、新材料等潜力产业，形成百花齐放的局面，促成广东现代产业体系的建立。

（三）进一步深化产学研合作

推动企业与研究单位的产业结合，重大项目规定必须由科技、产业两方面共同结合完成，鼓励企业与研究单位合作在企业中设立研究机构或人才工作站，等等。以广东省与教育部、科技部、工信部、中科院、工程院的合作框架为重点，紧紧围绕广东支柱产业和战略性新兴产业的发展需求，引进这些部委所属的科技资源来广东省合作发展，加快组建产学研创新联盟，加强共性技术创新和推广。在广东省的企业中实施企业科技特派员行动制度，将研究所、高校人员派到重点企业中担任特派员，为产学研合作搭建良好的合作渠道，促成双方信息交流与项目合作。在研究所和高校中设立成果转化推广机构，设立专项成果转化资金，对本单位取得的科技成果，大力促进转化实施，政府对工作开展成效好的给予资金扶持。

（四）加强对外科技交流，引进高端人才

重点在泛珠三角、粤港澳台、国际合作三个不同层面加强科技合作，集聚全球科技创新资源，打造开放型区域创新体系。积极组织参与国际科技合作专

项计划等项目，拓宽与美欧、独联体国家、以色列的科技合作；深入开展科技产业合作，与港澳台共建科技创新平台，建设“粤港澳联合创新区”；按广东产业发展需求，面向全球引进和培育高层次创新人才，对一些高端产业化研究团队，政府投入大量资金进行引进；进一步加大人才工作投入力度，完善高层次创新人才吸引、培养、使用、激励、服务的政策体系，打造一支高层次创新型科技人才队伍。

（五）建立手段多样、政策灵活的科技支持政策

做好创新政策体系的顶层设计，积极推进《广东省自主创新促进条例》等立法工作，加快推进科研体制改革，进一步落实研究开发费税前扣除等税收优惠政策以及自主创新产品政府采购政策等。除采取传统的科技项目支持政策外，要组合使用金融贷款、风险投资、创业投资基金、人才培育、政府首购首用、企业孵化器、创业导师等多种手段，全方位灵活地扶持企业提高科技创新能力，进而提高其产业竞争能力。

广东省具有良好的产业发展基础和科技创新基础，特别在企业创新能力方面持续居于全国第一，只要我们放开胸怀、放开眼界，大胆借鉴国内外一切先进做法和手段，发挥广东人务实进取的精神，我们的科技创新水平一定能够取得长足的进步，一定能够在国内率先建成创新型地区，保持经济社会的持续稳定发展。

关于广东省属国企经营管理人才队伍建设的几点思考

张金虹

在社会的各种资源中，人才是最宝贵的资源。企业经营管理人才作为人才队伍的重要组成部分，在知识经济时代的作用显得尤为突出。随着我国经济体制改革的不断深化和国企战略结构的不断调整，国有企业以什么样的人才队伍素质去适应市场竞争所带来的各种机遇和挑战，已经成为企业参与市场竞争和立于不败之地及实现可持续发展战略的重要基础和前提条件。尊重知识，尊重人才，充分调动广大人才，尤其是企业经营管理人才参与市场竞争的积极性，探索和建立适应市场经济发展需要的企业经营管理人才激励机制，创造使人才脱颖而出、人尽其才、才尽其用的政策条件和企业环境，大力提升企业的核心竞争力和综合实力，是摆在我们面前亟待解决的课题。

一、广东省属国有企业经营管理人才发展现状

广东省国资委监管企业现有中层以上经营管理人员2000多人，其中省属企业的领导班子成员有170余人，中层管理人员1800多人。从年龄结构上看，企业领导班子成员平均年龄51岁，其中40岁以下的仅占3.55%，年轻化速度明显滞后于跨国公司以及“三资”企业；从专业角度看，企业领导班子成员专业结构很不合理，财会、金融、资产运营、法律和外语类人才明显紧缺，复合型人才更是凤毛麟角。

关于国有企业经营管理人才的胜任力素质方面，我们围绕着企业经营者在经营决策能力、组织协调与沟通能力、战略管理能力、公关协调能力、市场营销能力和人力资源管理能力等十项能力的胜任情况进行过问卷调查。企业经营管理者认为自己最强/弱的三项能力分别依次是：

最强三项：经营决策能力、组织协调与沟通能力、战略管理能力；

最弱三项：公关协调能力、市场营销能力、人力资源管理能力。

在要求较强的创新能力方面，经营管理者的自评得分的平均值排序依次为：管理创新（75.0分）、技术创新（73.6分）、观念创新（71.4分）、制度

创新（66.8分）。

在比较受关注的职业道德素质方面，经营管理者的自评得分平均值排序依次为：诚实守信（86.4分）、遵纪守法（67.5分）、勇于创新（39.8分）。从中可以看出广东省企业经营管理者具有较高的职业道德素养，在企业经营过程中，能诚实守信、遵纪守法，但创新意识不强。

二、国有企业经营管理人才队伍存在的问题和不足

（一）总量相对不足，领军人物缺乏

在人才数量上，一方面，广东省国有企业经营管理人才还远远不能满足按科学高效的管理体制形成起来的企业管理架构所需的管理人才数量；另一方面，随着广东省经济快速稳步的发展，当前的企业经营管理人才也同样不能满足国有企业发展壮大的需求。特别是缺少具有世界眼光和战略决策能力的企业家，缺少既懂管理又懂技术，既熟悉国内市场又熟悉国际市场的复合型高级管理人才。

（二）选拔任用方式与市场竞争发展的需要不相适应

目前，广东省国有企业经理人才的选拔、任用和管理，主要还是沿用党政领导干部选拔任用的传统办法，基本上还是“由少数人选人”和“从少数人中选人”，选择的范围不大，视野不够开阔，内部交流也不够，主要依靠本企业自己培养，从企业内部产生，培养周期长；人才使用效能不高，社会化公开招聘、人才市场选聘等市场化配置比例很低，没有形成制度化、规范化。

（三）国有企业经理人考核评价体系建设不完善

据调研了解，虽然一些地方和企业在对经理人的考核任用上也引进过测评方法和技术，但不同的地方和企业在测评内容、测评指标、测评程序、测评技术和手段等方面有很大的不同，普遍存在的问题是测评内容不够全面、指标体系不够适用、测评方法也不够完善等。

（四）企业经营管理人才激励机制不健全

企业经营管理人才激励机制不健全，主要表现为与企业经营者的贡献相联系的制度化薪酬机制尚未形成。一方面，在国有企业中，业绩优秀的企业经营者不一定获得高收入；另一方面，业绩较差的不少企业经营者获得不相称的较

高收入；该得到的人很可能得不到，不该得到的人有不少却得到了。而且，经营者的薪酬结构中普遍缺乏长期激励机制。目前，主要实行由企业经营业绩决定经营者薪酬收入的年薪制的国有企业比较多，采用将企业经营层薪酬与企业长期利益挂钩的长期激励方式的国有企业比例很小。对经营者的激励形式，主要是以工资收入分配为主的现金形式和以职位晋升及各种福利待遇为主的非现金激励。这些非现金激励名目繁多，但是没有长期的激励措施，导致生产要素参与收益分配的探索无章可循，对经营者的激励明显不足。

（五）社会约束机制不健全

职业经理人的社会公信度不高，企业聘请职业经理人承担着很大的经济风险。人才资源开发投入与资源整合的力度不够，企业经营管理人才市场、创业与投融资载体等公共服务体系建设相对滞后，人才工作的制度不够健全，整体性开发配置的新机制尚未形成，这些障碍都在不同程度上影响着企业经营管理人才队伍的培育和发展。

三、促进国有企业经营管理人才队伍建设的对策和措施

（一）完善标准，继续推进国有企业经营管理人才评价认证

1. 建立健全国有企业经营管理人才评价认证体系

坚持市场和出资人认可的原则，把落实科学发展观的实际成效作为企业经营管理人员业绩考核的根本标准和评价的基本依据，建立以创新精神、创业能力和经营管理水平为核心，由品德、知识、能力、业绩等要素构成的人才综合评价模式，逐步完善反映经营业绩的财务指标和反映综合管理能力、长期发展能力、创新能力、竞争能力等非财务指标相结合的企业经营管理人才评价认证体系，规范企业经营者的选拔与管理，为经营者的流动与优化配置、进而充分实现自身价值创造良好的社会环境。

2. 积极开发适应不同类型国有企业经营管理人才的评价认证技术

探索建立一套成熟有效、符合省属国有企业特点的人才能力测评方法。一方面，可针对性地引进国外比较先进、成熟的能力素质测评方法和技术；另一方面，借鉴国际上先进企业高管能力测评的经验，进一步完善现有的考核测评方法，构建科学的能力素质测评体系，达到更准确地测评人才能力和素质的目的。

3. 逐步推行国有企业经营管理人员持证上岗制度

探索建立职业经理人市场准入制度，创新评审模式，严格评审标准，规范

评审程序，按照资格审核、专业培训、人才测评、业绩考核、专家评审、组织复核、媒体公告等程序，突出对经营业绩和综合素质的考核，增加透明度和群众参与度，在国有及国有控股企业实行企业经营管理者任期制和任期目标责任制，建立符合国有企业特点的考核评价制度，健全有效的监督约束机制；鼓励非公有制企业经营管理人员积极参加评价认证并持证上岗。

（二）创新体制，不断完善公司法人治理结构

1. 按照健全现代企业制度要求，进一步规范公司法人治理结构

公司制是现代企业制度的一种有效组织形式，公司法人治理结构是公司制的核心。要按照建立现代企业制度要求，规范国有企业董事会、经营层、监事会和党委会的工作机制和程序，形成各层面各负其责、协调运转、有效制衡的治理结构。加强外部董事人才队伍建设，积极探索和推行外部董事制度，建立董事、外部董事人才库。

2. 发挥党组织政治核心作用，进一步完善和创新党群工作新机制

按照《中国共产党章程》、《中华人民共和国公司法》等，把政治坚定、熟悉企业生产经营、擅长做思想政治工作的优秀人才选配到各级党群工作领导岗位；实行国有企业党组织负责人与经营管理者之间“交叉任职”，在积极推进现代企业制度过程中，不断探索党群工作者参与企业重大决策和围绕生产经营开展工作的新机制，使党组织的政治核心作用得到切实保证，成为完善法人治理结构的重要力量。

3. 完善外派监事会制度，建立和完善监督管理体系

按照现代企业制度要求和有关规定，进一步完善企业外派监事会制度，充分发挥监事会的监督职能，明确监事会实施有效监督的范围、层面、方式和程序，形成“责任明确、界限清晰、监督全面、约束有力”的监督体系。按照监事会管理的有关规定，选拔政治素质好、业务能力强、公道正派、坚持原则并能代表出资人利益的优秀人才担任监事会主席和专职监事，努力建设一支职业化、专业化、年富力强的监事人才队伍。

（三）立足发展，创新国有企业经营管理人才的选拔任用机制

1. 应按照政企分开的要求，对国有企业经营管理人才实行分层分类管理

逐步建立起一种以产权关系为纽带、管人与管资产有机结合、符合市场经济规律、充满生机与活力的新型管理体制，不断提高企业经营管理者的职业道德、职业素养、职业能力，真正把企业经营管理人才管理纳入职业化轨道。

2. 全面引入竞争择优机制

按照民主、公开、竞争、择优原则，积极推进选聘方式改革，加大竞争性选人用人力度，使公开招聘、竞聘上岗成为选聘企业经营管理人员的重要方式。积极推进市场化选聘企业领导人员，积极培育职业经理人市场，制定职业经理人的资格认定标准，逐步实现省属国有企业经理班子成员大部分市场化选聘和契约化管理。

3. 建立国有企业领导人员能下能上、能进能出机制

对国有企业经理层成员实行聘任制管理，建立健全聘期考核评价机制，并积极探索建立聘期目标责任制，进一步增强经营管理人员“无为则无位”的危机意识，最大限度地激发进取精神和创业激情。建立国有企业领导班子及其成员与综合考核成果相联系的能上能下、能进能出的流动机制，对在连续两个年度综合考核评价结果为不胜任的，任期内未实现国有资产保值增值且无重大客观原因的，因提供虚假信息导致经营业绩考核结果严重不实的，应对领导班子及时进行调整或对个别领导人员予以免职或者解聘。

（四）全面考量，完善国有企业经营管理人才考核评价体系

考核评价是选拔培养的基础和导向，要培养造就一支高素质的经营管理人才队伍，必须建立以能力和业绩为导向、科学的人才考核评价体系，制定市场和出资人认可的企业经营管理人才考核评价办法。根据董事会、党委会、经理班子权责要求，科学设置考核内容和权重，采取定量考核和定性评价相结合的方式，实行分层分类考核评价，并与薪酬挂钩。

（五）深化改革，强化国有企业经营管理人才的激励机制

遵循市场价值规律，完善与绩效考评结果紧密挂钩的人才薪酬分配体系，探索人才资本产权激励办法，推进生产要素按贡献大小参与分配的改革，建立健全重实绩、重贡献，向优秀人才和关键岗位倾斜的薪酬机制。有条件的国有企业在职务科技成果转化的收益中，可以提取一定比例奖励项目完成人员和有贡献的人员，建立和完善人才资本与科研成果有偿转移制度。同时，不断加强对优秀经营管理人才的中长期激励，建立和完善企业高层次经营管理人员年薪制、期股期权制及其他长效激励机制，使优秀经营管理人员的薪酬水平更加科学合理。对引进的特殊经营管理人才，可根据市场价位实行协议薪酬和特殊薪酬。

（六）注重培养，加强国有企业经营管理人才的教育培训

1. 创新教育培训内容和方法

积极采用情景模拟、案例分析、对策研究、开放式教学等方法，按照企业家培养工程的要求，为企业提供个性化、系统化的培训和“菜单”式服务；加强 EMBA 教育，邀请成就突出、理论素质高、在国内有影响的企业家讲座，让“企业家”培训“企业家”。拓宽国际交流与合作的领域，实行“走出去”战略，加大出国培训工作力度。选择国外一些著名大学商学院和世界 500 强企业作为学习培训的定点基地，分层别类地组织优秀人才赴海外交流实习，让经理人在学习培训中增长知识、开阔视野，提高战略开拓能力和参与国际竞争的能力。

2. 创新教育培训机制

引入竞争与激励机制，把教育培训和选拔使用、人才信息库建设有机结合起来，增强国有企业经营管理人员学习的积极性、主动性和紧迫性，帮助经理人才树立终身学习的思想，创建学习型团队和学习型企业。

3. 保证教育培训经费

国有企业教育培训投入确保不低于企业工资总额的 2.5%，国资委应从每年的国有资本经营预算中另外安排一定比例的教育培训经费。

4. 注重省属国有企业后备人才队伍建设

应从国有企业发展的战略高度重视后备人才队伍建设，在实践中发现、引进、培养经营管理后备人才。在省属国有企业中，可以结合竞争选拔企业领导人员工作，择优选拔、储备一批人才进入后备人才信息库，并有针对性地开展后备人才专门培训教育和轮岗锻炼。例如，可以强化重要岗位、关键岗位、竞争性行业的锻炼，采取轮岗、交流、挂职等措施，有计划地把后备人才放到重大项目、重点工程、中央国有企业以及重要政府部门或基层一线中接受锻炼，拓展视野，砥砺品质，锤炼作风，增长才干，在复杂局面中锻炼培养人才，切实提高解决实际问题和驾驭复杂局面的能力。

欠发达地区提升人才竞争力的思考

——芬兰等国外人才政策和欠发达地区人才现状综合分析框架下的启示

李　沁

当代国际及区域的竞争，是以科学技术为代表的综合实力的竞争，最终是人才的竞争。谁掌握了人才竞争这个关键，谁就能在激烈竞争中突围而出，率先发展；谁掌握了人才竞争这个关键，谁就能持续保持强劲发展势头，长盛不衰。欠发达地区要在激烈的竞争中实现赶超先进、后来居上，必须积极学习借鉴国内外的人才管理开发经验，树立强烈的人才战略意识，立足本地实际，建立适应当地经济社会发展的人才发展布局和引才、育才、用才机制，深入挖掘自身的人才潜力，大力提升区域的人才竞争力。笔者在分析芬兰等国外发达地区人才政策的基础上，试从经济欠发达地区的视角出发，研究提升人才竞争力的途径和对策。

一、国外发达地区人才政策的分析

世界各国无不把人才战略视为国家发展的重中之重，并且采取切实有效的措施坚决实行人才战略。其中更有不少国家，突破地理环境、能源资源等众多发展瓶颈，依靠人才战略走在世界经济的前列，如北欧小国芬兰，其能源资源匮乏，70%的能源依赖进口，是世界上人均能耗最多的国家之一，经济发展受到很大制约。为了迎头赶上，芬兰始终将人才发展置于非常重要的战略位置并获得显著成效。在2006年联合国列举出的国家综合科技发展指数排名中，芬兰名列发展最快国家之首。因为重视对人才的培养，芬兰经济也得以在过去二十多年间产生质的飞跃，从一个主要依赖自然资源的资源型经济发展成为以高新技术为主要驱动力的知识型经济。发达国家是如何吸引人才的呢？总体来说主要有以下四点。

（一）重视优惠政策对人才的吸引

一方面，国外的国家级人才引进政策对公共服务组织的人才引进带来了重大的帮助。他们不仅立足国内资源，而且面向世界广招留学生，以期满足蓬勃发展的公共服务、高新技术等产业不断增长的人才需求。政府、大学、科研机构和企业共同行动，积极采取多种措施，制定有力的人才吸纳、引进政策，提供各种优惠政策，网罗世界各地人才，吸引本国人才回流。这些措施主要有：

1. 实施技术移民和绿卡等政策，大量吸纳国外优秀人才

近年欧盟国家的移民政策向高科技人才的倾斜越发明显，德国政府从2000年起实施德国版的“绿卡计划”，在三年内从欧盟外引进2万名信息技术高级专业人员，对其实行优惠的居留审批政策。芬兰对外籍科技人员实行优惠税率政策，将外籍科技人员的税率减低到当地人员的58%，以吸引外籍人才。在亚洲，日本为了应对高端人才特别是信息技术人才紧缺，设立了海外“特别研究员”制度，在全球范围内网罗人才，同时还拟推出日本版的绿卡制度，力争使外籍科研人员占到本国科研人员总数的30%。

2. 设立“回归计划”，吸引人才回流，变人才流失为人才流通

与发达国家抢夺国外人才的移民政策等相对应，发展中国家普遍实施“回归计划”，以吸引海外的人才回国服务。例如，韩国从1960年就开始拟订“人才回归计划”，在美国、日本和欧洲国家相继建立了“韩国科学家工程师协会”，吸引人才回国服务。新加坡以前约有1/3的人才流向海外，为了吸引海外人才回归，新加坡政府先后资助并组织实施了“长期回国计划”、“临时回国计划”和“外国学者访问计划”。从20世纪80年代开始，新加坡就已经有计划、有组织地实施吸引海外科技专业人才的政策和措施。以色列本身的人力资源也很有限，为充分利用世界各国的犹太人才资源，以色列实施了双国籍制度。以色列的顶尖人才通常拥有2～3个国籍，是世界上极少数能将“人才流失”困境扭转为“人才流通”有利形势的国家之一。

（二）重视公开公平招聘人才

国外的企业、政府代理机构、非营利组织大都强调公开、自主地引进社会人才，不强调政府的控制和安插。以日本国立大学学校领导人才的选拔聘用为例，其国立大学校长的产生由学校设立专门的“校长遴选会议”向社会公开招聘，所有应聘人员公开竞争，政府没有对其进行强行干预，最后通过听证会等方式确定校长人选，并上报文部省，由文部大臣任命，校长的免职也由文部省根据校长遴选会议的要求作出。从而抵制了内部安插控制现象的发生，创造

了人才引入的良好环境，并且结合丰厚的待遇条件和合理的人事制度形成了人才吸引的强大向心力，促进人才引进工作的高效率和高质量。

（三）重视对人才的培训

当今各国都非常重视对人才的教育和培训，其中新加坡的做法尤具特色。新加坡政府非常重视通过教育培训造就和培养社会所需的各方面高素质人才，并把教育培训作为非营利组织人力资源开发与管理的重点。例如，新加坡人民协会专门创办的国家社区领袖训练学院，就是为了让民众俱乐部职员及志愿者适应不同环境的需要、更好地掌握服务技能的培训基地，通过在学院的针对性培训来提高民众俱乐部等基层组织的工作绩效，充分挖掘个人潜能，并对日常管理所需的多方面技能和技巧，如沟通技巧、团队协作、组织领导、项目管理、创造性思维、快速适应环境能力等进行有针对性的强化训练。新加坡的这种特色培训不但有利于志愿者服务技能和综合素质的提高，而且还有助于非营利组织吸引更多优秀的人员，从而不断提升非营利组织的服务绩效。

此外，很多公共服务组织都仿效企业人力资源管理中对人才的培训方式，利用在职培训、脱产研修、自我开发等多种方式促进人才的培养，为组织不断注入活力。在资金非常有限的情况下，非营利组织还应该积极争取政府的支持和社会的捐赠，拨出专项资金用于人才培训，可见其对人才培训的重视程度。

（四）重视对人才的激励

芬兰等国外非常注重对人才的激励，其措施不但包括丰厚的福利待遇，还包括建立多劳多得的绩效薪金制、提供广阔的发展空间等。主要体现在三个方面：

1．引入绩效薪金

国外对人才的重视往往辅之以较高的薪金和较好的福利待遇等必须条件，尤其是芬兰、瑞典等高福利国家。但从现实发展经验来看，缺乏激励机制极易导致人才、员工的懒散，没有向上的动力，其中也会出现很多在其位不谋其政的“搭便车”现象，造成了多数人才并没有按照其为组织贡献的多少获取应有的报酬。为了让人才在享受高福利、高待遇的基础上继续努力工作，为组织创造财富，发达国家普遍将绩效考核纳入对人才考核的范畴，设立绩效薪酬、绩效奖金，根据绩效的好坏给人才提供更多或更好的报酬，从而激励他们努力工作。

2．设立多种奖励制度

瑞典民间团体颁发的诺贝尔物理学奖、化学奖、生理与医学奖，瑞典皇家科学院负责的物理学、化学奖的评审，瑞典皇家卡罗琳斯卡医学院负责生理与医学奖评审。美国由总统亲自颁发的国家科学奖、青年科学家及工程师奖、国家技术奖等，民间学术团体也设立了名目繁多的奖励制度。日本各级政府和民间团体的奖励制度多达数十种，奖励兼有荣誉奖和物质奖。

3. 为人才提供广阔的发展空间

德国一直以来存在着大量博士生去美国工作的现象，其中最重要的原因之一就是不满教条的晋升体制，“一等就是许多年”，而且在获得教授席位前，他们不能独立进行科研和教学。对此，德国政府提出了四项措施：一是实行灵活的、有竞争力的、与个人绩效挂钩的新型工资制度，让科技人才实现自己的价值；二是通过设立“青年教授席位”，给予青年研究人员较快的晋升机会，让青年研究人员感到有吸引力；三是提供具有吸引力的社会福利；四是创造良好的研究环境和机会，给予“青年教授”独立进行科研、教学和带博士生的权利。这些措施不仅有效地激励了德国本土人才的培育，而且促进了众多优秀人才的回流。

二、欠发达地区的人才现状和原因分析

一个地区的人才竞争力水平的高低，主要由人才总量、人才结构、人才比例、人才动态、人才投入、人才产出、人才环境等指标来综合考量。下面，笔者以所工作的梅州市为例，对欠发达地区的人才现状和原因进行分析。梅州市地处广东省东北部，人口约 500 万，是广东省经济相对欠发达的地区之一。一直以来，受经济发展水平、薪酬待遇水平不高等影响，梅州市的人才竞争力与珠三角发达地区相比存在一定的差距，致使本地人才留不住、外地人才不愿来。具体来说，欠发达地区的人才资源主要呈现以下四个方面的特点。

（一）吸引力不足

“没有梧桐树，引不来金凤凰。”吸引人才的环境没有形成，就很难形成人才聚集的“硅谷”效应。欠发达地区由于经济发展不快，薪酬待遇水平不高，人才发展空间狭小，缺乏对人才的吸引力。梅州市虽然素有“文化之乡”的美誉，崇文重教之风盛行，人才资源相对而言应该是比较充足的，但长期以来，梅州市和其他经济欠发达地区一样，缺乏人才吸引力，致使本土人才大量外流，人才增长速度缓慢。据统计，至 2007 年底，梅州市人才总数为 427169 人（不含中央、省属驻梅州单位），其中党政人才 18871 人，占 4.42%；企业管理人才 90198 人，占 21.12%；专业技术人才 91500 人，占 21.42%；技能

型人才 88572 人，占 20.73%；农村实用型人才 138028 人，占 32.31%。人才总量较小，与发达地区相比存在一定的差距。按照 2004 年初省委组织部要求的统计口径，2003 年梅州市人才总量为 286504 人，四年之间共增加 140665 人，年均增长率只有 1.88%，人才总体呈缓慢增长趋势。

（二）人才结构不合理

欠发达地区的落后，不仅体现为经济社会发展水平的落后，而且体现为人才管理开发的落后。欠发达地区人才竞争力不强的一个重要原因就是缺乏科学的人才战略布局，对现有的人才缺乏一套科学、合理的管理、使用、调配机制，造成人才的结构非常不合理。梅州市的人才结构表现为“四个不合理”：一是层级结构不合理，初级人才多，中高级人才少，特别是高端人才非常少，从低到高呈锥形分布，与理想的柱状分布差距较大；二是专业结构不合理，主要集中在行政、教育、卫生系统，经济建设需要的适用型人才短缺；三是年龄结构不合理，中青年人才较为短缺，高、中层次人才年龄结构老化，人才青黄不接；四是人才分布不合理，主要集中在市、县的中心城区，基层人才缺乏，而行政事业单位人才相对集中。

（三）人才作用发挥不充分

人才是第一资源，是第一竞争力。对于人才的重要性，大家都有一个共性的认识。但是人才的作用不是简单的引进就能实现，要围绕人才制定一个良好的激励机制，为人才提供一个良好的发展环境。当前，欠发达地区的人才和岗位的匹配程度不够理想，许多用人单位不能做到唯才是举、才尽其用、用当其才，人才充分发挥、发展的空间不足。这就导致了一方面很多合格、优秀的人才得不到重用；另一方面被单位重视的人才缺乏自己最擅长或最感兴趣的工作来施展才华，从而影响了工作的积极性。人才作用发挥不充分，造成了人才资源不足与人才浪费并存的矛盾局面。近年来诸如名牌大学生上街扫地当清洁工、研究生摆摊当小贩等人才资源浪费的报道屡见不鲜。

（四）人才外流现象突出

虽然梅州市不断加强人才引进、人才市场建设等工作力度，但人才外流的现象仍比较突出。这种人才外流的现象主要表现在两个方面：一是人才“隐流”，即学校、科研单位等经过多年培养的人才往外流出的现象，表现尤其明显的是高校毕业生为争取高薪而流向广州、深圳等经济发达地区；二是人才“明流”，即具有高级职称或本科以上学历的人才，通过正常调动、辞职、自动离职等方式到外地谋职，这种现象还呈上升趋势。

三、国外人才政策对欠发达地区提升人才竞争力的启示

（一）结合社会发展大局，制定科学的人才战略布局

“凡事预则立，不预则废。”在人才大量涌向经济发达地区的情况下，欠发达地区要改变这种现象，变劣势为优势，必须树立强烈的人才意识，把人才问题作为经济社会发展的第一要务，紧紧围绕本地的发展实际和产业布局，大力加强人才发展的布局谋划，明确人才发展的方向，大力提高引进、培养人才的实效性和科学性，坚持走符合欠发达地区实际的人才发展道路。

具体要做到“三个紧密结合”：一是要与本地经济社会发展的长远布局紧密结合。人才是用来为经济社会发展服务的，盲目的、攀比性的引进人才是对人才资源的一种巨大浪费。人才的竞争力也不是简单的计算某个地区工程院院士有多少、博士生有多少、研究生有多少，而是看整个人才结构、人才布局是不是合理，能不能最大限度地促进本地经济社会的发展。欠发达地区经济实力有限，引进人才特别是高端人才所需要的成本比发达地区更大，因此，在人才布局上要更加注重实效性，把人才的布局与本地的经济社会发展布局紧密结合起来。二是要与本地当前急需的人才需求紧密结合。要坚持重点突破、带动全局的方针，根据人才需求的轻重缓急，有选择地制订人才引进、培养的计划。三是要与本地的支柱产业发展布局紧密配合。一个企业只有做强做大，才会更具有竞争力。通过引进、培养本地支柱产业所需要的人才，可以进一步做强、做大本地的支柱产业，同时也可以产生“硅谷”效应，吸引更多的人才。

（二）依托本地优势，建立有吸引力的人才引进机制

当今社会是一个竞争非常激烈的社会，每一个国家、地区在谋求发展中都会依托本地资源优势，走特色发展之路。人才发展、人才竞争也具有同样道理，对于一般人来说，当有几个地方可以选择就业时，大部分人会选择综合条件比较好的地方发展、就业。因此，欠发达地区在与发达地区的人才博弈中，要想占据主动、赢得竞争，必须借鉴发达国家的经验，依托本地优势，扬长避短，通过综合比较的优势赢得人才博弈的胜利。

一是要坚持事业引才。吸引人才除了待遇外，还有一个重要的因素就是人才的发展空间。要为人才的发展提供一个良好的环境，特别是对本地引进的高端人才，要坚持一个人才制订一个发展方案，使人才能够拥有充分展示才华的

舞台。二是要坚持感情引才。发达地区薪酬待遇高，这是许多人才向往的，但也要看到，越是人才多的地方，越容易怠慢人才、忽视人才。而对人才的尊重往往比高薪待遇更重要，欠发达地区不能和发达地区拼经济投入，要拼感情投入，对人才要有“三顾茅庐”的精神，在全社会努力营造尊重人才的浓厚氛围，从感情上吸引人才。三是要坚持环境引才。良好的生活、工作环境也是吸引人才的一个重要因素。近年来，梅州坚持“宜居带动宜业，宜业提升宜居”的发展思路，大力改善居住环境，梅州美丽的城市形象成为吸引优秀人才的一大优势。欠发达地区相对低廉的住房价格、轻松的工作环境、休闲的生活方式，都是吸引人才的优势条件，需要大力推介。四是要坚持待遇引才。欠发达地区对人才的待遇报酬虽然无法和发达地区相比，但也要努力提高人才的薪酬待遇，尽可能地体现人才的价值，使人才待遇在本地社会处于一种相对高收入的水平。

（三）立足本地人才资源，建立完善的人才培养机制

一个地区如果自身没有培养人才的“造血”功能，单靠引进人才是不可能具有长久竞争力的。我们要坚持科学的人才发展方向，大力加强培训、教育工作，努力形成健康发展的人才培养机制。

一是要强化基础教育，培育人才土壤。文化素质是最基本的人才素质，欠发达地区要继续巩固基础教育成果，加快教育、教学改革，提高办学质量、效益，提高义务教育的普及率和层次，有条件的要努力普及高中、大学义务教育，努力提高本地人才、人口的整体文化素质。二是要突出重点，提高人才培养的针对性。要围绕经济社会发展的需要和人才发展战略布局对人才的需求，着重培养几个方面的人才：第一要以加强执政能力建设为核心，着力培养一大批能长期艰苦奋斗、担当发展大任的党政人才；第二要依托高等院校，着力培养企业经营管理人才、培养高层次专业技术人才；第三要依托职业技术学院、工业学校和技工学校，着力培养高技能人才；第四要定期输送人员到国外学习，着力培养一批综合素质较高、勇于开拓创新的各类青年领军人才。三是要构建终身学习教育体系。倡导终身学习理念，营造浓厚学习氛围。将人才的学习与使用挂钩，推动学习型社会、学习型组织、学习型单位、学习型个人的创建活动。发挥用人单位在人才培养上的主体作用，发挥人才本身在学习培训上的主动性、积极性，让每一个想成才的人都有成才的途径，让每一个想成才的人通过努力都有成才的机会。

（四）坚持唯才是举，建立人尽其才的用才机制

引进、培养人才的最终目的就是使用人才，使人才能最大限度地发挥自己的才干，促进本地社会经济的科学发展。因此，建立人尽其才的用才机制是提升人才竞争力的关键。当前，欠发达地区在人才的使用上还存在诸多问题，如口头上重视、行动上不重视等现象，特别是在一些政府机关、事业单位，引进人才后没有根据人才的特长合理安排岗位，使人才缺乏施展才华的舞台。因此，我们要努力改革用人制度，打破常规，唯才是举，物尽其用，人尽其才，真正把人才用起来，建立人尽其才的科学用人机制。

一是要让有才者有为。要针对每一个人才的不同特长，对人才的岗位作出合理的安排，使各类人才都能够有一个充分施展才华的舞台。要建立科学、合理的激励机制，形成良性发展的人才竞争环境，进一步激发广大人才的创业激情。二是要让有为者有位。我们要坚持唯才是举的原则，对于工作成绩突出的各类人才，要大胆使用，让他们挑大梁、担重担，为他们提供更加宽广的发展空间。

参考文献

[1] 张义芳. 高层次专业人才培养、引进与使用策略 [J]. 科教论丛，2008 (2).

[2] 刘晓苏. 事业单位人事制度改革研究 [M]. 上海：上海交通大学出版社，2011.

[3] 宋晓玲. 志愿者：有待开发的人力资源 [EB/OL]. 闽东青年网，2006 - 10 - 09.

[4] 何见得. 人力资源开发有效对策基础理论研究 [D]. 河海大学，2002.

[5] 郑文范，孙萍，马立晓. 论公共事业管理专业人才的联合培养方式 [J]. 中国高教研究，2000 (4).

芬兰旅游文化资源开发利用

——罗瓦涅米“圣诞老人村”体验经济发展模式调研报告

郭天文

芬兰旅游文化资源开发和利用较有特色，以本地的两大区位特色——寒冷和黑暗为题材，以虚幻的传说——圣诞老人为核心，以深层的基督教文化和宗教信仰为社会背景，以情景体验的塑造为营销手段，在一个偏远、荒凉、资源匮乏的极北之地，以极低的成本和极小的环境代价，打造出一个集旅游、度假、体育训练、休闲娱乐于一体的综合性文化产业项目，即芬兰拉普兰地区以北极和圣诞老人为题材的旅游文化资源开发项目，创造了令世界惊叹的旅游产业神话。

芬兰历史上是一个资源品种单一的传统农业国和矿产、森工产品输出国，现代以来在发展高科技和文化创意产业方面取得了重大突破，完成了经济发展战略的成功转型。研究分析芬兰体验式经济发展轨迹，对于我国加快转变经济发展方式具有十分重要的借鉴意义。

一、芬兰经济发展模式的演变分析

（一）战后芬兰经济的快速发展期——资源消耗型发展模式

芬兰是一个传统的以农业、渔业和矿业发展为主的国家，尤其是林业在国际上占据着举足轻重的地位。芬兰属温带针叶林气候，森林面积约2100万公顷，木材储积总量在20亿立方米左右。森林覆盖率约66%，人均占有森林面积4.7公顷，为欧洲国家中最高。芬兰是世界第二大纸张、纸板出口国和第四大纸浆出口国。20世纪七八十年代，芬兰依靠国内丰富的森林资源，大力发展造纸、木材加工、纸浆出口等支柱性产业，实现经济快速增长，年平均增长速度达3.7%，被誉为“欧洲的日本”。但是，单一的资源型经济模式抵御国际经济危机的能力较弱，在20世纪90年代初全球经济衰退形势下，芬兰森工产品主要输出国的有效需求下降，芬兰的经济增长出现了严重的衰退。这一教训使芬兰政府认识到发展现代知识经济的重要性，在国民教育上加大投入，鼓励高科技研发和文化创意产业，从而走出了一条经济复兴之路。

（二）20 世纪 90 年代中后期转型——科技创新型发展模式

20 世纪 90 年代初，芬兰的 GDP 在连续三年中下滑了 10%，失业率从 3% 上升到 17%，经济形势的衰退引起了芬兰政府的高度重视，芬兰政府很快调整了产业发展战略，加大了对信息产业的扶持和投入力度，在短短的几年间，芬兰的信息产业尤其是电子、电讯设备制造业发展迅速，一跃成为世界上信息科技产业最发达的国家，其中，以诺基亚为龙头的信息科技产业产值占国内生产总值的比重从 20 世纪 90 年代初的 4% 上升到 12%，诺基亚的出口占对外出口总值的 20%。其他如生命科技产业也得到了快速发展，芬兰政府每年的生命科技产业公共研发投入约 2 亿欧元，占公共研发投入总量的 13%，目前，芬兰生命科技产业每年销售总额约 30 亿欧元，约占 GDP 的 3%。应该说，依靠教育投入和公共研发投入，推动了芬兰的科技产业的迅速发展，完成了芬兰世纪末产业升级的成功转身。

（三）旅游文化资源的开发利用——体验式经济发展模式

芬兰北部尤其是拉普兰地区地处偏远寒冷的北极地区，森林覆盖率非常高，传统产业主要是渔业、林业及采矿等，历史上的拉普兰省是一个较为落后的农业省，欧盟每年投入芬兰的农业支持项目经费大部分都给了拉普兰。自 20 世纪 50 年代以来，拉普兰地方政府开始发展旅游产业，注重保护资源和环境，依靠当地文化资源的优势，逐步把单纯的参观旅游发展为融参与、互动、体验和情趣于一体的综合型体验式服务产业。1985 年建造了圣诞老人村，开发出“圣诞老人”这一文化元素和核心旅游概念。从 90 年代中期开始，芬兰国家贸易与工业部就成立了“拉普兰体验产业专业中心”，专门研发各种与“体验经济”有关的产业与活动，从而推动体验式产业发展新阶段。目前，拉普兰地区的体验式产业年总产值约 40 亿欧元，约占当地总产值的 8%。自此，芬兰基本上走出了一条资源节约型、环境友好型的体验式产业发展新模式。

二、芬兰旅游文化资源开发利用例析

拉普兰省的首府罗瓦涅米最初是一个边贸小镇，当时瑞典人、俄罗斯人以及当地的萨米人在这里进行贸易，主要交换渔业产品、皮革、铁制品等，后来罗瓦涅米慢慢发展成为芬兰北部最大的城市，人口约 10 万人。旅游业产值占

当地总产值的70%以上。下面，以罗瓦涅米的圣诞老人村为例，分析芬兰开发旅游文化资源的做法及经验。

（一）变虚幻资源为现实资源

从20世纪20年代起，芬兰人开始营造一个传说，即西方世界家喻户晓、深入人心的圣诞老人出自芬兰的拉普兰地区。1927年，芬兰电台著名主持人马尔库斯在其主持的一个讲故事节目中，描述圣诞老人来自拉普兰省靠近俄罗斯的耳朵山，原因是这座山靠近北极，冰雪覆盖，形似耳朵，生活着很多驯鹿，圣诞老人居住在这里能够倾听到全世界孩子的愿望。当时，许多国家如瑞典、挪威、冰岛、美国等都在争夺圣诞老人的故乡权。1996年7月，在丹麦首都哥本哈根召开圣诞老人世界大会，居住在世界18个国家的150名圣诞老人应邀出席了这次盛会，芬兰人坚决抵制，不派圣诞老人参加大会。芬兰人宣称，只有拉普兰的耳朵山才是圣诞老人的真正故乡。在这场争夺圣诞老人的“故乡权”的斗争中，芬兰人表现得异常的顽强和坚韧，前后几十年间，芬兰人不断地强化圣诞老人的故事。如果说这一时期的营造传说仅仅是一种本能的归属意识，接下来的圣诞老人村的建造和开发就是一种有计划的商业包装和营销策略。

（二）现代专业的策划包装

现代营销离不开策划包装，文化概念的包装尤其重要。芬兰人知道，要把圣诞老人作为一个品牌来经营，需要有统一的品牌标识、规范的生产流程。圣诞老人不是每一个人都可以胜任的，首先要通过一个专门的学校进行培训，圣诞老人候选人员的外貌、体型、身高、体重都有一定要求，经过专业策划出来的圣诞老人，和众多儿童心目中的形象一致，长长的花白胡子，胖胖的身体，戴着一副老花眼镜，慈祥的眼神，一身红白相间的服装，面带亲切的笑容，这种形象现在成了世界公认的圣诞老人的标准形象。经过培训的圣诞老人会多国语言，如在遇到中国客人时，可以说“圣诞快乐”、“恭喜发财”、“谢谢”、“再见”等中文。圣诞老人一般有若干人（约10人），除了有一人在北极圣诞老人村值班外，其他圣诞老人都可以经常出席各类活动，如2010年上海世博会期间，就有一位圣诞老人在世博会芬兰馆出席盛会，与各国游客合影和交流。

（三）利用名人效应推动营销

虽然芬兰人坚信圣诞老人来自拉普兰，但怎样才能说服其他国家的游客呢？这需要一个或几个契机，能否利用好这些契机是成败的关键。第一个契机是当时的联合国秘书长加利写了一封给圣诞老人的信，寄到了芬兰的罗瓦涅米，芬兰人立刻广为宣传，借助联合国政要的肯定，有力地夺得了圣诞老人的“故乡权”。第二个契机是美国总统罗斯福夫妇访问芬兰，芬兰人特意把他们引到北部拉普兰首府罗瓦涅米参观，当地政府为了更好地接待贵宾，就在罗瓦涅米以北大约18公里的北极圈内建造了一座面积不过10平方米的小木屋（即后来所谓的“罗斯福木屋”），并在此划了一条北极圈的白色标线，于是，这所小木屋及北极圈标线成为世界各地游客参观寻访的热门景点。许多人尤其是世界各地的儿童希望到拉普兰的耳朵山见一见圣诞老人，来这里的游客必然要去参观罗斯福木屋和北极圈标线，拉普兰管理部门发现了这一巨大商机，1985年在此基础上建造了圣诞老人村。

（四）营造广大基督教徒尤其是儿童群体的精神家园

在西方世界基督教文化的背景下，人们对于上帝、天堂、天使等一直怀有崇敬、向往之情，圣诞老人的传说，对于广大儿童以及成年人来说，无疑营造了一种关爱和温情的社会氛围，对于圣诞节、圣诞老人的追捧其实反映了现代社会的一种精神需求。圣诞老人实际上是人们出于善良和美好的愿望而创造的形象，到芬兰拉普兰的北极村看望圣诞老人，与圣诞老人合影留念，成了无数孩子的梦想。基督徒需要有一个地方以寄托信仰，同时又能满足现代社会休闲的需要，选择远离尘嚣、冰天雪地、如梦似幻的北极雪原圣诞老人村，就会有不同的体验和感受。拉普兰人正是抓住了这种体验的需求，并以这种体验的消费作为营销的商业元素，他们用设计独特而逼真的形象，结合最完美而华丽的道具场景，让游客暂时相信了这些传说故事。这就是圣诞老人村成功的奥秘所在。

（五）巧妙转化劣势地理条件为优势地理资源

拉普兰省大部分在北极圈以内，靠近北冰洋。这里有两大不利的气候条件：一是寒冷，二是黑暗——长达半年的极夜天气。但是，拉普兰人就是在这种气候条件上做文章，靠出售寒冷和黑暗赚钱，巧妙地把劣势地理条件转化为优势地理资源。拉普兰有世界最多的大小滑雪场，欧洲人酷爱滑雪运动，每年冬季都有大批的运动爱好者前往芬兰度假。除了各类俱乐部之外，这里经常举办世界性的大型滑雪比赛，吸引了众多的游客。另外，冬季雪景和冰原奇观也是众多游客慕名而来的主要原因之一。至于出售黑暗则更有趣味性，在冬季漫长的黑夜里，北极的极光绚烂多彩，美得难以名状，但是往往转瞬即逝、神出

鬼没，很难预测且很难捕捉，被视为大自然最为奇特的景观之一，来拉普兰看极光是另一个最大的卖点。

（六）把北极地带的区位优势发挥到极致

芬兰人在北极区位优势方面做足文章，除了著名的圣诞老人村外，还在罗瓦涅米建了一个北极博物馆，科学普及与休闲享受兼顾。该馆 1992 年建成并开放使用。北极博物馆坐落在罗瓦涅米市的一条河边，形状为一个指南针形，尖端指向北极。长 175 米，宽 30 米，高三层，其中两层在地下。这里除了芬兰文化展之外，最有特色的是北极知识展厅，这里循环放映北极风光片，让观众了解绚丽多彩的极光和冰雪世界的美丽景观。动物展馆展出驯鹿、水獭、棕熊、驼鹿、北极熊等北极动物。科普知识馆设置了北极自然带分布演示盘、雪花形成过程模拟室、雪崩现象模拟室、动物皮毛常识、北极光形成演示、北极矿产资源分布、冰川形成及运动演示等专题设施，给游客上了一堂生动的北极知识课，使游客在休闲娱乐的同时又接受知识教育，这是让带着孩子的家长最高兴的事情。

（七）打造延伸上下游的休闲产业链条

拉普兰省打造的这个产业链条包括了现代旅游业的吃、住、行、游、娱、购等各项元素，同时融合了文化、休闲、体育、探险等各项功能。体现这些元素及功能的消费项目设计主要有：①北极圈标志线。划设一道白线，标示 66°32′35″，很多游客脚跨两边，表示一脚在温带，一脚在寒带。据说当年罗斯福夫人就是因北极圈标线慕名而来的。②与圣诞老人合影。圣诞老人每天在这里接见世界各国游客，几乎所有到这里来的游客都会选择与圣诞老人合影留念，一次合影大约收费 30 欧元，平均每天大约有 1000 人合影，仅照相这一项目一年要有多少收入！③邮局。出售各种圣诞贺卡和邮品，价格在 0.5～5 欧元不等，供游客选购，并开办了寄送贺卡服务。④商业街。在圣诞老人宫殿对面及旁边，坐落着两条商业街，都是设计成圣诞卡通一样的美丽小屋，分布着大大小小的商店，主要出售与圣诞老人有关的纪念品和当地的土特产。⑤罗斯福木屋。⑥儿童乐园。主要为儿童游客提供玩乐，因为在每年圣诞节前后，来自世界各地的儿童游客很多，几乎占到游客的 1/3。⑦滑雪场。滑雪场位于罗瓦涅米附近的林区，除了主赛场之外，还修建了许多大大小小的训练场，甚至有专门为儿童游玩修建的儿童滑雪场。⑧火车站。罗瓦涅米火车站据说是世界上最北的火车站，火车站也以圣诞老人命名。

芬兰人富有创意地把司空见惯的传统节日锻造成一条成功的产业链。他们将圣诞由一天变为一年，他们将宗教意义的圣诞、民俗意义的圣诞，衍变为商业意义的圣诞、休闲意义的圣诞。

三、芬兰体验式文化资源开发经验对我国的启示

我国是一个文化资源大国，但在文化资源开发利用上，长期以来注重文化资源的人伦教化、娱乐欣赏、修身养性等功能，而忽视了文化资源的产业属性和商业价值。随着我国改革开放政策推动和社会发展的自觉要求，文化资源的产业化开发和利用越来越得到政府和社会的广泛认同。

近年来，我国文化资源的开发利用热潮中出现的几种趋势应当引起注意：一是文化资源开发的泛政治化。如现在兴起的“申遗”热，政府不惜投入巨资去公关、包装、宣传和推广，只是为了申遗成功，落个冠名，申遗成功没有后续开发和远景规划，没有经济效益，仅仅作为一届政府任期内的一项工作来抓。还有，最近几年各地纷纷挖掘本地历史文化名人，一窝蜂地建祠立庙、树碑修馆，铸几座铜像，改街道名，改村落名，甚至改市名，只是为了出名。二是文化资源开发的唯功利化。如某些风景名山，凡有势力有财力插手的，都抢得一块地盘建庙宇，完全不顾及宗教信仰和传统文化，诸神合住，神鬼同居，有庙就有人烧香，香火钱收入成为主要目的。三是文化资源开发的粗浅化。表现在“三多三少”，即资金投入多，技术投入少；硬件建设多，创意含量少；总体数量多，精品数量少。

芬兰体验式旅游文化资源开发的经验，对我国大力推动体验式经济发展有所借鉴：一是培育本土文化形象和文化品牌。世界各国都重视开发本国文化资源，培育自己的文化品牌，如美国的迪士尼乐园、日本的凯蒂猫、英国的哈利·波特、芬兰的圣诞老人等。我国政府应出台相关政策，对本土文化品牌在开发投入和宣传推广等方面给予支持，使文化企业做大做强，如能否扶持喜羊羊做大品牌，成为米老鼠那样的国际品牌？可否支持企业投建一个现实中的“狼堡”和“羊村”等游乐园？二是引导民间资本投入文化创意产业。文化产业单纯靠政府投入就会形成垄断，导致低效率。所以，要大力推动民间资金进入文化创意产业，推动文化产业进入国际资本市场。可以考虑从政府前期的投入，然后转入民间投入，再从民间投入转入资本市场，这样的文化产业发展才有活力。三是政府提供政策保护和社会服务。政府不用直接进入，更多的是做一个服务员，提供优质的金融服务、法律服务、行政服务、基础设施服务等，制定并执行更加优惠的扶持文化创意产业的财政、税收政策，大力改善城市环境，加大新闻宣传和舆论引导，为文化创意产业发展营造良好的社会环境。四

是推动文化创意与科技手段融合。没有科技的支撑，文化创作很难形成能够走向市场的文化产品，一些高端的文化业态，直接就是由科技推动产生的，科技不断发展，在拓展文化创意产业的外延。其实我们从不缺少文化，五千年的中华文明源远流长，留下了灿烂的文明，为世界所瞩目，我们真正缺的是将文化与技术实现融合的创意，就像我们的花木兰、三国历史、熊猫都是被国外拿去拍成电影，反过来赚中国人的钱，有的大部分团队也是用的中国人。这就不得不让我们反思，文化创意产业的发展需要文化与科技的融合，需要用创意的思维促进文化与科技的融合。

参考文献

张文霞，李正风．芬兰从资源型国家到创新型国家的历程［J］．科学对社会的影响，2006（1）．

试谈芬兰崛起的文化因素及其对广东探索科学发展新路的启示

罗建君

芬兰，一个1/4土地在北极圈内的北欧小国，独立时间短、人口少、资源贫乏。但正是这样一个小国却创造了举世瞩目的经济社会发展奇迹：独立不到一百年，从一个农业国成功发展为资源型工业国，并迅速进入知识经济大国，跻身世界科技和经济最具生命力和竞争力的国家与地区行列，成为一个政治稳定、经济发展、教育发达、福利优厚、环境优美、社会和谐、民众幸福的现代化国家。笔者试图从芬兰崛起的发展轨迹和成功实践中分析其文化因素，并努力从中寻求探索广东科学发展新路的有益启示。

一、“芬兰崛起”的文化因素初探

文化是指一个国家或民族的历史、地理、风土人情、传统习俗、生活方式、文学艺术、行为规范、思维方式、价值观念等。本文所指的“文化”，是广义上的文化，主要包括物质文化、制度文化和心理文化等。芬兰的成功不是由哪一种因素决定的，而是多种因素综合作用的结果。我们从芬兰经济社会发展的丰富实践和巨大成就中可以发现，以下五大文化因素起到了无可替代的重要作用。

（一）创新文化

创新是芬兰的生存之道、发展之基。芬兰通过几十年的努力，成为令人羡慕的高科技国家的典范。自2003年起，芬兰连续多年在世界经济论坛举行的“全球竞争力排名”中名列前茅，被评为“世界最具竞争力的国家”。芬兰重视创新、勇于创新、善于创新，形成了独具特色的创新文化，芬兰也被公认为当前世界上最具有创新能力的国家之一。

1. 创新成为芬兰国人的普遍共识

在芬兰，经常听到的两个单词就是创新和设计。芬兰人充分认识到，他们

的前面是大海，后面是冰雪，除了水、木之外资源贫乏，要想生存，只能开动脑筋、力求创新。“芬兰的未来，在于激发全民的创新意识”已成为芬兰民族的共识。

2. 建立了强大的国家创新体系

经过几十年的艰苦探索，目前芬兰已建立起政府资助、创新风险投资、企业技术创新和研发投入环环相扣、相互促进的一整套完善的自主创新体系。芬兰国家创新体系，是从事科学技术创新活动的机构、体制安排、运行方式的总和，它覆盖全社会科技创新的网络组织，包括企业、政府、大学、研究院所、中介机构等，是一个市场行为和政府行为共同作用的体系。在芬兰国家创新系统中，政府扮演着指挥者和协调者的角色。芬兰国家技术局是芬兰政府资助技术开发的资金分配单位，安排技术研发和技术转移的支出，资助并推进具有竞争力和挑战性的研发项目，促进芬兰产业和服务部门竞争力提升。该局每年有5亿欧元的政府预算，每年服务的对象超过3000家公司、近50所高校和800多个研究机构。芬兰政府推动技术创新的政策特别表现为持续不断地增加研究与开发（R&D）的投入。1998年芬兰R&D在GDP中的比例为3%，约33亿欧元；2006年上升到3.5%，约57欧元；2010年的比例达到4%。对科技创新的高强度投入、政府对产学研结合的强力推动和充分发挥企业创新主体的作用，使得芬兰的创新体系持续有效地发挥着积极作用。

3. 始终把培养创新人才作为教育工作的重要目标

芬兰教育的核心在于培养学生的创新思维。例如，芬兰的艺术设计水平全球有名，他们成功的经验就是把培养创新人才的理念贯串于教育工作的各个环节。芬兰高校艺术专业招生入学考试不仅考绘画技能和艺术设计的理论知识，更注重考核学生的思维潜能、创新意识和表达能力等；在教学中，老师极力鼓励学生用自己的方式进行创作，强调答案不是唯一的，并十分重视师生之间、学生与学生之间的思想交流和思维碰撞，努力创造培养创新人才的有利氛围。

（二）教育文化

芬兰经济社会高度发展的一个重要因素，就是芬兰极其成功的教育。2004年，国际经济合作与发展组织对41个国家和地区的15岁学生进行调查发现，在各国学生中，芬兰学生被评价为整体表现全球第一。同时，芬兰的高等教育也几乎被每一届世界经济论坛评为最佳。在芬兰教育取得巨大成功的背后，我们发现，其教育文化（关于教育的理念、体制、经验等）具有独特之处：

1.“教育至上”理念

芬兰政府高度重视国民教育，每一个家庭也十分注重教育与学习。芬兰著

名经济学家朱斯·马思托恩有一句名言，“我们没有石油，也没有别的矿藏，我们有的是知识”，这道出了芬兰人重视教育的原因。芬兰政府对教育投入很大，教育部提供的资料显示，连续多年，该国对教育的投入占全国GDP的6%以上；80%以上的人口受过或正在接受高等教育，这一指数位于欧盟各国之首。芬兰是一个酷爱学习的国度。目前，芬兰拥有各类图书馆3000多座，人均占有图书馆的比例居世界之首，人均科技论文产出率超过美国和英国。

2. “教育平等”原则

芬兰积极倡导无差别教育，坚持“平等普及，全面照顾”，“不让一个孩子掉队”。芬兰把教育当作人民的基本权利，而且不因经济或其他因素影响其受教育的机会。政府提供免费九年义务教育，教科书、午餐、医疗也是免费。99.7%的孩子完成了义务教育。平等教育使学生素质水平整齐。

3. “信任教育”的文化特质

1985年之后，芬兰全面推进教育大改革，打破过去中央集权的运作方式，实现由官僚化集权管理到分权制的转型，形成了基于信任的学校文化。其要领就是教育行政部门和政治领袖相信，教师及校长、家长和社区知道如何为下一代提供最好的教育。因此，在教育管理上，芬兰实行灵活的责任制，教育行政部门对学校负责，学校对学生的学习负责。芬兰所有学生的学习评估都是基于教师本人设计的考试，而不是外部机构制定的标准化考试。小学是一个“考试禁区”，分数是法律明令禁止的，只能使用描述性评估和反馈。与此同时，芬兰十分重视师资的质量，除幼教以外，教师至少要有硕士学位。

（三）福利文化

高福利是芬兰社会的一大特色，也是最吸引全球眼球之处。认真研究和分析芬兰社会保障的理念、制度和具体举措（笔者概称为“福利文化”），对于我们进一步体会和把握芬兰社会的成功经验，具有十分重要的意义。

1. “共享”理念

芬兰建立社会保障制度的宗旨，是建立起高水平的覆盖全体国民的社会保障体系，让全体国民共享经济社会发展成果。芬兰的每一个公民，包括国内原有居民和满足居住年限等有关规定要求的外来移民，都有权利享受相关的社会保障待遇。芬兰的社会保障主要包括“预防性安全和健康政策”、“社会和卫生服务”以及“社会保险”三大部分。内容涉及人从出生到老年的全过程，从预防疾病、事故，控制饮酒、抽烟开始，到实施基本免费医疗；从免费教育，到失业救济再到免费职业再培训；从儿童补助、单亲父母津贴到养老金支付和老人照料；等等，政府提供的社会保障是全方位的。

2．“平等”原则

保证公民平等，不因种族、阶级、阶层、性别的不同而区别对待，高收入者、低收入者以及无收入者均被融入同样的福利体系之中。

3．关注“个体”

每一项资助或者服务，甚至是对家庭的帮助，也具体到每一个个人。现有居民无论是否曾被雇佣，达到一定年龄均可领取养老金；每个家庭都能得到政府提供的育儿津贴，以减轻他们抚养孩子的负担；所有居民无论收入状况、社会地位及其他情况，均可得到尽可能好的医疗服务。

4．“法治”精神

芬兰在社会保障方面的法律体系非常健全，大到宪法、小到实施细则，各级政府通过有关立法，作为实施社会保障政策和措施的依据，依法实施全民的社会保障。如在养老保险方面，芬兰1937年颁布了国家养老金法，1956年对国家养老金法进行了修订，1961年颁布了职工养老金法，1970年出台了个体从业人员养老金法、农场主养老金法，2005年又对职工养老金方案进行了改革。在医疗保健方面，芬兰1972年建立了基本卫生保健法，1989年制定了特殊医疗照料法，1990年出台了精神医疗保健法，1992年又对社会福利和卫生保健收费制定了专门的法规。每一项法律法规的内容都十分具体，不仅规定了公民享受社会保障的资格和权利，也规定了实施社会保障措施的政府的责任和义务。

（四）廉政文化

自1995年起，“透明国际”每年发布世界各国清廉状况排名，北欧国家的清廉指数一直名列前茅，芬兰已连续五年被“透明国际”评为全球最廉洁政府。“廉洁”成为芬兰又一张引以为荣的国家名片，清正廉洁已经融入了芬兰人的民族精神，升华为一种文化品格。

1．“廉洁自律”的理念深入国人灵魂

芬兰的总检察长马蒂·库西迈基说过，公民的自律是防止腐败最有效的手段。芬兰具有良好的社会风气，大多数公民养成了自觉遵纪守法的良好习惯，强调诚实守信。以权谋私被视为令人唾弃的行为。芬兰人口少、生活圈子小，政府的人员也少，公职高薪，但谋职也不容易。一旦公务员腐败被查实，不仅会被立即革职，严重的还会入狱，私营机构不愿雇用，也会被社会上的人看不起，更重要的是在亲朋好友、街坊邻里面前永世抬不起头来。腐败的高昂成本客观上也促成了芬兰“廉洁自律”良好风气的养成。

2. “公开透明”法则让腐败无藏身之地

透明和公开是芬兰政府的一条基本原则。一是公共政策透明。芬兰的政治文化要求公共政策的形成务必透明，不允许暗箱操作。除有关外交、国防的涉密文件外，公共部门的所有档案资料不仅对专家和研究人员开放，也随时为新闻界和公众提供查询、借阅和复印等服务。二是公务员财产透明。公务员实行财产申报、登记和财产信息公开制度。公务员对经济收入瞒报或延迟申报，将会因此丢职。三是公务行为透明。公共机构对社会透明，公务员岗位向每个人开放，公务员的公务行为都是透明的。如公务接待，什么人吃、吃什么、吃了多少钱，都要一清二楚地在网上开列清单，人人可以看得见，件件查得清，一切“晒在阳光下”。在这种制度下，公务员凡事必须小心谨慎，如履薄冰，不敢越雷池半步。

3. “严格执法”成为反腐利剑

有法可依、执法必严，是芬兰防止和消除腐败的重要手段。芬兰在20世纪20年代就制定了《公务刑法》，随后不断修订、完善，并相继制定了《审计法》、《政府采购法》、《工程招投标法》等，为反腐败提供了有力的法律保障。行贿受贿在芬兰受到的惩罚以罪行的严重程度划分，从一般性罚款到判处最高达4年的监禁。公务员接受金钱、珠宝、家用电器、特殊（低利息）贷款、免费旅行等可视为接受贿赂，甚至接受荣誉头衔和有关部门的推荐也可能被视为接受贿赂，一旦罪名成立，将立即被免职。

4. “多维约束”构建持续有效的反腐体系

芬兰的监督体系主要由司法监督、议会监督、新闻舆论监督和公众监督等方面构成。在芬兰，司法监察长是政府中的最高监察官，有权出席内阁会议，对总统和各级官员进行监督。议会监督官由法律专家担任，负责对政府各部门工作人员的监督。新闻舆论监督作用巨大，政府官员丑行一旦被媒体曝光，只能引咎辞职。公众监督无处不在。任何公民都有权自由地检举揭发违法的政府官员。在多方监督和约束下，芬兰政府公务员极少出现腐败行为。

（五）绿色文化

实现人与自然和谐相处，是芬兰政府长期追求的重要目标。在气候寒冷、民用能耗大和传统产业（森林工业和冶金工业）高能耗的背景下，经过几十年的探索和努力，芬兰政府的节能环保工作取得了巨大成效，也积淀了丰富的“绿色”文化。

1. 环保意识深入人心

芬兰政府长期不懈地致力于提高公民的环保意识。环保教育被列为基础教

育和高中教育的教学大纲，相关的职业和高等教育也把环保教育作为重要内容。自1996年起，芬兰每年都要举办“全国节能周”，不断强化公民的环保意识。全国各地还建立起各种环保志愿工作者协会等组织。

2. 法税共举，促进节能

芬兰是世界上最早制定环保法的国家，早在1886年就制定了第一部森林法；2003年3月，芬兰开始实施新的环境保护法。在加强法治的同时，芬兰还以征收环保税的方式约束生产者和消费者。芬兰自20世纪90年代开始征收二氧化碳税，是世界上第一个根据能源中的碳含量收取能源税的国家。近年又进一步调整和提高了与环保有关的能源税、燃料税、机动车辆税等费用和税率，所有征税都用于环保工作。

3. 注重“开源”、“洁能”，高效利用

芬兰政府大力支持风能、太阳能和生物气体等新能源技术和项目的开发及应用。目前，芬兰在生物能源利用方面已处于发达国家中的领先地位，其可再生能源的利用率在欧盟国家中名列第三。目前，芬兰政府进一步推动科研机构、商业机构和企业密切合作，在清洁能源、节能、清洁工艺和空气污染控制领域加强研发和实践，打造“芬兰清洁技术品牌”，以使芬兰成为全球“最知名的清洁技术国家”。

二、对广东探索科学发展新路的若干启示

广东是改革开放的前沿地区，是中国经济发展的火车头。改革开放30年来，广东经济社会发展取得了辉煌成就，城乡面貌发生翻天覆地的变化，社会各项事业全面推进，人民群众生活水平不断得到改善。当前，我国正处于改革的攻坚期、发展的关键期、矛盾的凸显期，广东的发展也进入了爬坡越坎、涉深攻坚的关键时期，经济社会发展呈现出新的阶段性特征，面临新的挑战。胡锦涛总书记亲临深圳经济特区建立30周年庆祝大会并发表重要讲话，要求我们坚定不移地坚持中国特色社会主义道路，坚定不移地坚持中国特色社会主义理论体系，勇于变革、勇于创新，永不僵化、永不停滞，不为任何风险所惧、不被任何干扰所惑，继续奋勇推进改革开放和社会主义现代化建设的伟大事业。胡锦涛总书记的重要讲话，是在特殊历史节点、特殊地域方位、特殊时代背景下作出的进一步推进我国改革开放事业的政治宣言，是推动广东乃至全国人民探索科学发展新路的动员令。如何贯彻落实胡锦涛总书记重要讲话精神，立足新起点，继续解放思想，努力探索广东科学发展新路，是时代赋予广东省的新使命。“他山之石，可以攻玉。”笔者认为，芬兰经济社会发展的文化因

素，对于推动广东探索科学发展新路有一定的借鉴作用。具体来说，就是要着眼于率先发展、全面发展、和谐发展、可持续发展，努力探索打造“五个广东”的科学发展之路。

（一）努力打造“创新广东”

广东要在新的历史阶段继续保持可持续的发展后劲，继续当好“试验区”、“实验田”、“排头兵”，就必须在创新上下硬功夫。

1. 要继续强化广东人精神的“创新”元素，营造有利于开拓创新的社会氛围

要大力弘扬“锐意改革、敢闯敢试、敢为天下先”的特区精神，鼓励人们勇于探索、敢于开风气之先。对探索创新工作要坚持不争论的态度，容试容错容改，鼓励有眼光有胆略的干部、群众大胆先行先试。

2. 重点推动企业提高自主创新能力，加快转变发展方式

要大力提高原创性创新能力，形成创新的重要基础和竞争力的主要源泉。大力加强完善性创新能力，加快消化吸收再创新，充分利用全球科技存量，形成后发优势。大力推进集成性创新，形成单项相关技术的集成创新优势。

3. 建立健全国家创新体系

建立健全与国际接轨的知识产权保护制度；加快建设产学研相结合的技术创新体系，努力实现新技术的产业化；研究制定吸引创新型高端人才的工作机制；制定和完善创新产业的风险评估、资金支持等政策。

4. 要重点支持、发展战略性新兴产业和推动文化产业、创意产业发展

大力推进节能环保、新一代信息技术、生物、高端装备制造、新能源、新材料和新能源汽车等战略性新兴产业，使之成为国民经济的先导产业和支柱产业，抢占新一轮经济发展的制高点。

（二）努力打造“知识广东”

国家与国家、地区与地区、群体与群体的竞争，归根到底都是人才的竞争、知识的竞争。在新一轮的发展中，广东能否保持强劲的后劲，实现可持续发展，最重要的因素，就是有赖于各类人才源源不断的有力支撑，有赖于全体公民素质的不断提升，有赖于全省上下形成丰厚的文化积淀，有赖于广大干部群众养成拥有丰富知识、开放理念、创新意识、革新技术的现代素质和精神风貌。因此，广东省要着眼于未来发展，抓住关键环节，着力于提升全省公民整体素质，培养各类人才，强化文化建设，建设现代文明，致力于打造“知识广东”。

1. 要大力推进“教育强省”建设

要全面推进中小学教育，创造条件全面普及十二年义务教育。重点是要解决东西两翼、粤北山区贫穷家庭小孩上学和城市外来务工人员小孩上学问题，继续推进中小学教育资源均等化问题。率先推进高校教育制度改革。进一步提升大学办学水平，继续采取有力措施促成国内外著名大学与广东省合作办学，扩大广东教育的世界影响。进一步解放思想、开阔眼界，把培养创新型人才作为重要目标，切实提升青年学生的创新能力，为大学毕业生创新创业提供有利条件。继续采取有力措施，帮助贫困大学生完成学业。

2. 要大力推进“人才强省”建设

要努力建设素质优秀、数量充足、结构优化的管理型、科研型、生产型、服务型等各战线各领域的人才队伍，形成广东浩浩荡荡的现代化建设大军。要继续引导高层次学术科研带头人、具有国际视野的金融管理人才，同时用好本地培养的各类人才，努力形成内外结合、“洋”、“土”相促的人才梯队，构筑广东现代化建设人才高地。要加大职业技术教育的宣传和支持力度，建设一支数量充足、专业众多、分布合理的高素质技工队伍，为广东省加快工业化进程提供有力保障。要建立健全党政干部队伍教育培训锻炼的长效机制，不断提升其综合素质。

3. 全力推进“文化强省”建设

充分挖掘和利用岭南文化，进一步丰富和打造新时期的广东人精神，切实发挥文化引领作用。

4. 要努力推进“学习强省”建设

在广东省各单位、各阶层、各群体大兴学习之风，广泛深入开展“南国书香”等系列活动，积极探索推动人民群众热爱学习的有效途径和实现形式，让“爱读书”成为广东人的自觉行为和时代风尚。

（三）努力打造“幸福广东”

改革开放以来，广东经济建设取得了辉煌成就、举世瞩目，目前的关键，一方面是要继续推进生产领域的各项工作，保持经济又好又快发展；另一方面而且是更重要的方面是要花大气力，研究和解决分配领域的问题，以推进社会公正公平的更大成效，提升社会稳定系数和人民群众的幸福系数。

目前工作的重点：一是将为老百姓创造幸福生活、提升人民群众的幸福指数纳入落实科学发展观的考核体系，成为评价各级党委政府工作的重要指数，让以人为本、以老百姓为本的理念内化为各级党政干部的自觉行动。目前，不少地方政府仍是以 GDP 为唯一追求目标。在 GDP 的指挥棒下，往往会引发某些违背经济发展规律、违背人民群众根本利益的现象，地方政府得“政绩”而不得“民心”，其结果往往是干部提拔了，但老百姓的生活水平却没有提升。二是进一步加大工作力度，推动区域协调发展，急速提升粤东、粤西、粤北三地的经济社会发展水平。三是要研究建立覆盖面更广、受惠面更宽、资源配置更合理的社会保障体系。继续推进医疗、教育等公共服务资源的合理化配置；积极帮助农民改善住房条件，在全省开展“告别茅草房、泥砖房工程”；采取更加有力的措施，多渠道解决和改善城市居民住房问题。更加重视解决农民、城市外来务工人员和城市低收入家庭的生活实际困难。将推进城乡危房改造和旧城区、旧校区、旧厂房改造作为日常工作常抓不懈。切实解决涉及老年人、残障人士的实际问题，努力为社会各阶层各群体创造更加有利的生活条件。四是探索民主发展模式，加快政治体制改革步伐，扩大人民有序政治参与，更大范围、更多层面地满足公民的政治诉求。五是要研究建立调动干部队伍积极性的长效机制，探索建立与 GDP 增长水平相挂钩、与物价增长指数相联系的工资福利浮动体系。着力解决发达地区与经济欠发达地区干部职工收入差距过大问题，研究解决和改善公职人员住户条件，特别是新进公务员的住房问题。总之，要把人们的满意度和幸福感作为各级政府工作的重要追求目标，使工作、生活在经济大省广东的党员干部有成就感，人民群众有安全感，全省上下有幸福感甚至有优越感。

（四）努力打造“廉洁广东”

广东探索科学发展新路，必须在深化经济体制改革的同时，全面推进政治体制、文化体制、社会体制改革。当前，必须把加强廉政建设这一涉及政治体制、社会体制的重要领域和关键环节作为重中之重加以推进，力求取得重大突破。要积极争取中央的政策性支持，大胆创新，先行先试，以非凡举措全面推进反腐倡廉的体制机制建设，营造风清气正、公平公正、和谐稳定的政务环境和生活环境，努力打造“廉洁广东”。要解放思想，确立公开透明为上的原则，所有人、财、物，只要不涉及国家安全、军事秘密的，凡是能公开的一律公开；严格执行国家公职人员财产申报和公开制度；坚持党政机关各部门预算、收支情况公开制度。确立健全严格有力的监督制度，建立纪委、监督部门由上级委派、受上级党委直接领导的制度，不受地方同级党委领导；进一步扩大党内民主，充分发挥党员主体作用，切实加强对领导班子特别是“一把手”的监督；进一步发挥舆论监督作用，适当放宽新闻媒体的监督权；进一步发挥民主党派、无党派人士的民主监督作用。探索建立高薪养廉制度，建立公职人员个人信用和廉洁奖励金，按每月核拨、退休时无腐败行为记录方可领取的办

法实施；改革现有公务员住房制度，建立公务员工作公寓，退休时无腐败行为记录方能购买政府公房。大胆推进公款接待、公务用车、公务考察制度改革。将接待费用、交通费用按标准纳入公职人员个人收入，取消公务接待和公务用车，严格控制公务出国考察活动。

（五）努力打造“绿色广东”

建设环境友好型社会，既是关系广东科学发展后劲的大事，也是关系人民群众身体健康、生活幸福指数的基础性工作。改革开放以来，广东在经济建设方面走在全国前列，创造了许多成功经验；在新一轮的发展中，广东在继续推动经济又好又快发展的同时，有责任有条件也有能力把促成人与自然和谐作为重要目标，全面推进环保工作，努力建设天空更蔚蓝、水质更干净、空气更清新、草木更翠绿、食品更安全、公民更健康的“绿色广东”。

一是要广泛深入持久地开展节能环保宣传教育，让“绿色”概念家喻户晓、深入人心，家家户户自觉做到节能环保。二是要坚定不移地加快转变经济发展方式，发展循环经济、低碳经济，坚持走新型工业化发展道路。特别是粤东、粤西、粤北地区在承接珠三角地区企业转型升级、产业转移过程中，绝不能承接“污染”。三是注重研究节能技术和开发新能源、清洁能源。进一步利用风能、核能、水电；加大企业节能减排工作力度。四是采取有力措施，强化食品安全和医药安全工作。五是加强水源保护工作，让城乡居民喝上干净水、放心水。六是全面推进城乡“植树造林种草工程”，实现城城有绿地、镇镇有绿道、家家户户有绿叶。七是要注意农村生活环境面临的新情况新问题，并采取切实措施加以防范和治理。

芬兰地广人少，其国情与我国大不相同。两地经济社会发展模式不能作简单类比，更绝不能生搬硬套。但芬兰社会发展中所创造和积淀下来的一些文化元素、科学理念，还是能给我们带来不少启迪。我们坚信，坚持以科学发展观为统领，善于以世界的眼光看中国看广东，解放思想，实事求是，开拓进取，岭南大地科学发展的前景一定会更加美好。

参考文献

［1］龙怒. 芬兰科技创新经验对浦东高科技发展的启示［J］. 科技进步与对策，2010，27（4）.

［2］北欧国家社会保障制度和做法对我国的启示［N］. 人民网，2006－01－05.

［3］无心插柳柳成荫——芬兰教育成功的“另类”道路. 中国教师报，2010－02－24.

[4] 马辉，周荣国. 芬兰是如何构建和谐社会的 [J]. 当代世界，2005 (6).

[5] 倪星，程宇. 北欧国家的廉政建设及其对中国的启示 [J]. 广州大学学报（社会科学版），2008 (4).

[6] 文雯. 芬兰：绿色理念创造未来 [N]. 中国环境报，2010-01-18.

[7] 改革开放创伟业 科学发展再争先——广东社科界座谈胡锦涛总书记重要讲话发言摘编 [N]. 南方日报，2010-09-16.

芬兰公共教育服务均等化介绍及启示

汤贞敏

公共服务、基本公共服务、基本公共服务均等化，是近几年来各级党委、政府和社会各界日益重视的重大实践课题。通过参加第四期广东省公务员公共管理芬兰专题研究班，笔者对芬兰政府完善高效的公共管理、公共服务体系有了比较深切的体会，特别是深感芬兰政府长期以来在推进公共教育服务均等化上完善的制度安排、合理的政策设计和强有力的实施保障，能够为广东省在争当推动科学发展、促进社会和谐排头兵进程中不断推进公共教育服务均等化提供有益启示。

一、相关概念的一般理解

公共服务、基本公共服务、基本公共服务均等化，在世界不同国家和地区，以及不同国家和地区的不同发展阶段，其内涵和外延是有区别的。从一般意义上来说，可以这样理解：

（一）公共服务

公共服务即建立在一定社会共识基础上，为实现特定公共利益，全体公民不论性别、种族、信仰、居所、收入和地位等差异，都应公平、普遍享有的服务。它包括公共教育、卫生、文化、体育、交通等社会事业，以及涉及民生和稳定的社会救济、就业、养老保险、住房保障等公共制度建设。

（二）基本公共服务

根据经济社会发展水平，为促进社会公平正义、维护社会和谐稳定，保护个人最基本的生存权和发展权所应当提供的公共服务。这是公共服务范围中最基础和核心的部分，受特定阶段制约和需求层次要求，体现为各类公共服务及其内部各层次服务中最应该而且可以得到优先保证的部分。

（三）基本公共服务均等化

在基本公共服务领域尽可能使公民享有同样的权利，享受的机会、结果大致相当。也就是说，在承认地区、城乡、群体存在差别的前提下，保障所有公民都享有一定标准之上的基本公共服务，其实质是“底线均等”。政府的职责是向全体公民提供基本的、与经济社会发展阶段相适应的、体现公平正义原则的大致均等的公共服务。

二、芬兰公共服务及公共教育服务概况

芬兰地处北欧东部，有530万人口，国土面积近34万平方公里，其中1/3位于北极圈内，除了森林资源之外（覆盖率超过65%），其他资源匮乏，但20世纪90年代中期以来一直处于世界竞争力排行榜的前列，信息产业、林业、服务业、交通运输业发达，其重要原因之一是得益于第二次世界大战后特别是20世纪50年代以来逐步建立健全的公共服务体系，推进公共教育服务均等化，实施科教兴国战略，全面开发人力资源，提升国民素质，推进国家创新体系建设。可以说，芬兰的公共服务体系是在经济还不太发达的情况下建立并随经济发展而不断完善起来的，这套体系既给公民提供了安全的生活，又促进了经济发展和社会稳定。

芬兰公共服务的理念是“公民有权平等分享公共服务”，政府管理的理念是求得经济增长与社会公平之间的平衡，因而政府在制定经济发展目标的同时总是把提高人民的福利放在极其重要的位置，并根据公众的需要而不是能力来分配社会利益。高水平的覆盖全体国民的社会保障制度，对每个公民的一切给予充分的保障，这是芬兰的社会制度安排。同时，它建立了完善的社会政策体系，其基本特征是公平正义、机会平等、公开透明。这主要表现在国民性（国内原有居民和满足居住年限等有关规定的外来移民，都有权利享受相关的社会保障待遇）、平等性（如教育，所有适龄人口，不论贫富贵贱，不论种族、信仰，从上小学到上大学一律免费；不论哪一所学校，在本类型和层次上的资源配置都是均衡的，不存在区域、城乡差别）、个体性（每一项资助或者服务，都具体到每一个家庭、每一个人）、参与性（社会政策的制定和实行都要求得到全体国民的参与）、透明性（社会政策的制定和实行都是公开透明的，公民可按需查询）等方面。

芬兰的基本国策是把国家建设成为世界一流的知识社会国家，公共教育服务均等化是芬兰公共服务体系极其重要的组成部分，重视教育的价值并平等而

公正地发展教育是国家政治生活的一项基本原则。因此，芬兰总是把发展教育置于国家战略重中之重的地位。在芬兰，各级各类学校与人口发展趋势高度适应，从小学到大学，每个人都有根据其需要和能力接受教育的权利，政府实施教育免费政策，并提供各种经济补助以彻底消除公民平等接受教育的障碍，不管他们的年龄、性别、语言、居住地、家庭背景、社会地位如何，真正实现了全体公民学有所教。在教育管理上，芬兰实行分权制的教育管理体制，即研究型大学由中央政府负责，基础教育、职业教育、成人教育、社会教育由地方政府负责，中央政府还出资平衡地方经济条件差异，使各地基础教育、职业教育、成人教育从校舍建设、教师培训到学校其他内涵条件改善保持均衡，确保教育质量和办学水平均衡化。正如芬兰前总理马蒂·万哈宁曾经指出的那样："教育的高水平、高等教育的普及和免费教育是芬兰福利社会的基石。政府将保障每个人从童年到大学都享有优质教育的平等机会。"在这样的理念、制度下，长期以来，芬兰政府坚持教育经费持续增长战略，教育预算始终高于国民生产总值增长率。到1995年，芬兰教育财政支出占国民生产总值高达6.4%，2000年以来教育财政支出占国民生产总值保持在5.6%～5.9%之间，仅次于社会福利支出，列第二位，为确保公共教育服务均等化和提高教育质量水平提供了可靠的财力保障。

三、芬兰公共教育服务特点介绍

（一）芬兰高度重视基础教育均衡

芬兰总人口仅相当于广州市常住人口的一半，但日托服务中心遍布全国，有义务教育学校2800多所、高中阶段学校500多所。其基础教育服务均等化的政策措施主要表现在三个方面。

1．确保教育机会平等

芬兰将发展儿童日托和学前一年教育视为建设终身学习社会的起点与基础。法律规定地方政府要为学龄前（7岁前）儿童提供或购买日托服务，2000年8月起实施为6岁儿童提供或购买学前一年教育服务的政策。日托和学前教育均属自愿，但地方政府要提供机会，家庭适当出资，政府给予补贴。学前教育由小学或日托中心来安排，其目标是让适龄儿童做好入学准备，每天只占用4个小时，主要是把握学习技巧、社交技巧，而不是接受常规课程教学。芬兰从1921年起实施六年制义务教育，20世纪60年代起实施九年制义务教育，2009年共有义务教育学校2889所、在校生53.1万人。60年代起学生免交学费和书本费，并享用免费午餐，后来发展到享受免费医疗、往返交通等服务，高中阶段学生也是如此（2009年芬兰共有普通高中406所、在校生近11.21万人；职业高中137所，在校生近13.12万人），家庭对此基本不用花费。这种政策的实施，充分保障了青少年接受教育机会的平等，确保了国民整体素质具有良好基础。

2. 营造轻松自由的学习环境

芬兰1998年颁布《基础教育法》，强调基础学校的主要目标是教授学生人生所需要的基本知识和技能，培养自主学习能力，引导学生成为有道德、负责任的社会成员。学校将培养学生的学习兴趣放在第一位，国家规定核心课程但不规定教材，其他课程及教材也由地方政府和学校自主设定，教师主要靠启发诱导方式教育学生，而发达的图书馆网络和互联网则为学生提供了理想的第二课堂。一直到高中毕业，学校不给学生打分排名，不给学生留假期作业，培养学生发现问题、研究问题和解决问题的兴趣和能力，有效调动了学生学习的积极性和主动性。芬兰的学制灵活变通，学生完成九年义务教育后，可以升入普通高中或职业高中，职业高中毕业生也可以报考大学或多科技术学院（或曰应用技术学院）。

3. 建设高素质的师资队伍

芬兰对教师入职资格有严格规定，基础学校的教师都有硕士以上学历，属于地方公务员。政府为教师提供稳定的工资福利待遇和各种免费培训，帮助教师更新知识、提高教育教学能力，促进教师敬业乐业。不管是在城市还是在乡村，由于包括师资力量在内的各种教育资源配置均衡，因此学校间的教学质量差别不明显，有力地保证了学生普遍成绩优良，不存在所谓择校问题。

（二）芬兰高度重视高等教育普及

芬兰现有40多所高校，是世界上万人口占有大学最多的国家，在校生30多万人，高等教育毛入学率已达到70%，强有力地支撑了芬兰20世纪90年代中期以来始终居于世界各国和地区竞争力的前列。接受高等教育的学生同样免交学费，还享有健康、食宿、交通补贴，可申请兼职或从银行获得国家担保的常规助学贷款，所得贷款可在参加工作后逐步还清，这保证了学生无忧无虑地求学深造。

1. 完善普通高等教育

1640年，图尔库大学创立，这是芬兰高等教育的开端。但三百多年来，芬兰高等教育发展缓慢。1966年芬兰颁发《高等教育发展法案》后，高等教育发展步伐加快。直至2009年，芬兰有20所研究型大学，其中10所综合性

大学、10 所专门学科大学（3 所科技大学、3 所商科大学、4 所艺术学院），在校生总数近 16.85 万人。这些大学由中央政府管辖和核拨办学经费，都从事教学科研工作，有学士、硕士、博士学位授予权，承担为国家和地方经济社会发展培养高层次创新人才和贡献智力、科技成果的任务，特别是在与国家经济体系和创新体系密切相关的领域推进产学研合作。但从 2010 年起，为激发这些大学办学的积极性和主动性，以及办学经费来源多元化，芬兰政府将这些大学由公立转向私立，逐渐减少投入，大学教师也不再是国家公务员，学校则具有独立法人地位，组成董事会或理事会，在加强产学研合作中获益，同时向国内外各种基金会募集资金，向来自欧盟以外的留学生适当收取学费，对教师实行合同制管理，增强校内收入分配弹性。

2. 发展高等职业教育

为适应信息社会的挑战，扩大高等教育规模，提高高等职业教育水平，1991 年芬兰政府批准合并各类高等职业学校和专科学校，成立多科技术学院。经过近几年的结构性调整，2009 年全国共有多科技术学院 28 所、在校生 14.46 万人。这类学院以培养应用型人才为目标，注重与商业和工业领域就业紧密联系，主要培养为地区服务的各种工程技术人才，也适当开展科研工作，具有学士、硕士学位授予权。大学和多科技术学院的学生可以相互转学。

3. 推进虚拟大学教育和成人教育及培训

2000 年，在教育科学部主持下，芬兰 20 所大学签署协议，虚拟大学在赫尔辛基大学开学。虚拟大学不受时间地点限制，充分利用网络技术和信息资源开展高等教育、科研和培训。芬兰还有包括大学和技术学院在内的 1000 多个成人教育机构，每年有 100 多万人参加不同类型的成人教育和培训，促进知识更新、技能提高和素质改善。

（三）芬兰高度重视移民教育发展

移民在芬兰人口中的比例不高，但数量呈上升趋势。最能体现教育平等价值的，是芬兰政府对移民及其子女一视同仁的态度。不论是否有芬兰国籍，移民子女都可以和原地学生一样免费享受公平的基础教育，中央政府还拨专款给地方政府用于移民学生的额外教育，如开设双语课程等。政府还在移民中大力开展成人教育，包括开设语言课程、芬兰社会文化课程、职业教育课程和职业技能培训。

四、推进广东公共教育服务均等化的思考与建议

（一）对推进公共教育服务均等化的基本认识

国际经济社会发展经验表明，当一个国家或地区的人均生产总值处于1500～5000美元发展阶段时，社会问题最容易凸显，社会失序、心理失衡、伦理失范的现象极为普遍，人们对社会公正和社会福利的预期与要求不断升级，公共产品、公共服务的高需求与满足公共需求能力较弱之间的矛盾日益突出。正如美国政治学家亨廷顿说的那样："一个高度传统化的社会和一个已经现代化的社会，其社会运行是稳定而有序的，而一个处于社会急剧变动、社会体制转轨的现代化之中的社会（或曰过渡性的社会），往往充满着各种社会冲突和动荡。"广东目前正是处于这样一个发展阶段：社会矛盾较多，群体性事件剧增，公众对公共产品、公共服务的需求日益增长，而公共产品和公共服务能力建设还相对滞后。这就迫切要求各级政府以公共利益为目标，以公共需求为尺度，加快从经济建设型政府向公共服务型政府转变，从生产投资型财政向公共服务型财政转变，强化公共服务职能，逐步成为向全社会高效提供公共服务的现代政府。为此，要构建合理的社会经济利益关系，统筹兼顾社会不同利益主体的利益诉求，建立健全公平正义的社会政策体系和惠及全体人民的基本公共服务体系，特别是要把优先制定实施公平正义的教育制度和教育政策，使全体人民学有所教、学有所成、学有所用，作为落实以人为本，推动科学发展、促进社会和谐的重要制度性安排。因为，教育历来被看作促进经济发展和增进社会福利的手段，教育是最大的民生问题，教育公平是社会公平的重要基础，关乎全体人民特别是低收入阶层的个人前途和家庭希望，关乎地区经济社会综合实力和国家民族未来，对于促进人的全面发展和推进经济社会可持续发展具有极其重要的意义。在这个过程中，政府的职能和作用举足轻重，应该承担推进公共教育服务均等化的首要责任。

芬兰的国情与我们的国情、省情很不同，我们不可能也无法照抄照搬芬兰包括公共教育服务在内的公共服务模式。但芬兰公共管理和公共服务的先进理念、战略眼光和系统思维，以及制度、政策制定实施坚持公平正义、机会平等、公开透明的原则和注重可操作性的经验，可以为我们所学习和借鉴。近几年，广东虽然不断增大公共教育服务财政支出的力度，但受财政体制、户籍制度、公共服务政策体系不完备等因素影响，公共教育服务无论在投入数量、公平程度等方面都与推动科学发展、促进社会和谐的要求存在较大差距，区域

间、城乡间、群体间公共教育服务投入相差悬殊；城乡基础教育资源分布很不合理，农村教育在基础设施、教学装备、师资力量等方面明显落后于城镇；城市人口公共教育服务水平比农村高，户籍人口公共教育服务水平比非户籍人口高。广东实现公共教育服务均等化任重而道远，但必须充分认识教育是所有公民的权利和政府的责任，牢固树立“国家之上是人民”、“政府之上是老百姓”的理念，从实际出发，有计划分步骤地推进，与广东的发展战略和转变经济发展方式、调整经济结构的需求结合起来，与实施积极的人力资源战略结合起来。各级政府以此为逻辑起点，可以更科学地确立以人为本、促进经济社会全面协调可持续发展的战略，正确认识目前基本公共教育服务均等化的基础，合理制定推进基本公共教育服务均等化的目标和政策措施，逐步使所有公民平等地享受教育资源，使教育不至于变成扩大贫富差距、阻碍经济发展、影响社会和谐的工具。

（二）推进基本公共教育服务均等化的基础

经过改革开放30年，广东经济社会实现了跨越式发展，正从追求经济总量和发展速度向追求质量和人均共享转变，从按行政区域配置资源向按经济区域配置资源转变，迫切要求通过基本公共服务均等化实现由人口大省向人力资源强省转变，推进创新型广东建设。芬兰公共服务体系是在经济社会不太发达的情况下逐步建立和完善起来的，广东当前正处于经济社会发展转型的关键期，应该也完全有信心有能力加快建立公共服务体系的进程，争当全国排头兵。事实上，近几年广东前所未有地推进了基本公共教育服务均等化，奠定了较好的基础。

1. 完善公共教育体系

2003—2009年，广东全省各年预算内教育经费分别为337.15亿元、380.05亿元、423.51亿元、492.18亿元、622.31亿元、752.60亿元、855.44亿元，年均增长17%，一直居各省区市之首，较好地保证了教育加快发展。一是学前教育快速发展，2002—2009年，全省在园幼儿从211.55万人增加到249.47万人，毛入园率从61.25%提高到77.3%。但学前教育覆盖面窄，农村学前教育明显滞后，公共财政投入缺失。二是义务教育全面纳入公共财政保障范围，2007年底全省义务教育学校基本消除C级、D级危房校舍，2008年春季学期起全省实现免费义务教育城乡一体化（免收书杂费，贫困家庭子女还享受生活费补助）。但非户籍常住人口子女义务教育免费政策尚未完全落实，区域间、城乡间、学校间教育资源配置和教育质量仍不均衡，初中生保留率亟待巩固提高。三是高中阶段教育办学规模迅速扩大，2002—2009年，在校生从179.58万人增加到377.90万人，毛入学率从44.7%提高到79.9%。实施智力扶贫工程，省财政资助农村贫困家庭子女接受中等职业教育，或推进“双零模式”中职教育。但高中阶段学校优质化、多样化、特色化发展的格局尚未形成，毛入学率仍需不断提升，基础能力建设亟待加强。四是高等教育大众化水平不断攀升，2002—2009年，全日制研究生从2.15万人增加到6.59万人，在职研究生从0.42万人增加到1.95万人，普通本专科生从46.78万人增加到133.41万人，成人本专科生从28.90万人增加到46.34万人，网络本专科生从1.33万人增加到6.09万人，毛入学率从15.3%提高到27.5%。但高等教育规模需要继续扩大，高等学校科学定位、分类发展的格局需要强化，人才培养模式改革需要深化，与经济社会发展相融合的局面尚未形成。

2. 加强人力资源培训

2003年以来，省财政大力实施“百千万农村青年技能培训工程”和“城乡退役士兵免费技能培训工程”，各级政府还实行困难群众就业技能培训政策和“农民工技能提升培训计划”，促进就业再就业。但全民学习、终身学习的学习型社会和终身教育体系建设仍然任重道远。

3. 深化办学体制改革

各级政府在提高自身提供公共教育服务能力的同时，还积极引导和管理其他组织提供公共教育服务。2005—2009年，民办普通本专科学校从33所增加到47所（含独立学院），在校生从12.07万人增加到37.19万人；民办中职学校从123所增加到149所，在校生从8.02万人增加到21.72万人；民办普通高中从86所增加到120所，在校生从6.57万人增加到9.31万人；民办初中从486所增加到684所，在校生从32.27万人增加到54.04万人；民办小学从821所增加到827所，在校生从110.46万人增加到135.29万人；民办幼儿园从6128所增加到8004所，在园幼儿从88.39万人增加到141.04万人。公共教育服务多元化投入、多元化办学的格局已经形成。但民营化的公共教育服务行为需要不断规范，确保质量和水平。政府也要以购买服务的方式使民营的公共教育服务更好地惠及老百姓，减轻受教育者及其家庭的经济负担。

（三）推进基本公共教育服务均等化目标的设定

要始终坚持以人为本，紧紧围绕建设教育强省和人力资源强省的目标，加快实现义务教育均衡化、学前教育到高等教育普及化、终身教育全民化、教育服务多元化、教育合作国际化，形成覆盖全民的公共教育服务体系，促进全体人民享受公共教育服务机会均等、结果平等。也就是说，通过推进公共教育服务均等化，使全体人民学有所教、学有所成、学有所用。从现在起至2020年，

分阶段逐步提高基本公共教育服务均等化水平；2020 年后，在财力更加雄厚的基础上向推进公共教育服务均等化不断努力，建立起能够支撑人力资源强省的更加开放、更好质量、更高水平的现代国民教育体系和终身教育体系，形成充满活力、富有效率的教育体制机制，建成满足人民群众多层次多样化学习需求的学习型社会。

（四）推进基本公共教育服务均等化的政策措施

2020 年前，要按照公平优先、兼顾效率，统筹兼顾、重点突破，政府主导、多方参与，先行先试、完善制度的原则，以保护弱势群体和农村适龄人口为重点，逐步扩大基本公共教育服务的覆盖面，建立统一的基本公共教育服务制度，促进公民之间的教育权利平等和机会均等，同时把基本公共教育服务数量和质量指标纳入政府绩效考核体系，加快基本公共教育服务均等化进程，以保障公民及其后代发展和参与社会竞争的平等机会，为 2020 年后实现更高水平的公共教育服务均等化打下坚实基础。

1. 加快推进义务教育均衡化

从县域做起，逐步扩展到地级以上市，最终在全省，使全体适龄儿童少年，不论性别、居住地、家庭背景、身体条件，都能平等地享受到质量相似的义务教育服务。第一，完善“以县为主”的义务教育管理体制，健全省政府负责统筹，各级政府分项目、按比例分担的义务教育经费保障机制。第二，根据城镇化、产业调整优化和人口变动状况，合理调整优化中小学布局结构。推进寄宿制学校改造，为上学路途较远的学生提供良好的学习、生活环境和交通条件。第三，加快推进义务教育规范化学校建设，着力改善农村中小学和城镇薄弱学校的教学条件和生活设施，在布局调整优化的基础上，所有中小学均按标准配置教室、实验室、阅览室和运动场，有符合卫生标准的饮用水、符合安全卫生标准的厕所、可供教师工作休息的用房，寄宿制学校还要有符合安全标准的学生宿舍、符合卫生标准的学生食堂。第四，提升中小学信息化水平，建立和完善省、市、县、校四级教育信息化网络，加强省基础教育资源中心建设，持续实施“优质教育资源下乡行动计划”，为全省农村中小学提供适应教与学需要的网络资源。第五，采取合并、一校多区或集团办学等形式，并持续实施“千校扶千校”行动计划，促进优质学校与薄弱学校联合办学，不断扩大优质教育资源覆盖面。第六，保障特殊儿童少年接受义务教育。地级以上市和人口在 30 万以上、“三残”儿童少年较多的县（市、区）要按照国家规定，建设 1 所标准化特殊教育学校，同时推进轻度残疾儿童少年在普通中小学随班就读，按规定配备特殊教育师资力量，使所有残疾儿童少年都能平等享有受教育机会。第七，加强对非户籍常住人口子女基本公共教育服务的供给。一方面要争取中央政府对入粤非户籍常住人口子女基础教育实行转移支付制度；另一方面要探索将非户籍常住人口子女基础教育经费逐步纳入流入地的财政预算，还要鼓励社会力量举办面向非户籍常住人口子女的公益性学校。支持各市政府统筹解决他们公平接受义务教育问题，并探索义务教育后就地升学问题。第八，发挥公共财政在学前教育中的作用，注重农村学前教育发展，扩大学前教育覆盖面，为推进义务教育均衡发展提供优质生源。

2. 加快普及高中阶段教育

第一，加快普通高中优质化、多样化、特色化发展。加大对欠发达地区发展普通高中的扶持力度，进一步推进学校布局调整，使普通高中向县城和中心镇集中。第二，大力发展中等职业教育。珠江三角洲地区充分发挥优势，高起点、高标准地新建一批中等职业学校，粤东西北地区集中力量在地级市城区办好一批上规模的中等职业学校。要整合优化职业教育资源，着重推进职业教育基地建设和校企合作，加强基础能力建设，提高办学水平，增强职业教育的生源吸引力和对产业发展的贡献力。第三，加强普通教育与职业教育、中等职业教育与高等职业教育之间的衔接与沟通，构建广东特色现代职业教育体系，形成布局合理、定位明确、结构优化、衔接通畅、发展协调的职业教育体系，使受教育者更好地选择适合自己的教育。

3. 加快提升高等教育发展水平

第一，保持高等教育规模合理增长，不断满足人民日益增长的高等教育需求。第二，推进高校科学定位和分类指导，省政府加强统筹力度，优化高校布局、类型、层次结构，除部属和广州、深圳市属本科学校以及民办本科学校外，原则上其他本科学校均归口省政府直接举办，保持各类型、层次高校长期稳定发展，形成稳定的高等教育体系。第三，加强高水平大学和重点高校建设，扶持若干所综合实力和竞争力强的省属重点高校向国内一流大学迈进。着力优化学科专业结构和人才培养方案，持续实施本科教学质量与教学改革工程，以及研究生培养创新计划，建设一批重点学科、名牌专业、精品课程、教学示范中心、重点实验室、文科重点研究基地；持续实施高职高专教育改革与实践工程，加强示范院校、重点专业、课程、教材、实习实训基地、“双师”型教师队伍等重点项目建设。第四，深入推动各高校根据需要和条件走有特色的产学研合作道路，参加区域创新体系，面向国内外扩大开放办学，丰富办学资源，提升综合实力。

4. 加快建设全民学习、终身学习的学习型社会

第一，适应推进公共管理、公共服务和增强核心竞争力的要求，依托各类

高校和各级党校、行政管理学院，以及先进国家有关机构，加强党政人才、科技创新人才、经营管理人才、社会工作人才培训；适应经济发展和科技进步对劳动者知识水平和劳动技能不断提高的要求，促进和规范社会就业培训和创业培训；适应城镇化和建设新农村的要求，加强入粤务工人员、城镇新居民的职业、生活培训，以及农村劳动力技能培训，全面实施职业资格证书制度和就业准入制度。第二，扩充和整合成人教育资源，系统规划成人高等教育、广播电视教育、网络教育、自学考试，实行学分认证、累积、互换制度，让公民随时随地随需选择合适的教育内容和教育方式。

5. 加快建设高素质师资队伍

大力实施“人才强校”战略，细化、实化与各级各类教育相适应的严格的教师资格标准体系，同时加强教师继续教育，注重建立师资均衡配置机制，全面提高教师职业道德素质和专业化水平。这是实现基本公共教育服务均等化极具实质意义的举措之一。第一，要大力推进县域内中小学师资均衡配置，落实高校毕业生到农村从教上岗退费政策，健全城乡教师定期轮换机制，建立保障教师工资福利待遇的长效机制和适当向在农村、山区从教的教师倾斜照顾的制度。第二，要落实吸引培养高层次人才的各项政策，深入实施高等教育长江学者奖励计划、珠江学者岗位计划和“千百十工程”，以及基础教育“百千万工程”和名教师、名专家、名校长培养计划，充分发挥高层次人才的示范、辐射、带动作用。第三，要健全师范体系，一定时期内加强学前教育、特殊教育、职业教育等紧缺师资的培养和培训，同时精心设计各级各类学校编制制度和教师使用、评价、专业技术职务评聘、激励制度。

6. 加快健全学生资助政策体系

第一，各级政府要切实建立以财政承担为主，满足各层次学生需要的助学体系。包括建立家庭经济困难学生认定制度；实施农村家庭经济困难子女和城镇低保家庭子女接受学前教育资助政策；调整完善义务教育家庭经济困难学生生活补助政策；建立普通高中家庭经济困难学生国家资助制度；实行中等职业教育免费制度，完善家庭经济困难学生资助政策；健全普通高校学生资助政策，完善诚信认证体系，允许学生毕业后逐步还清助学贷款；设立研究生国家奖学金。第二，要鼓励支持港澳台同胞、侨胞和各类企事业单位、社会团体、公民个人参与各级各类助学奖学活动，特别是到农村、山区学校开展助学奖学活动，向家庭经济困难子女、入粤务工人员随迁子女、残疾学生提供各种形式的助学服务。

7. 加快完善教育经费多元投入体制

第一，各级政府要牢固树立公共财政理念，把教育支出置于财政支出重中之重的地位，确保教育财政需求，使教育投入始终高于地区生产总值增长率并在财政总支出中位居前列。2020年前义务教育经费全部由政府保障；非义务教育经费由政府、学习者家庭和社会有关方面合理分担，不断提高财政投入比重，优化投入结构；在各级各类学校普遍推行生均综合定额拨款制度。省财政对欠发达县（市、区）的转移支付，应主要投入到推进基本公共服务特别是基本公共教育服务均等化上来。2020年后，当经济总量和财政实力更雄厚时，则应考虑从学前教育到高等教育实行更大规模的惠民政策，显著减轻公民教育支出负担。第二，要坚持教育的公益性和普惠性，积极引导和支持各级各类企事业单位、社会团体、公民个人举办或参与举办各级各类教育，以政府购买服务的方式，对民办义务教育学校给予较多财政补贴，对民办非义务教育学校给予财政补贴或政策优惠，促进民办学校发展，规范民办学校行为，降低民办学校收费标准，既满足公民多样化的教育选择，又使公民在经济负担不太重的情况下享有与公办学校近似的教育数量和质量，从而间接地比较公平地享受基本公共教育服务。

参考文献

[1] 郑德涛，欧真志. 行政改革与社会政策模式的创新［M］. 广州：中山大学出版社，2009.

[2] 广东省人民政府. 印发《广东省基本公共服务均等化规划纲要（2009—2020年）》的通知，2009－12－11.

关于当前我国广播电视公共服务模式的思考

张永伟

自新中国成立以来，我国广播模式从调幅广播发展到调频广播、数字广播、网络广播；电视模式从黑白电视发展到彩色电视、数字电视、高清电视、手机电视、网络电视、IP 电视、互动电视、卫星电视；传播方式由无线发展到无线、有线、卫星并存的广播电视网络；全国节目制作机构达 2000 多家、播出机构 2000 多家，电视剧制作量每年可超过 1.4 万集、动画片每年可超过 13 万分钟；无线发射台 3 万多座，卫星上行站 30 多座，有线电视网络总长度达 400 多万千米，有线电视用户数超过 1.6 亿。到 2008 年底，广播电视人口综合覆盖率达 96% 以上，电视接收机超过 5 亿台，我国广播电视公共服务事业建设取得巨大成就，广播影视已经成为党和政府联系群众的重要桥梁和纽带。

虽然我国广播电视公共服务事业得到迅速发展，根据现代公共服务理论和西方广播电视公共服务理念，并从普遍服务的目标来看，笔者认为，我国广播电视公共体系建设比较薄弱，甚至有些缺陷，广播电视公共服务事业的发展离人民群众的要求还有相当大的差距。笔者根据这些问题，结合西方一些国家和地区的广播电视公共服务的情况，对当前我国广播电视公共管理进行粗浅的探析。

一、当前我国广播电视公共服务存在的主要问题

从 2004 年开始，全国广播电视系统经过了一系列的机构改革。至 2010 年，全国一半以上的省市的地级市、县级广播电视局已经与新闻出版局、文化局合并成文广新局，市、县级广播电视台的行政关系直接由宣传部系统管理，财政关系基本与当地的政府脱钩。这几年来，我国广播电视虽然为广大老百姓提供了丰富多彩的节目，积极促进了社会主义精神文明建设，但笔者认为，目前我国广播电视公共服务模式不够科学，服务产品和服务质量仍然不尽如人意，有些服务内容表现出来与公共服务本质相违背。

（一）节目内容存在低俗化倾向

我国广播电视有宣传功能、教育功能。但综观全国各地广播电视，有节目低俗化的倾向，存在节目内容肤浅、格调庸俗、品位低下。如2007年1月29日，四川省十届人大代表高庆在接受四川新闻网记者采访时表示，一些电视台和一些栏目制作的节目低俗到了“令人发指、难以容忍”的程度。他指出目前节目存在着以下现象：一般性栏目多于精品栏目，低俗性节目多于高雅类节目，哗众取宠类节目多于庄严典雅类节目，“再现性”节目缺乏对内容的概括升华，方言类节目较多，报道打架斗殴、邻里纠纷、家庭矛盾、坑蒙拐骗的内容多而反映团结和睦的社会互助、积极进取的社会风尚少。同时，高庆代表举例说，四川某电视台栏目报道了一例“捉奸”内容的新闻，其中近乎全裸的镜头长达10多分钟，而“捉奸”的当事女方考虑到有一个11岁的孩子，出于对孩子的爱护，要求不要播出该节目，但电视台照播不误。除了中央台和省级上星频道节目稍好一些之外，地级以下的个别广播电视台依旧在播一些低俗的节目。广播电视媒介本应充分发挥功能，教育好和引导好人民大众，为广大民众提供高雅的精神文化，但其竟大量宣传如此低级、低俗、低档、低劣的节目，严重违背我国广播电视的本质属性，失去了广播电视的公共性。

（二）广告播放存在高频化倾向

广播电视业的发展，传统的广播电视媒体在政治属性之外增添了文化属性、产业属性和商业属性等功能，呈现膨胀式的发展态势，甚至在一些政策形态上，广播电视的经济属性已超越了政治属性。基于这些意识，一些广播电视播出机构往往把经济利益摆在第一位，为了获得更多经济利益，除了利用低俗的节目来吸引受众外，还采取轮回战术，播放大量的广告，有广告播放高频化倾向。如2008年3月6日至12日，某地电视台一频道每天从0：00直至8：50全是播放广告，而且基本上是医疗卫生类广告，时间长达近9个小时，约占全天播出时间的1/3，严重超标。又如凤凰网2010年1月9日刊载的《新规矩约束下的电视广告能否告别无序与混乱?》一文中，一位老先生说：“现在哪里是电视剧插播广告，简直是广告插播电视剧。”他还抱怨说，平日看的热播剧，有的一集竟然插播三次广告，平均每次都接近10分钟，而且广告内容单一，不厌其烦地反复播放，丝毫不考虑观众的感受。这种情况下，“再继续等着看感觉就像吃了只死苍蝇，还不如换台”。在节目中按规定播放广告，有利于广播电视播出机构更好地发展，这是符合事物发展规律的。但如果把整个频道频率用广告来充当节目，不仅削弱了广播电视播出机构的威信，更是

“压制”了受众。特别是对有线电视受众来说，更是一种精神的“虐待”，既要交收视费，更要强行看广告。从广播电视产品消费者来看，显然目前个别广播电视台提供的公共产品质量不够高。

（三）有线服务存在趋利化倾向

大力推行数字电视，对老百姓来说是极为有利的事情，也是国家给广大人民提供优质服务的体现，但如果政策和方式方法不当，就会给老百姓带来更大的负担。特别是有线电视数字转换，其实质增加了老百姓的生活负担，每户每年多增加了100多元。正如贵州省一网民在《数字电视15大罪状》一文中所说：“收视费大幅增加，由有线时的10元一月，一跃成为26元一月，并且家庭内增加一个机顶盒，就要多增加5元”。此类问题，广西、江西、江苏、广东等地均有网民反映。也许有人会说，各地有线电视部门投入了大量的资金来转换模拟信号，现在是数字电视信号了，频道频率套数也多了，应当增加收费。这话看起来是对的，但稍微懂点广播电视技术的人都明白，就算高标清的信号送到家门口，用户家里的电视机是模拟电视机，其收看效果也不会有变化。既然没有变化，又要多交钱，老百姓会怎么看待这个问题呢？数字电视转换后，有线电视客户服务质量有些地方也比较差，表明目前我国有线电视服务有趋利化的倾向。我国有线电视的发展是由国家财政资金积累发展起来的，既然资金是由人民纳税的国家财政支付，那就应当考虑人民大众的利益，做到取之于民、用之于民、惠之于民。

（四）无线信号存在模糊化倾向

在城市，无论是广播还是电视，其无线信号可能是达标的，但在边远的山区，其无线信号是得不到保障的。国家和广东省都很支持山区和落后地区的发射设施建设，但建好后的日常维护经费基本靠当地财政支持。在山区或落后地区，当地财政资金本来就比较紧张。在这种情况下，由于发射台本身不能很好地创造经济效益，当地财政拨款不到位时，必然会出现三种情况：一是低功发射。发射台经费不够，员工工资没有保障，那么发射台就通过降低发射功能来减少电费的开支。当发射功率下降时，无线覆盖信号就会变差，覆盖区域的受众就听不好广播、看不好电视。二是停止发射。经费不足时，设备坏了无钱修，这样停止发射理由很充分。三是分时发射。由于经费不足，发射台只能在受众空闲时间发射，如在12：00—22：00期间发射。这些现象表明，农村无线覆盖有待改善。虽然国家投入了大量的资金购买发射设备、建造发射台，但投入使用后没有足够的甚至没有设备运转维护经费，这样的工程又有何用？既浪费国家资金，又浪费地方人力，更影响事业建设。为此，应当用好、用活国家财政、人民的税收，合理解决发射保障机制，全面提高服务品质，真正做到用人民的钱服务好人民。

二、目前我国广播电视公共服务偏差的主要原因

（一）本质属性淡化

这些年来，随着社会经济的发展和科学技术的进步，我国各地广播电视系统事业也得到了迅速发展，特别是开展有线电视业务后，广播电视的经济属性体现得淋漓尽致，广播电视产业在经济领域上成为朝阳行业。正因为如此，各级广播电视台凭着有线电视收费的资金和广告收入也随之财大气粗，渐渐地走自收自支的道路，慢慢地脱离了政府财政供给。另外，国家广电行政部门也开始重视广播电视产业发展，并出台了许多相关政策，这些都有利于广播电视产业的迅速发展。经过发展，各级广播电视部门尝到了广播电视经济属性的甜头，也体验到广播电视产业的确是一个朝阳产业。在这种情况下，人们开始一手抓导向，一手抓经济。当电台、电视台的经济基础还依赖国家财政供给的条件下，其领导层必然坚持政治属性重于经济属性。但是，当他们的经济基础不依赖国家财政时，政治属性与经济属性必然产生博弈。电台、电视台要生存、要发展，必然要有大量的广告收入和有线网络收入。特别是市、县一级电台、电视台，上有央视、省台节目，占有多个频率频道，下有县区台节目，况且部分省市有境外电视的竞争，在众多的竞争者中，在自己制作节目水平不高的情况下，部分电台、电视台必然会播放一些低俗节目、涉性节目、恶作剧类节目来吸引受众眼球，从而达到提高收视率、进而播放广告的目的；也必然会播放一些违规和低俗的广告，实现其经济利益。在这种生态环境下，广播电视的政治属性逐步被淡化。

（二）税收认识偏差

现代社会是一个人们日益需求多种文化生活的时代，也是一个资讯比较发达的媒介社会，人们每日生活中需要大量的新闻信息、公共信息、文化旅游、消遣娱乐等，这些大多是从广播电视上获取的，听广播、看电视从20世纪80年代末就已成为百姓日常生活的基本方式和重要组成部分。广播电视的视听权，就像居住权、劳动权、知情权等一样，也是当代社会必须确保的一个基本人权。十多年来，社会迅速发展，经济创收不断增加，国家税收也不断增加。

人民大众主动纳税就是为了自己更好地生活，我们的公共服务目标也必须不断变化，而且必须有所提高，让人们更好地享受文化生活，而不是为了行业私利，使几十年的公共服务目标一直不变。

人民是国家的主人，我国各级财政税收最终是为人民服务的，我国税收的本质属性是“取之于民，用之于民”。国家税收要用于公益事业建设，确保公民的各项权利，不断改善人民的权利。况且，我国的广播电视是党和政府的喉舌，是人民的公器。为此，必须进一步树立“一切为了纳税人、一切服务纳税人”的理念，纠正税收政策的偏差，强化服务意识，提高服务质量，积极支持广播电视事业的发展，让税收最终服务于人民。

（三）监管力量薄弱

2004 年全国广电系统开始实行机构改革后，各省的行政监管力量显得薄弱，特别是三局合一的省市，本来由一个厅局来管的事务，现只有两三个处来管。在任务没有减少反而增加的情况下，人少了，任务完成的质量肯定会下降。对于行政部门来说，其监管力量必然会减弱。同样，全国各地进行三局合一的市、县局，其行政监管的力量也就更加薄弱了。另外，当前大部分省级广播电视节目监听监看系统已建好并正常运转，对全省地级以上市的广播节目、电视节目起到了监管作用，特别是对全省地级以上市广播电视台节目低俗化问题的治理起到监督作用。但是，大部分地级以下市、县都没有节目监听监看系统，也没有数据记录功能，对广播电视节目依法行政缺乏证据材料。市、县级行政部门如何监管当地节目，成为亟待解决的问题。在这种情况下，市、共级广播电视台出现低俗节目、以广告代替节目等公共服务不到位的现象在所难免。

（四）政策法规滞后

《国家广播电视管理条例》（以下简称《条例》）是 1997 年 8 月 11 日经国务院通过的，随着我国社会经济的发展和科学技术的进步，此条例显得有点滞后。如《条例》第 10 条规定：“广播电台、电视台由县、不设区的市以上人民政府广播电视行政部门设立，其中教育电视台可以由设区的市、自治州以上人民政府教育行政部门设立。其他任何单位和个人不得设立广播电台、电视台。”但从大部分省来看，省级广播电台、电视台，市、县级广播电视台都不是由广播电视行政部门设立的，都不是由广播电视行政部门直接管理。很多地方成立传媒集团，市、县两级电台、电视台早已合并为广播电视台，但在《条例》中找不到“广播电视台”的字样，广播电视台如何管理，集团下设频道、频率后不属于电台也不属于电视台管理的这些问题如何管理，广播电视台的权力转移如何管理，这些在《条例》中恐怕难以找到一线相关解释。从这点来看，《条例》显得有点过时。

三、改善我国广播电视公共服务质量的对策措施

（一）坚持党性原则

当前，我们的电台、电视台、广播电视台包括传媒集团下设的频率、频道都是党和国家的媒体、人民的媒体，处于国家意识形态传播主渠道、和谐文化建设主平台地位，担负着保障国家文化安全、政治安全的重大职责。广播电视作为重要的公共传播平台，承载着引领先进文化，传播社会主流价值观，传承优秀民族文化的社会使命。必须在各种场合反复强调，我们是党的喉舌，宣传党的方针政策，维护和建设和谐社会是我们义不容辞的时代任务。在社会主义事业建设过程中，无论什么时候，无论什么地方，无论什么条件，无论怎么改革，必须坚持党性原则，必须牢牢坚持广播电视政治属性为第一位的原则。正如2008年6月21日，胡锦涛总书记在人民日报社考察工作中所强调的："要做好新闻宣传工作，首先必须坚持党性原则，牢牢把握正确舆论导向。舆论引导正确，利党利国利民；舆论引导错误，误党误国误民。"在广播电视改革发展过程中，要在坚持党性原则的前提下，正确处理好政治属性与经济属性的关系，如果过于强调经济属性，让其超越或凌驾于政治属性，或用经济属性代替政治属性，后果将不堪设想。

（二）推行公商模式

要确保广播电视体制运转科学高效，全面加强对广播电视节目低俗化问题的治理，笔者建议重新构建生态的管理组织关系，推行公共广播电视台，把其他的广播电视播出机构推向企业化管理，让其走商业化、市场化道路。即在现有的广播电视播出机构中，抽出一个频率和一个频道组成一个公共广播电视台，省、市、县各设一个公共广播电视台；其他的频道或频率进行改制，改为国有企业，集体转制，实行企业化管理，在经营方面不再干涉，在广播电视法律法规和市场竞争中，让强者生存、弱者淘汰。

设立的公共广播电视台，其经费来源于广告和国家财政，以此消除商业盈利的驱动力，在非商业主义、民主政治的基础上，建立服务于党和国家的方针政策路线、服务于公共利益和对社会负责的广播电视体制，为广大人民群众提

供丰富多彩、积极健康的文化生活和信息内容，从而促进广播电视节目的导向正确和画面优质。公共广播电视台实行收支两条线管理，其广告实行公开招标选择广告代理商。在公开选择广告代理商时，必须在所辖区域的纪检监察部门、财政部门的监督下进行，防止公共广播电视部门违规操作。公共广播电视的收入、支出由财政部门进行监管。为了提高公共广播电视播出机构的人员的积极性，能够不断提高公共广播电视节目质量，在固定工资的基础上建立激励机制。通过制定科学的节目评价标准，抽调专家学者组成节目评审组，分别对当年的广播电视节目进行评定质量级别，按级别高低对播出机构进行奖励。公共广播电视节目的管理，由当地广播电视行政部门进行监管。公共广播电视节目的传输覆盖，实行行政分级公共传输和覆盖，无论是无线发射还是有线传输，都必须传输。传输经费由国家财政支付。推行公共管理模式，在播出机构日常运营经费保障的情况下，切断不择手段提高视听率的途径。

商业广播电视运营模式是指除了公共广播电视台以外的频道、频率转变为国有企业性质的广播电视台，并按国有企业管理模式进行市场运营。商业广播电视机构按照节目内容情况，进行分类管理，限制时间、区域传输。商业广播电视机构必须每年向政府交纳频道、频率营业执照费（此费用主要用来解决农村落后地区广播电视公共覆盖经费）。当地广播电视行政主管部门每年必须对所辖广播电视台进行年度审核，并报国家广电总局进行年审，年审不合格的，取缔该频率或频道，并不再允许申请开办广播电视播出机构。省广播电视行政主管部门在国家广电总局的批准下，制定科学的广播电视播出机构的考核标准，严格依法对商业广播电视机构进行管理，发现严重违规违纪的，或没有达到考核指标的，将不予年审，并报国家广电总局取缔该播出机构。

通过构建公共广播电视管理模式和商业广播电视管理模式，用足够的经费支撑公共广播电视播出机构，用市场法则来管理国有企业性质的广播电视播出机构，使公共广播电视播出机构的内容更加体现公共性和服务性，使国有企业性质的广播电视机构在市场法则中生存发展或淘汰。通过严厉的管理方式，使播出低俗节目及其他违规节目的播出机构受到重罚，让他们不敢违法违章，促进广播电视事业良性生态管理机制的形成。

（三）创新传输技术

国家政府构建广播电视公共服务体系，目的就是要通过推进广播电视普遍服务，使公民普遍享有基本的广播电视公共服。也就是无论公民的贫富、职业、性别、种族、区域、老幼，无论身处城市、乡村、山区、海岛，只要是我国公民，都应当为其提供公益性的服务。我国从 20 世纪 80 年代开始一直把大

量资金投入无线覆盖网的建设。虽然经过多年建设，但仍有许多地方看不到电视、听不到广播。为了全面推进我国广播电视公共服务体系建设，我们必须站在国家战略发展的高度和人民百姓基本权利的角度，根据目前推进三网融合的形势，加快科技调研，抓紧创新传输技术，全面推进数字信息无线网络系统的建设。此系统结构如下图所示。

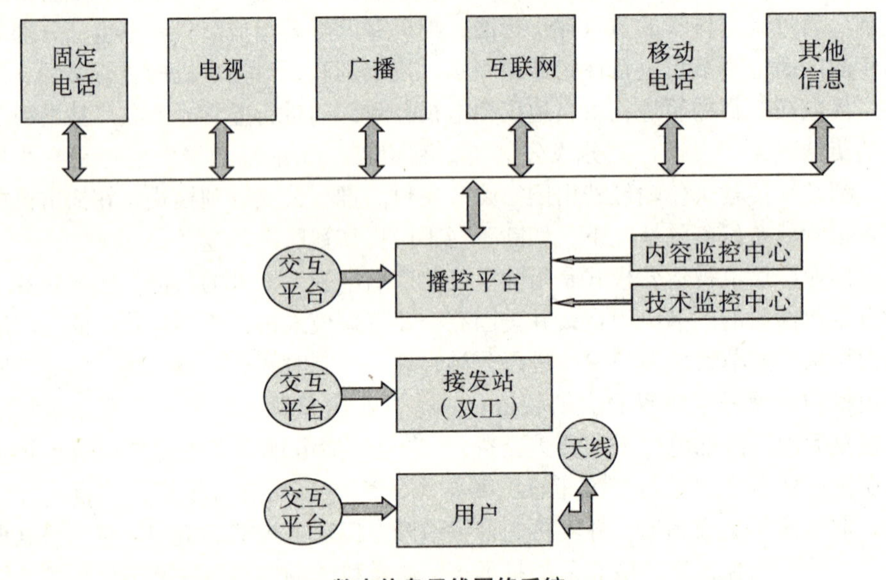

数字信息无线网络系统

1. 系统基本原理

据上图可知：第一步，将电话、电视、广播、互联网、移动电话、其他信息全部集中传送到播控平台，并进行信息编码，同时进行信息内容监控和技术信息监控。第二步，编码信息传送到发送基站，基站具有发射站和接收站双工功能。第三步，接发站将编码信息进行发射。第四步，用户在家或在外通过一个直径6厘米左右的接收反馈器来接收信息，根据用户的需求进行选择接收，选择接收由接收卡来控制。当然，移动电视按现模式即可接收。第五步，当用户进行互动时，其反馈信息又通过接收反馈器进行反馈，并将此信息通过交互平台送到接发站，通过接发站再将反馈信息转到播控平台，然后再转到各电话、电视等的信号源平台。信息反馈都是通过交互平台进行交互。

2. 系统技术支撑

信息编码方面，将信息源的音频和视频压缩并转换成媒体格式，可以进行大量的多媒体数据的存储和传输，编码功能由编码器来完成。

信息交互方面，统一信息源标准结构。信号结构可融合上述多业务的广播电视、话音通讯、互联网等多媒体，提供适应三网融合的技术支持；提供信息的数字化、多样化和多媒体化拓展功能技术支持。系统不但可以提供无线数字电视和广播业务，还可以提供互联网业务、组播、点播、导呼业务，视频、数据和语音等综合、交互业务，以及电信业务。技术上可以利用UHF高端无线频率实现交互功能、语音通讯功能、无线互联网功能。例如，可以设计L波段为上传数据，U波段为下传数据的双向系统，根据下传实际需要有效频带还可以扩展2×8M。其业务不仅包括移动互联网、传统电视，还可以是视频、语音、通讯、软件等综合集成业务平台，技术要求上完全满足用户上网需求，实现下行上传双向网络系统，实现移动互联网络系统。

信息传送方面，设计灵活的接口方案，支持国际上通用的MPEG2－TS流数据格式，可以支持任何类型的视频压缩和数据格式，包括MPEG－1，MPEG－2，MPEG－4，H.264，IP数据，Windows Media 9，AVS等数据格式，只要打包成统一标准格式都可以经过这个开放、透明的数据传输系统进行传送。用户终端包括手机、笔记本、电脑、电视机等。系统可以实现多媒体信息在室内、室外、固定、移动和便携、单向广播、双向通信等场合使用。

3. 系统主要优势

一是有利于长远发展。此系统的实施，既符合目前三网融合的发展趋势，又符合当前科学技术发展的潮流，更便于提高公共服务质量和服务水平。当前，无论是电信的有线网络系统，还是广播电视有线网络系统，经过十多年的使用，这些线路和设备已经是落后的、老化的，需要进行设备更新改造。为此，趁三网融合之势，将固定电话、电视、广播、互联网、移动电话、移动电视等信息反馈资源进行整合，统一传送、统一控制、统一发射，这样既利于资源共享，又便于科学管理，更有助于长远发展。

二是有利于国家安全。建立了统一的播控平台，在这个平台中设立内容监控和技术监控两个部门。在内容监控方面，实现了从信号源方面直接控制内容的目标。当发现广播、电视等信息内容有违规或违法的内容时，可以直接在此时切断或遮盖过滤掉其信号，确保信息的安全性、可靠性和品质性。在技术监控方面，通过其交互平台反馈的信息，就可以直接了解整个系统的技术运行情况，从而达到技术监控的目标。当然，此播控平台必须由政府直接管理，实行依法监管，确保国家信息安全、文化安全、政治安全。

三是有利于严格管理。为了严格管理，在用户接收反馈端设立一个用户卡。此卡除了具有存贮记忆功能外，还必须具有控制广播频率、电视频道的功能，此卡的制作和控制由政府部门直接管理。这样，也可防止用户违规接收境外信号或其他非法信号的现象发生。

四是有利于用户使用。对信息资源整合后统一由数字信息地面发射系统传送后，大大方便了用户。因为是无线信息，而且接收反馈器的直径也不大，为此，用户可在家里、公司或在户外，用自己的卡收看电视、上互联网、听广播、打电话、处理电子信息等。

五是有利于信号有效覆盖。目前，全国各地的大部分地区都有手机信号，但有些地方没有广播电视信号。资源进行整合后，数字信息地面发射系统解决了听不到听不好广播、看不到看不好电视的问题。

六是有利于节约财政。此系统投入使用后，用户卡第一张由国家免费凭身份证颁发，第二张必须交费。每卡可免费收看国家、省、市、县、乡的公共服务信息，包括电视、广播、文化及其他公共信息。如果要收听更多的信息，则在坚持服务人民的原则的基础上，实行有偿服务和收费。为此，国家可以将有偿的费用进行收支管理，并将此费用用于整个系统的设备改造及系统的运行经费。为此，既为百姓办了实实在在的事，更为国家节省了大量的财政资金。

（四）健全法律法规

依法治国已成为我们建设现代化国家的基本要求，也是社会主义民主政治的必然发展方向。新闻法治，本身是新闻改革的必然内涵，也是法制建设的根本要求和迫切需要。从社会主义市场经济的内涵出发，以立法、执法为特点的新闻管理的法制化只是过程、手段，最终的目标是真正走上新闻法治的轨道。十多年来，由政府部门依法制定的《报纸管理暂行规定》、《国家广播电视管理条例》等一系列行政法规自诞生之日起就发挥了重要作用。但是它们毕竟只是条件，而且不稳定，经常要修修补补。只有上升到国家法才够权威，才相对比较稳定。根据我国现实情况，完整立法，以宪法为本、专门法为核心，以分类法和行政法规、规章为重要组成，以此形成真正统一、科学、成熟、完善的传媒法制体系，做到管制有据，从而打造传媒“依法管制”的坚强后盾。对于广播电视行业的管治，自然要在国家法的基础上，制定相应的行政法规，这样行政人员执行起来就可以做到有法可依、有章可遵、有规可循。

芬兰职业技术教育的特色给我们的启示与思考

刘晓佳

近代以来职业技术教育的发展，已经让人们清楚地认识到：职业技术教育是劳动力生产和再生产的关键环节，是教育体系与经济社会发展对接的重要枢纽，成为一个国家和地区现代化的强大动力。特别是当今世界，职业技术教育获得了前所未有的大发展，其在经济社会发展过程中的地位和作用，越来越引起人们的重视。作为现代教育的重要组成部分，职业技术教育已经成为工业化和生产社会化、现代化的重要支柱，它越来越广泛地参与和渗透到经济社会发展的各个领域。从生产制造到商贸物流，从企业成长到产业发展，从经济活动到社会管理，都离不开技能人才，也就离不开职业技术教育。世界各国或地区以及企业间的竞争，归根到底是人才的竞争。因此，人才素质的高低，关系经济竞争力的强弱，关系国家的兴衰。正如国务院副总理张德江指出的：谁能在职业技术教育上异军突出，谁就能在经济发展和国力竞争中占得先机。经过改革开放三十年的发展，广东省已进入经济转型时期，尤其是广东要打造创新型社会，要变“广东制造”为“广东创造”，这就更需要大量的高素质人才，包括大批高素质的技能人才。由此可见，更加重视和大力发展职业技术教育，是广东省当前的一项战略任务。

2010年5月，笔者有幸参加了广东省人力资源和社会保障厅组织的公务员公共管理芬兰专题研究班，在芬兰学习期间，通过参观学习，初步了解了芬兰的教育政策和职业技术教育的现状。芬兰的教育政策和教育体系，经过几十年特别是近十年的发展日趋成熟，特别是芬兰完善的职业教育，大大提高了劳动力的技能素质，为“创新芬兰”打下了良好的人才和智力基础。本文拟分析芬兰职业技术教育的特色以及启示广东省职业技术教育的发展。

一、芬兰职业教育的经验及特色

芬兰职业教育与培训旨在满足公民未来工作生活的技能需要，提高公民职业能力水准，提升工作和生活的质量，以满足社会和雇主的需要。从义务教育到职业高中，再到专科、本科、硕士，芬兰的职业教育形成了一个与大学教育并列的阶梯次职业教育体系。

（一）职业高中模式

芬兰95%的学生在接受义务教育后会继续他们的学业，芬兰的职业高中基本是免费的，在教育部允许的情况下，只收取少量的费用，如学生的课本费、工作服费和其他材料费用。其职业高中主要有以下两种形式。

1. 建立于基础教育教学大纲之上的高级职业证书计划

该计划需要三年时间才能完成，学生可以通过职业教育机构提供的学校教育培训、学徒制培训，或基于能力的职业证书认证等形式获得。芬兰职业教育课程由教育部核准的国家核心课程和培训机构自主课程两大部分组成。学生接受职业教育和培训期间，需完成六个月的在职学习方能获得职业证书。2006年8月，芬兰引入“职业技能示范法”，学生可以借此充分展示他们是如何高质量地实现职业技能目标、获得工作生活所需要的职业技能和知识的。“职业技能示范法”贯串整个学习过程，由工作车间的代表和一名教师共同对学生进行等级评定。为确保职业技能示范的质量，由培训机构提名的地方议会负责技能示范工作的评价及相应合格证书的授予。学生需要具备本领域的基本职业技能及每一工作部门所需要的专门化职业技能，才能获得职业证书。

2. 学徒制培训

学徒制培训是指教育者、被雇佣者和雇佣者共同签订定期就业协议后的培训，需给学生制订个人学习方案。国家核心课程和相关基于能力的职业证书指南是制订学徒个人学习方案的基础。个人学习方案详细说明了学生需要获得的证书等级，学习内容的范围、主要任务、理论教学、实践教学、课程安排、教育的责任以及其他与职业证书授予相关的问题。这种具有个性化特点的定向性培训，重点强调在职学习，注重实践操作与理论教学的结合，培训中70%～80%的时间都在车间进行实习操作，由一名在职教师负责，作为补充内容的理论学习则可以在职业教育机构、职业成人教育中心或其他教育机构进行。

（二）其他学习方案和可供替代的学习途径

芬兰于20世纪80年代引入多种学习方案和学习路径，用以解决青年失业问题。芬兰的学生和成年人可通过工厂间培训的形式，参与其他种类的职业教育学习方案。工厂车间给学生和成年人提供与工作相关的实践培训和个人指导，帮助他们获得职业技能以维持生活。这种培训模式，可提供就业和培训津贴、与工作相关的善后活动、工作训练指导、个人辅导和学徒培训，使劳动者

具有进入劳动力市场的知识和技能。但这些学习方案和学习路径不能作为教育系统的一部分，学生还不能获得正规的职业证书。

（三）中等后职业教育和培训

芬兰的职业教育实现普教、职教一体化模式，并实行二次分流。第一次分流在免费义务教育阶段结束以后，第二次分流安排在普通高中第二年结束后，学生可选择接受中等后职业教育与培训。芬兰中等后职业教育和培训机构主要是针对那些有工作经验的成年人而设立的。提供所有行业中 113 个专业的学习领域，学制三年，可颁发专家职业证书。

（四）第三层次职业教育和培训

芬兰高等职业教育机构包括多科技术学校和大学。这种模式可视为职业教育的继续和深化。多科技术学校为学生提供获得专家职业证书所需的知识和技能，学生的入学条件是完成普通高中教育或者职业教育与培训，那些已经通过大学入学考试、职业高中资格认证，或者拥有相应的国际资格认证的学生均有资格申请。多科技术学校也组织成人教育，采取学分制，通过 3～4 年修满学分而获得学位。2005 年，芬兰设立了多科技术学校中等后学位，即多科技术学校硕士学位。芬兰大学的教育目标是培养学生的独立调查研究能力，帮助学生获得科学知识，大学入学考试许可证持有者，获得多科技术学校文凭、中等后职业资格的学生都有资格申请进入大学学习，同样可以获得学士、硕士学位。

芬兰的职业教育与培训是经过几次改革而不断发展和完善的，从而有力地推动了芬兰社会经济的发展，促进了芬兰国力的增强和国家素质的提升。作为政府的责任，他们做好了三件事：①构建桥梁。通过终身学习和全员培训引领国家走向未来，为所有年轻人提供高层次的职业教育与培训。义务教育阶段后，普通教育与职业教育并行，同时，通过学徒制培训、多种学习方案和学习路径等形式衔接紧密的、高标准的职业培训系统。这就极大地满足了社会对各个层次、各个领域的人才需要，有效提高了国民素质、青年就业率和人力资源质量，增强了芬兰在全球经济合作中的竞争力。②完善机构。在中等职业教育和高等职业教育之间建立完善的衔接机制，使得职业技术教育从义务教育到职业高中，再到专科、本科、硕士，形成了一个与大学教育并行的阶梯式职业教育体系。另外，每个阶段都设立了成人教育和培训机构，从而形成了终身职业技术教育体系，既巩固了职业技术教育的地位，又在一定程度上消除了人们对职业教育的歧视心理。③建立制度。芬兰政府建立起开放的、灵活的新型职业教育制度，争取面向市场的社会办学、企校结合的办学方式，以及科学规范的管理手段。从办学方式到日常教学，到最后的资格认证，都体现了政府主导之下的校企结合，从而使职业技术教育的质量得到保证，适应了经济社会发展的需要。

二、广东省职业技术教育的现状与瓶颈

广东省历来重视职业技术教育，近年来广东省委省政府把教育特别是职业技术教育摆在优先发展的战略地位，先后作出了《关于大力发展职业技术教育的决定》，制定了《广东省大力发展职业技术教育实施纲要（2006—2020年)》，使广东省职业技术教育取得了长足发展，服务经济社会的功能明显增强。由于各级党委、政府的重视，经济社会发展的需要和推动，广东省的职业技术教育进入了一个快速发展时期。办学规模不断扩大，各级财政加大了发展职业技术教育的投入。办学模式不断创新，探索出不少行之有效的经验。一是发达地区与欠发达地区之间的区域联合办学初具规模；二是实行“零学费入学，零距离上岗”的办学模式；三是校企合作办学形式多样化；四是探索境内外联合办学的路子；五是职业技术教育与成人教育统筹办学的“立交桥”模式得到推广。这些经验做法都体现了面向社会、面向市场，办学的目标旨在服务生产实践，从而为广东省现代产业体系建设，落实省委省政府的“双转移”战略作出了重大贡献。

到2008年底，广东省共有职业技术院校887所，其中高职高专院校71所，中等职业技术学校816所，招生80.5万人，在校生达210.2万人。其中，技工学校242所，在校学生53.5万人。近年来，广东省职业技术教育围绕以现代服务业和先进制造业为核心的六大产业发展需求，整合教育资源，优化学校布局，调整专业结构，打造特色品牌，为广东现代产业体系建设提供了有力的人力支持。从2007年开始，根据省委省政府的“双转移”战略，广东省加大了中等职业技术教育转移招生和存量劳动力转移培训力度，实现了珠三角企业招工向中职学校招生的转变，缓解了珠三角地区经济社会发展对高素质产业工人的需求矛盾。同时，省属和珠三角地区的中等职业技术学校还招收24万名欠发达地区学生就读，通过中等职业技术学校培养，每年安排35万名农村毕业生到珠三角地区就业。教育系统所属中职学校、成人文化学校和培训机构也面向中小企业职工、城镇离岗人员、转产转岗人员和进城务工人员开展技能培训，共完成各类培训500万人次。

虽然近几年各级政府重视加快发展职业技术教育，但由于历史和体制的原

因，还未从根本上改变广东省职业技术教育与产业发展不相适应的局面。目前广东省高级技能人才的指标明显落后于全国平均水平，这与广东省的经济水平很不相称。各类技能人才特别是高技能人才短缺，已成为制约广东省产业发展的瓶颈之一。在全省教育发展格局中，职业技术教育发展相对缓慢，规模偏小，质量不高，属于整个教育的“短板”。继而使结构性失业问题仍然比较突出。可见，只有加快补齐职业技术教育这块“短板”，才能把科学技术转换为现实生产力，才能实现产业结构的优化升级。因此，我们必须重视广东省职业技术教育发展中存在的问题，抓住当前制约职业技术教育发展的主要矛盾，下大力气打破瓶颈的制约，开创全省职业技术教育新局面。

（一）办学体系不完善，限制了技能人才的发展空间

首先，中高等职业技术教育衔接梗阻。学生选择中等职业技术学校后，很难继续升读高职院校。根据目前有关规定，高职院校对口招收中等职业学校毕业生不得超过5%，限制了他们继续学习、提升技能的空间，很大程度地影响了学生报考中职学校的积极性。其次，师资缺乏是广东省中等职业技术教育发展的瓶颈。全省专门培养中职师资的高等师范学校仅有一所，远远无法满足社会发展的需求。再次，职业技术教育高层次人才培养欠缺，目前只有中高等职业技术教育，缺乏本科和研究生层次的职业技术教育。最后，职业技术教育和普通教育不能互通。职业技术教育与普通教育分属不同的教育类型，中高等职业技术院校的学生很难再考入普通高校就读，接受职业技术教育的学生不能根据自身特点调整发展方向。要解决办学体系上的问题，必须从全省甚至更高层面上统筹规划和制定政策，仅靠一个市或一个地区是难以解决的。

（二）管理体制机制不顺，资源难以合理配置与整合

在现有体制下，中高等职业院校由教育部门管理，技工学校由劳动部门管理。管理部门不同，这就造成许多政策不统一，学校的管理和运作五花八门。甚至出现同一层次的职业学校与技工学校，级别和拨付经费标准不同，工资待遇和职称评定标准不同，毕业生获取职业资格证书的等级、工作身份和待遇也不同。由于两套体制，不同政策，又隶属不同的上级管理部门，加上宏观管理上的问题，导致了各自规划、各自发展，从而导致重复建设和资源浪费，即使要进行整合也因体制上的问题而无法操作。目前职业学校与技工学校都在努力发展，都要做大做强，以适应经济社会发展的需要。因此，各自为政的发展必然造成资源浪费，显然，中职学校和技工学校资源不足已经凸显，甚至有些地区已出现招生上的恶性竞争。

综上所述，以上两大方面的问题，是影响和制约广东省职业技术教育科学发展的主要矛盾。它既妨碍了职业技术教育的统一规划和资源整合，又会带来职业技术人才需求的结构性问题。要解决这些问题，仅靠一个地方的党委和政府的努力是难以奏效的，应从全省的宏观层面，完善体系，规范政策，理顺体制，统一规划，从而实现资源的优化配置，走上健康发展的轨道。

三、芬兰经验给我们的启示与思考

“他山之石，可以攻玉。”随着经济全球化的加快，我国的经济已经步入了“经济一体化”的格局。经济领域的竞争实质上已经是国家与国家的竞争，并演变为国力的较量。因此，我们没有理由不向发达国家学习，借鉴他国职业技术教育成功的做法，结合广东省职业技术教育的实际，积极探索，锐意改革，营造出广东省职业技术教育发展的良好环境。

（一）统筹规划，加大投入

要把职业技术教育纳入经济社会发展的总体规划，科学谋划全省职业技术教育的布局，并把职业技术教育的规划目标作为衡量各级政府政绩的重要内容。对广东省职业技术教育实施战略性结构调整，实现资源的优化配置，做大做强珠三角职业技术教育，推动欠发达地区加快发展。特别是欠发达地区要突出重点，集中力量在市一级办好各类职业技术院校，为实现省委省政府的“双转移”战略提供强大的人才支撑。通过逐步扩大职业技术教育规模和提高教育质量，使全省技能人才的总量增加和结构优化。要加大各级政府对职业技术教育的扶持力度，必须像抓农村免费义务教育和抓高等教育那样，狠抓对职业技术教育的投入。一是投入更多的资金扶持，使全省职业技术教育的场所、设施和各种办学条件明显改善，教育规模迅速扩大；二是增加对贫困家庭学生接受职业技术教育的资助，使得更多欠发达地区农村家庭的学生能够接受职业技术教育。

（二）理顺体制，统一管理

目前我国的普通教育和职业教育分别属于两个不同的体系，如果要像芬兰那样使职业教育与高等教育互联互通，须从国家教育体系的层面上解决。但从管理体制上可在一个省的范围内统筹考虑，理顺体制，统一管理，以解决教育与就业脱节的问题。首先，明确由一个部门实行管理，结束条块分割的格局。从全省的现状看，应统一划归人力资源部门管理。这样做既有利于统筹规划、

整合资源，避免多头管理和资源分散，又可以使职业技术人才的培养与人力资源需求相衔接，较好地实现优化就业。其次，完善现有的职业技术教育办学体系，建立起学历教育和短期培训并重的多层次、开放型的职业技术教育体系。通过改革和调整，出台相关政策，扩大高等职业技术院校对口招收中等职业技术学校毕业生的规模。同时，规定持有职业资格证书的人员，有若干年的工作经验之后可直接取得进入上一个学历层次学校学习的资格。这样的改革和调整，也将适应就业者终身学习的需求。

（三）改革教育模式，突出培养重点

借鉴芬兰的经验，从教育思想上突破原来狭义的职业技术教育在时空上的限制，关注学生未来的学习与发展，为其终身学习奠定理论基础，真正使职业技术教育朝终身化的方向发展。知识经济时代的到来，使得职业和岗位的变动更加频繁，许多传统的职业在社会上消失，而新的职业不断涌现，促使大量的劳动者从没落的生产领域转移到新兴的生产领域，因而，吸收新知识和学习新技术已经成为现代生产从业人员的客观要求。要通过改革原有的不适应经济社会发展的模式，更加关注学生职业素质和社会能力的培养，为学生的终身学习打下良好的基础。而这些基本的素质和能力，在一定程度上比专业技能显得更为重要，它可以使学生毕业就业后适应职业结构和市场需求的变化，避免出现就业后一段时间出现第二次失业。从广东的经济社会发展的需求看，既要立足于就业为要、应用为本的培养模式，又要重视对学生创新精神和创业能力的培养，使得学生在就业市场变得更加主动。既能够适应职业结构的变化，谋得更高的岗位和待遇，也可以让更多的学生从求职者变为自主创业的创业者，从而在真正意义上实现终身教育的理念，使职业技术教育贯串人的一生。

（四）促进校企合作，整合利用资源

企业是职业技术教育产品的最大买家，而且掌握了大量的职业技术教育资源。因此，企业能否大力支持和积极参与职业技术教育，是影响职业技术教育发展的重要因素。然而，现实的情况是企业对职业技术教育的参与度不高，企业对技能人才重使用、轻培养的现象相当普遍。不少企业不仅不肯花钱对职工进行技能等级提高的培训，而且对本企业职工自费业余参与培训都不支持，甚至采取阻挠的态度，担心加重企业的成本负担。我们应该借鉴芬兰的做法，发挥政府的导向作用，引导学校面向企业，企业需要什么就培训什么。引导企业的技能培训依赖学校，依托学校的培训来提高企业的技术水平。政府要通过制定相关的政策，促进校企合作，搭建起技能人才供需的桥梁。一是要全面推行

和完善职业资格证书制度，严格按规定持证上岗，实行工资与技能等级挂钩；二是明确规定把技能等级结构作为衡量企业资质的要素，把企业中高级技能人才的比重，作为注册兴办企业和企业参加重大工程项目招投标、评优和资源评估的必要条件；三是规定职业技术院校的学生除在本校校办工厂实习外，还需要到企业进行顶岗实习一段时间，才能取得毕业证书；四是规定新办企业员工的培训，须由相应的职业技术学校来完成，加强学校与企业的合作，教学与生产的结合，通过校企双方互相渗透、双向介入，从而实现资源互用、利益共享。这种校企合作，既能做到学校与企业的双向互补，又能实现学校和企业的物质和智力资源的共享，从而在人才供求关系上完成学校和企业的良好对接，最终实现培训与使用的良性结合，继而推动企业的转型升级，促进职业技术教育的健康发展。

第二部分　政府政务改革与社会保障管理

转变政府职能，以服务型政府的理念做好政府政务接待工作的几点思考

刘　辉

一、引言

政务接待（或公务活动接待）作为一项重要的政府工作，由于其内在特殊和外延宽广，很难给予一个统一、明确的定义，目前的理解初步认为它是指各级党委、政府和行政事业单位围绕自身中心工作在迎接有关督促检查、监督指导、考察调研、来访交流、洽谈反馈、重要会议等行政事务过程中需要统筹安排的各项工作的总称，主要包括相关文电处理、计划安排、情况（汇报）介绍、安全保卫、后勤服务保障等。政务接待工作是人类社会交往、交流的产物。不同的时代、不同的国家、不同的民族对政务接待有不同的要求。我国素有礼仪之邦之称，政务接待工作的发展源远流长，具有鲜明的民族特色。我党早在1937年陕甘宁边区政府成立时就根据工作需要成立了陕甘宁边区政府交际处，负责对外宣传、联络和生活接待。交际处先后接待了美国友人埃德加·斯诺、尼姆·威尔斯、艾格尼丝·史沫特莱，加拿大友人诺尔曼·白求恩，新西兰友人路易·艾黎等国际友人，以及世界学联代表团、加拿大与美国援华医疗队，印度授华医疗队、中外记者西北参观团等团体客人，为我党外事工作和统一战线政策的具体贯彻执行发挥了重要的历史作用。特别是抗日战争时期的1944年6月，中外记者西北参观团来延安，党中央对这次招待工作非常重视，中央决定由周恩来副主席亲自主管这一工作，并决定交际处在政治、业务上归军委秘书长杨尚昆领导。周恩来对这次接待工作做了具体指示。结果，中外记者们对这次延安之行留下了良好的印象。中外记者返回大后方和本国后，对延

安和解放区做了比较客观的宣传报道，对大后方人民和世界人民重新认识和了解延安起了积极的作用。随着我国改革开放的不断深入，地区之间、国家之间的交往日益密切，政务接待工作越来越受到各级领导的重视，同时也发挥着越来越重要的作用。

随着我国经济社会的向前发展和改革进程的逐步深入，以及国际形势不断变化，由此带来社会环境、公民利益诉求的巨大变迁，公众对公共行政不断科学化、规范化、法制化的要求越来越高，传统的公共行政已经从理论上和实践上受到质疑，因此，加快转变政府职能，建设服务型政府成为当前的一个重要课题。早在2003年9月，温家宝总理就在国家行政学院的讲话中指出："经济调节、市场监管、社会管理和公共服务，是社会主义市场经济条件下政府的四项主要职能。在继续加强经济调节和市场监管职能的同时，更加要重视政府的社会管理和公共服务职能。"后来到陕西代表团听取意见时又指出："对政府职能后两项任务公共管理和社会服务，一些领导干部过去知之不多，工作力度不大。而这两项任务恰恰是政府极为重要的职责，恰恰是政府最为薄弱的环节。我们要把政府办成一个服务型的政府，为市场主体服务，为社会服务，最终是为人民服务。"同时，党的"十七大"报告也明确提出："我国政府职能转变主要是深化行政管理体制改革，建设服务型政府，着力转变职能、理顺关系、优化结构、提高效能，形成权责一致、分工合理、决策科学、执行顺畅、监督有力的行政管理体制。健全政府职责体系，完善公共服务体系，推行电子政务，强化社会管理和公共服务。"政务接待作为政府日常工作的有机组成部分和公共管理、社会服务的重要内容，在政府职能转变过程中也面临着规划调整和进一步提升职能等诸多问题。带着这些问题，笔者有幸参加了第四期广东省公务员公共管理芬兰专题研究班的学习。在此，通过在中山大学公共管理学院和芬兰公共管理学院的学习以及对芬兰社会情况的实地考察，结合自身工作体会和广东实际情况，浅谈对于政府政务接待如何融入当前转变政府职能、建设服务型政府工作的几点认识和思考。

二、芬兰政府政务接待方面的现状

芬兰地处北欧，面积近34万平方公里，总人口约530万，是欧洲人口最稀少的国家，其行政职能和架构与我国区别很大，各级部门精简，政府事务少而且活动规模小，因此芬兰目前没有设置专门的政务接待机构，而是由类似于政府办公室的综合部门行使有关的政务接待职能，他们眼里并无政务接待的概念，而是将政务接待工作有机地融入日常的政府事务中。笔者在芬兰期间，无

论是在学院学习还是在政府等公共机构和企业开展交流活动、参加正式的宴会等，所有的活动都简约而不简单，这与当前我国提出公务接待中简化礼仪、节俭接待的要求不谋而合。在平常的一些工作、生活细小环节中，体现出了芬兰整个政务接待工作的全貌。

（一）礼仪简化，内容不减

我们到芬兰公共管理学院上第一节课前，举行了一个简短的开班仪式。这里的仪式与国内大相径庭，没有正式主持人，没有一个接一个领导的讲话，更没有谁一本正经地念讲话稿，而是在学员到齐后，双方负责人讲话，讲完后我们的班长向对方赠送小纪念品，然后合影。整个过程不到10分钟，简洁明了，但该说的话、该做的事一样也不少。在庄重而整洁的教室里，我们都感到很神圣。

（二）形式简单，要求不减

在给我们授课和介绍情况的教员中，有学院的专职教授，有政府部门的普通职员，甚至还有总理办公室和中央政府的中高级官员，他们平实无华的举动和尽职尽责的态度，让我们对芬兰的政治文化有了更深的了解：作为部级官员和总理办公室的高级助理，与一个外国学习培训团见面交流，可以不安排座位，可以不准备讲话稿，可以没有人主持，也没有秘书端杯提包，更没有前拥后簇的随从。而且，他们的下属不会觉得不妥，自己也不会觉得不妥，我们也没有因此感到被冷落与不热情。在交流介绍中，对我们提的许多问题都一一给了回答。我们感觉，面对的似乎不是一个高级官员，而是一个友善的长者、一个和蔼的教授。

（三）宴会节约，礼遇不减

学习期间，我们还前往芬兰的一些城市进行考察，一般抵达各市后的食宿都是自行安排，但也有个别市的市长代表市政府宴请我们一行，正宗的西餐，程序简单而明了，市长致祝酒词后即离场由客人自由用餐，没有程序化的敬酒，而且非常节约，总共一盘沙拉、一盘主菜、一盘主食、一盘甜点、一杯红茶。整个宴会简约而不失礼貌与热情，菜谱节约却不失营养，大家都吃得很饱，也感觉到了主人的尊重、热情，由于不设席位站立用餐，整个过程也非常节省时间，不影响后续活动。

三、芬兰政务接待工作的启示

我国处于由计划经济向市场经济转轨的过渡期，虽然政府职能逐步由管理向服务转变，但在相当一段时间内，各个领域还是会或多或少地存在以行政手段来实现社会管理、市场调节作为补充手段的运行模式，生活中无处不接触到各种行政手段的干预。现阶段，我国的政务接待工作是在当前体制的框架下设置和运行的，服务于当前的政治和行政活动，具有明显的时代特征。从芬兰回来后，笔者结合广东省政务接待工作的一些现状和面临的挑战及芬兰之行带来的思考，得到了一些启示。

（一）服务型政府理念和体制建设有待加强

在芬兰学习期间，笔者了解到，只有在法律法规明确许可的范围内，相关公务机构和公务人员才可以有规格、有层次地用公款宴请或接待。在使用公款宴请或接待后，公务人员和接待机构必须巨细无遗地开列一张公款消费的清单，以便纳税人和相关政府机构能够跟踪查证。例如，消费清单必须列明用公款宴请的是些什么人，是为了什么事，在哪家餐馆吃的，吃了些什么菜，总共花了多少钱等事项。这些账单和明细，都必须及时地放在政府的官方网站上，或刊登在当地的相关媒体上，以便广大民众随时看到和查到。在公车管理方面，政府的透明度也相当高。芬兰政府机构公车数目极少，除总统外，只有总理、外交部部长、内务部部长和国防部部长 4 人享受配备专车的待遇，而且专车只限执行公务时使用。上下班用专车属于额外待遇，等于增加了个人收入，要照章纳税。芬兰的服务型政府理念一点一滴体现在很多细节上，老百姓早已习以为常。例如，芬兰前总统阿赫蒂萨里就曾独自拖着行李在机场与民众一起排队通关，另一位前总统哈洛宁也“不顾身份”，时常在超市打折促销的时候，挤在人群里去抢购一些打折的便宜货。老百姓为了防止贪污，不仅时常查看、举报公款消费明细，有时甚至采取钓鱼式执法以检测官员的廉洁度。这些在我们看来是不可思议的事，从侧面说明芬兰的服务型政府理念早已深入人心，无论是政府官员还是老百姓，都有效地行使着公民和一个廉洁高效的服务型政府的角色。

近年来，随着经济的发展，民众的知情权和民主意识日益强烈，政府支出日益庞大，其中“三公”消费支出部分直接刺激着民众的神经，虽然政府也已作出了相当大的努力，但仍然进展缓慢，因此要改变现状，建设服务型政府，政府有必要在各级部门强化政务意识，增强服务理念，完善体制设计。各

级政府及其公务员的全部责任和追求就是为人民谋利益。要加快政务公开步伐，让权力的运行处于“阳光之下”，接受人民的监督，用民主的办法促使机关干部勤政廉政、用权为民。要贯彻实施好《中华人民共和国行政许可法》，加大行政审批制度改革力度，进一步转变政府职能，从体制上割断公共权力和部门利益联系的纽带。同时，各级政府及其公务员要不断增强为发展服务、为基层服务、为群众服务的意识和本领，把各级政府机关建设成为服务型组织。最重要的是要树立与科学发展观相适应的政绩观，建立“公众导向”的绩效评估机制，从体制上保证基层单位、企业和群众评估政府政绩的权力。在确定科学的绩效评估指标时，要把“人民群众满意”在指标体系中凸显出来，以使评估过程成为一种导向，引导各级政府时刻把人民的利益放在第一位，踏踏实实工作，竭诚为人民服务。

（二）加强团结协作，理顺政务接待网络，使接待工作规范化

公务接待是落实公务活动的重要手段，这一工作的好坏直接影响着机关形象，也在一定程度上影响着全局工作。

在芬兰，给我们授课和介绍情况的教员中，有学院的专职教授，有政府部门的普通职员，甚至有总理办公室和部委的中高级官员。他们与普通职员一起，跟一个外国学习培训团见面交流，也是按照综合机构的安排，在事先约定的地方与我们进行讲解交流，这种通力合作、协作联动的网络和高效的执行力让我们叹服。

芬兰和我国在体制架构、运行方式上存在着很大的不同。芬兰的行政架构趋向于扁平型，中央政府除本部外还设立省一级单位，但其概念和我国的省完全不同，它是中央政府的派出机构，既没有对应的行政管辖区域也没有区域管辖权，和地方市政府没有直接隶属关系，只起协调和监督的作用，地方市政机构则独立运作，自行管理地区内的各项事务，具有高度的自治权，不受中央政府的直接领导和指挥，各级官员也由地方选举产生，不存在和中央政府之间的人员晋升和交流，因此上下级之间的公务接待比较简单。而我国的现状是采用层级制，部门多、规模大、任务集中繁重，中央的各项政策制定和落实必须通过频繁的考察调研和督促检查，政务接待工作也更为频繁。

国内的政务接待工作通常面临三大问题。一是规模大，与会人员少则几十上百人，多则上千人；二是次数多，平均每天三至四批次；三是资源紧张，中国人口众多，公共资源极度紧缺，票务、酒店、交通、口岸等都需要协调，以保证相关渠道畅通。以广东省为例，2012 年省政府接待办共完成四大类接待工作：一是全年接待来宾共 1880 批，10490 人，32388 人天次，同比分别增长

12.6%、22.1%、10.5%；二是牵头组织或参与中小企业博览会等大型会议活动的接待共14项；三是陪同省政府领导外出参加第八届泛珠三角区域合作和发展论坛暨经贸洽谈会等重大政务活动共5项；四是为省领导安排在本省的政务活动531批，15322人次，同比分别增长25.0%、18.5%。其中，全年接待副省（部）级以上领导同志共计315批次，是有史以来最多的一年。如此繁重的政务活动，对政务接待工作提出了更高的要求。

我国与芬兰相比，层级关系更为明显，各级党委、政府以及中央国家机关的各项重大决策总是需要提前在各个基层经过完善的考察、调研并顺应民意制定出来，因此对政务接待工作的要求也更高。政务接待工作是连接上下关系的纽带，是沟通左右的桥梁，是一项系统工程。通畅、高效、协作的政务接待网络，是政务接待活动顺利开展的前提和保障。为切实提高政务接待效果，必须加强部门之间的团结协作，构建“部门通力配合，上下协作联动”的接待网络。

通过本次考察和自己的思考，笔者认为，我们有必要进一步理顺接待网络，规范接待流程，才能让接待工作更为有效，进一步打造“大接待”格局：一是加强与上级业务单位之间的协作配合。积极争取上级业务单位的支持和帮助，尽可能多的获取各类信息，有针对性地做好各项工作，确保各类重大政务接待活动准确、到位、合理、规范。二是加强与同级职能部门的协作与配合。要加强与市内各部门特别是与公安、城建、城管、交通和卫生等部门的协作与配合，进一步优化政务接待环境，为提升政务接待效果、塑造良好的政务形象创造有利的条件。三是加强与政务接待业务部门的协作与配合。政务接待业务单位是具体承担政务接待活动的重要成员。要切实加强与它们的协作配合，加强对它们的业务指导、培训，不断提高它们的接待能力和服务水平，务求接待意图和目标能被优质的完成，确保政务接待取得良好的效果。如在泛珠三角区域合作发展论坛会务接待中，我们构建了“上下联动、左右互通、信息共享、任务共担”、范围包括省直单位、省内同行、接待基地、机场铁路口岸等在内的“大接待”格局，接待办按照“灵活、可行、实效”的原则，主动与省直单位、省内同行、口岸部门交流联系，通过走访、交流等形式加深感情、分享接待经验，为各项政务活动的顺利开展打下坚实的基础。

除此以外，为推进政务接待工作规范化建设和程序化服务，还需健全完善包括政务接待信息搜集制度、政务接待信息报告制度、政务用餐标准规定、政务接待保密制度、政务参观工作制度等业务工作制度，各种学习制度、工作人员工作纪律、工作人员考核办法等在内的部门管理制度等接待工作流程及相应的规章制度体系，从根本上明确工作纪律、工作职责，规范接待流程、接待标

准，以实现从经验型、粗放型的管理逐渐转变为制度化、规范化的管理。

（三）合理使用经费，花小钱办大事，提高公众满意度

笔者在芬兰学习期间，耳目所及之处，无不体现着政府的高效、廉洁，同时又透露着亲切和温暖，简朴严谨又不失人文关怀，也促使了笔者对接待工作的进一步思考。

近年来，我国在压缩各级行政费用上力度很大，公务接待经费十分有限，我们在接待时既要服务热情、周到，又要精打细算、节约开支，为此各地政府部门相继制定了较为详细的公务接待制度，根据接待客人的行政级别或其他级别确定考察、调研、住房、饮食、用车等相应标准，对规范公务接待活动起到了较好的作用。公务接待是一个系统工程，它牵涉公务活动中的差旅费标准、财务预算及财务审计制度等，归根到底是一个“钱”的问题，而公务接待作为行政成本又用来自国家的税收，是纳税人的钱，随着公民纳税人意识的提高，公民迫切要求知道自己的钱花到哪里去了，公务接待中的种种问题使公务接待成为公众关注的焦点就在所难免，解决这些问题也变得迫切而必要。这就要求改变现行的一些不规范的公务接待费管理体制，把公务接待费纳入预算管理，长期以来，政府预算一直是预算内外分离的“双预算”体系，既编制预算内收支预算，又编制预算外收支计划；另外，预算外资金在使用中很大比例用于政府的行政事业管理费，而游离于国家预算监管外的资金，就为各种违规公务接待提供了资金保障。

除此以外，必要时还可以建立公务接待费公开制度。我国可以学习西欧一些国家，将接待费用在网上公布，详细记录接待人员、陪同人员，以及招待内容甚至酒水菜肴等，让一切都在阳光下操作。如芬兰，所有公务接待都在网上公开，以方便人民监督，这也是芬兰成为世界上最廉洁国家之一的重要原因。温州市瑞安公安局的公务接待费已经做到了“零保留”网上审批，而结果是该局的民警违纪率为3.4‰以下，远低于浙江全省6‰的平均水平。这些经验为我们的政务公开提供了很好的借鉴作用。

（四）加强专业队伍建设，切实提高接待工作效率

建设服务型政府，必须提高各级政府机关的服务能力。这就需要努力建设一支政治坚定、业务精通、清正廉洁、作风优良的公务员队伍。公务员的素质决定着政府的管理水平和效率。这要求公务员必须坚持解放思想、实事求是、与时俱进；牢固树立执政为民的思想，保持同人民群众的密切联系，全心全意为人民服务；遵守宪法和法律，具有依法行政能力；忠于职守，努力学习，勤

奋工作；遵守纪律和职业道德，诚信廉明，公道正派，甘于奉献；保持谦虚谨慎、不骄不躁的作风。

具体到接待工作中，人是接待工作的主体，既是服务对象，同时也是接待任务的具体承担者。因此，打造一支政治素质优良、工作纪律严明、业务技能精湛、勤恳吃苦耐劳、勇于开拓创新、甘心热情奉献的接待工作人员队伍，是推进接待工作上档次、上水平的根本。“接待工作无小事，于细微处见水平。”从这个层面上讲，接待工作不仅仅是一项工作，更是一门艺术，如何更好地为社会发展和经济建设服好务是这门艺术所追求的最佳效果。

近年来，为了适应形势变化，锻造一支锐意进取、政治过硬、业务精通、作风优良的高素质“大接待”队伍，我们在原有的“4+1”模式（“4”是指思想政治教育规划、业务能力提升规划、文化修养提升规划和新进人员培养规划，“1”是指学习型机关建设）基础之上，继续探索，大胆尝试，在一年内通过三个途径推动该模式进一步深化，在培训网络中突出重点，切实提升接待人员的综合素质，有效地保证了接待工作的执行效率。具体措施包括：

一是用规划推动培训。为了将培训方案进一步细化，我们提出了“重培训强素质、重联系强网络、重制度强规范、重规划强业务、重宣传强形象”的工作要求。首先是推进业务能力提升规划。针对接待干部重实践轻理论的思想，着力加强业务学习的制度化和定期化，提升接待干部的业务技能。培训内容包括学习接待规章制度、接待工作流程、口岸接待流程、宴会的组织与布置、省情市情及有关考察点概况等，坚持做到“三个一”，即每人一堂课、每周一次课和每月一次实地考察，着力提高接待人员的组织协调和应急处理能力，要求所有接待人员都能够做到“两会一具备”。其次是推进综合素质提升规划。培训内容包括组建文艺特长小组、体育兴趣小组、国内外政经形势介绍、政务礼仪培训等，坚持点面结合、理论与实践相结合、“引进来”与“走出去”相结合的培训模式，通过集中学习、专题讲座、实地考察、模拟实践等多种形式，充分调动每个参训人员的积极性和主动性，拓宽干部视野，全面提升综合素质。最后，结合省府办公厅组织的“新知识学习，新本领培训”活动，全面提升接待干部的公文写作能力，进一步提高公务活动中办文、办会、办事的水平。

二是用项目推动培训。我们和下属各宾馆开展“爱岗敬业　争创一流”的学习实践活动，围绕“四个满意”（接待对象满意，省委、省政府满意，办公厅满意，自我评价满意）目标，突出“六抓六提升”（抓学习，提升政务接待工作理论、业务水平；抓根本，提升服务意识和责任意识；抓规范，提升政务接待制度化水平；抓细节，提升政务接待服务质量；抓协作，提升政务接待

工作合力；抓管理，提升政务接待效率)，学习实践活动组织迅速，部署周密，目前正在如火如荼的进行中。这种主题活动式的培训要求明确，既结合要求，又贴合实际，覆盖内容广，学习方式新，接待办将以其作为以项目推动培训的一种尝试和探索，在学习型机关建设中形成主线，不断巩固活动成果，着力构建长效机制，持之以恒坚持下去。

三是用交流推动学习。主要包括政治学习交流、轮岗学习交流。政务接待工作是政务工作，也是政治任务，这就要求接待人员要讲政治、顾大局、有原则。接待办除按照办公厅安排进行学习外，坚持每季度进行一次集中政治学习，形成全办注重政治理论学习的良好学风，进一步提高全办人员的大局意识、责任意识和服务意识。近几年，我们通过选调、招录等方式，吸收了多名素质高、能力强的优秀人才，既有名牌大学硕士生，也有优秀的青年军官，他们为接待工作注入了新的活力。接待办通过制订有针对性的培训计划，建立健全各处室间干部轮岗制度，让其尽快融入角色。同时，通过老同志的传帮带，以老带新，形成理论与实践相结合的多维学习模式，从而形成互相支持、互补互助的团队精神。

芬兰之行虽然已经结束，带给我们的思考和启示却是深远的。通过此次学习交流，笔者了解到了国外先进执政理念和完善体制的一些优缺点，更加坚定了迎头赶上做好各项政务工作的信心和责任心。相信只要按照“规范有序、勤俭节约、务实高效、服务周到”的总体要求，在以后的工作中发扬艰苦奋斗的优良传统，尽职尽责、扎扎实实、安全稳妥地做好每一次政务工作，就能在广东先行先试，在转变发展模式、转变政府职能、深化改革开放的大潮中贡献力量！

芬兰电子政务建设的经验与启示

郑晓峰

一、前言

芬兰地处北欧，人口530万，国土面积近34万平方公里，湖泊面积占国土面积的10%，森林覆盖率为71%。第二次世界大战结束时，芬兰还是一个以农业为主的经济相对落后的国家。此后，芬兰用四十年左右的时间完成了工业化进程，又用十年左右的时间完成了由工业社会向信息社会的转型，演绎了一出现代灰姑娘童话。目前，芬兰经济和文化发达，2009年芬兰国内生产总值为1709.71亿欧元，人均国内生产总值为3.2万欧元。2003年、2004年、2005年连续三年被世界经济论坛评为年度“世界最具竞争力的国家”，2010年还被评为世界最幸福的国家。芬兰的治国经验有很多方面都值得学习，笔者在芬兰学习了一个月，重点对芬兰的电子政务建设进行研究，通过课堂讲授、广泛的资料收集和走访芬兰社会，结合自身从事的广东省道路运输信息化建设工作，总结出以下经验和启示。

二、芬兰电子政务发展现状和特点

芬兰电子政务的信息化基础非常雄厚。作为诺基亚的故乡，芬兰是全球普及新科技速度最快的国家之一，互联网普及率达到60%，近40%的公民使用宽带网络，移动电话普及率近110%，使用3G手机用户的比例更是高达一半以上。世界经济论坛《2007—2008年全球信息技术报告》显示，在全球127个国家和地区的网络化指数排名中，芬兰居第6位，而中国居第57位。在雄厚的信息化基础建设上，芬兰的电子政务获得高度的发展。从20世纪90年代开始，芬兰在运用ICT（信息和通信技术）改善经济和改革公共行政管理方面就领先很多了，成功地提供了前瞻性的电子政务信息和服务。目前，芬兰政府部门计算机普及率非常高，人均拥有计算机1.3台。政府部门全部上网，所有雇员都使用电子邮件和互联网。学校也属于政府部门，每个学生都配有计算

机。大部分政务都通过网络和电子邮件完成。政府部门 IT 成本占财政预算的 1.3%，实际支出约占 5%。约有 4000 人在政府 IT 部门工作，约占政府雇员总数的 3.2%。电子政务建设直接和间接创造的就业岗位在 15 万～20 万个。根据联合国经济和社会事务部《2008 年度全球电子政务调查报告》，芬兰电子政务准备度居第 15 位，而中国居第 65 位。总结起来，芬兰电子政务主要有以下特点。

（一）电子政务项目多样化，应用非常普遍

电子政务建设在芬兰呈现多样化，应用已经非常普遍，信息社会项目在政府部门都非常成功。欧盟进行的调查表明，2006 年芬兰电子服务综合指数排在第 9 位。2004 年芬兰提供的服务项目总数在欧盟所有国家中排在第 4 位，欧盟曾经就在线服务项目及各国排名做过调查，结果表明芬兰提供了 67% 的在线服务。公共服务范例有公寓租赁服务——赫尔辛基市政局，犯罪报告——内政部警察局，退休金记录查验服务——退休金保险公司，专业大学研究公共应用服务——教育部，专利信息服务——专利局，职位空缺信息服务——劳动部，信用报告——财政部，等等。

（二）国家共享数据库，信息交换快捷，共享程度高

建设国家共享数据库是芬兰电子政务建设的重点内容，包括人口、不动产、企业、车辆等。政府、市政当局、私人部门提供基础数据，数据使用由《数据库法》和《隐私法》进行规范。所有的数据都有一个唯一的 ID，每个公司、个人都有自己的 ID，数据更新一次其他地方都可以看到。例如一个人搬家，给邮政部门打一个电话告诉新的地址，邮政部门会将这一信息告诉其他部门，这样所有相关的地址数据都会相应变化。从 1985 年开始，芬兰人口普查可以从现有数据库中直接提取数据，30 个相关数据库的信息在年底都要汇总到芬兰统计局。又如电子税务，近几年，所有人都不需要再去银行申报税了。税务部门会发给每个人几张表格，纳税人只需要补充一些额外的证明税收信息正确与否的资料，如果上面的数据正确则不必再做修改，其余不需做任何事情。税务部门将按相应数据扣交相应税收。税务部门对个人信息的收集主要有以下渠道：雇主——工资及福利情况信息；保险公司——养老金、失业救济金等信息；银行——贷款、利息收付、股票收益等信息；社会安全部门——医疗支出、退休金、学生补贴等信息；国家数据库——不动产、自有车船等信息。

（三）政务信息公开，信息资源的社会化程度高

完善的制度和法律是公民信任政府的前提，芬兰国民有权查看政府数据库中有关自己的个人资料信息。信息公开是芬兰电子政务的一个基本特点，公务员的收入是公开的，任何市民可以查询某个公务员的收入情况，这样公民可以将其生活状况与收入进行比较，从而实现较好的廉政监督。芬兰是世界上最廉洁的政府之一，电子政务及政务公开起到了重要作用。从电子政务建设的理念上看，芬兰政府坚持向公民提供最便捷的服务就是让公民不需要太费周折，所以政府将所有数据都整理好了，需要公民做的事情并不太多。

（四）各种门户网站发达，信息互动基础好

芬兰门户网站（www. suomi. fi）连接了各地政府 100 多家机构和 200 多个部门，作为公民统一入口，提供各类生活和组织信息服务。门户网站也是市民获得“一窗式”电子服务的重要窗口。目前主要提供下载服务，下一步将重点发展交互式服务。政府机构和公共部门职员可通过门户网站直接进行联系。企业也可以通过门户网站向有关部门一站式提供各类报告。

三、芬兰电子政务发展的两大推动因素

芬兰电子政务的发展成就与其公共行政管理的一整套改革和信息社会的发展密不可分。公共管理改革始于 20 世纪 90 年代初期，芬兰政府加强了机构层面的责任性、透明性和灵活性，减少了部委的监督和协调责任。这次权力的再分配激发了政府上下的创新积极性，同时也引发了对改善和加强中央协调、保持计划和效力的一致性的关注。电子政务作为提高效率、增加竞争力、提高现代化水平的一个工具，成为公共部门改革的显要组成部分。反之，芬兰公共行政的改革通过设定一整套改善公共服务的质量和效率的远景和目标，提供了确定电子政府目标和责任的一般框架。

信息社会在芬兰的持续推进为电子政府的发展提供了第二推动力。政府想把信息社会变成所有人的机会，并把信息通信技术运用在经济中证明其效果，这为电子政府的发展和整合一个全方位信息社会的电子政务战略提供了基础。因为在信息社会规划方面的成功，政府获得了相当程度的公众信任，从而提高了在所有信息通讯战略中进行电子政务发展的能力。

四、芬兰电子政务的建设经验

芬兰电子政务的建设基础好，但要取得以上成就不是仅靠基础好就可以的，其发展期间的一系列做法和经验是值得借鉴的。

（一）国家统一制定电子政务的远景规划

芬兰全国性的电子政务远景规划最初在20世纪90年代就形成了，并与其行政改革和信息社会规划很好地结合起来，因此在公共部门最高决策者、私营部门以及国民社会之间形成了成功的合作。电子政务规划成为提高责任和鼓励组织致力于电子政务远景的一种手段。然而，在组织层次上的电子政务规划在2001年前并不需要，即使一些机构想进行规划也没有任何可能的指导。新的规划需求的成功取决于技术的辅助，使规划得以正确地制订，并辅助监督、公开性、反馈的执行。财政部代表国家统一制定了电子政务规划，是芬兰电子政务获得持续成功的关键要素。

（二）强化组织工作，强调部门自治，分工负责信息化建设

芬兰政府专门成立了以总理牵头、5位部长和来自政府、企业界、社会团体代表组成的信息社会委员会，负责推动和协调信息社会建设，并根据形势发展实施调整和修订发展目标与战略，同时对《信息社会计划》的年度实施情况进行严格评估。财政部则负责整体电子政务建设推进工作。芬兰共有13个部委（总理办公室、外交部、法院、内务部、国防部、财政部、教育部、农业与林业部、交通与通讯部、贸工部、社会事务与卫生部、劳工部、环境部），约120家下属机构，政府雇员约12.2万人。各部门及432个市政区都拥有很高的自治权，因此芬兰没有统一的中心网络，各部门独立预算，自己决定信息化的投入及人员工资标准。这种情况下，财政部没有多少权力去干涉其他部门，但财政部作为预算管理和支付部门，对信息化建设最重要的资金分配有最直接的管理权，所以各部门的信息化建设规划能很好地统一在国家的框架内，做到组织统一、分工明确。

（三）加强信息化法律法规和政策体系建设

芬兰政府十分注重发挥法律法规和政策标准在信息化建设中的指导和约束作用。先后制定了《电信法》、《数据法》、《商务电子通信法》、《电子签名法》、《信息社会保护法》等一系列法律法规。法律框架与政策体系的建立，

使信息化建设有章可循、有法可依，确保了信息化工作的持续与稳定。

（四）以在线服务为中心，强调电子政务的服务质量

芬兰电子政务建设紧紧围绕着提供在线服务这个中心展开，OECD 调查显示，芬兰几乎所有的部委和机构都把提供信息作为它们在线电子政务服务的一部分，半数以上的机构提供互动性信息，1/3 提供在线处理。在线信息的提供是更好地向公众公布信息和提升服务的初期成果。在很多情况下，这个复杂性层次的服务就足够了。芬兰没有单纯追求在线服务的总量，而是着重改进电子政务项目的服务质量、相关性和访问渠道。这部分地反映了芬兰注意通过电子政务完成一些具体的目标，诸如降低数据收集成本、改善服务质量并提高服务的可取性，而不是在不管是否有价值的情况下，单纯试图把所有的服务都拿到网上进行。

芬兰的经验同样表明了国民希望改善服务的期望是可以满足的，当然并不是单纯提供更多的服务，而是舍弃一些不必要的服务。如把人口普查报告放到网上就是没有必要的，因为这一需求已经消除。在芬兰，企业更多的使用网络，它们是更频繁的政府服务的用户，它们也有更大的经济动机使用电子政务。芬兰电子政务服务为企业提供了比国民更高级的服务。

（五）注重以电子契约为重点的信息公开和互动，提高公共事务的公开性和公民参与度

随着电子技术的发展，电子契约得以出现，其虽然也通过电子脉冲来传递信息，但是却不再是以一张纸为原始凭据，而只是一组电子信息。EDI 和 E-mail 是电子契约的基本形式，电子签章是电子契约的关键保障形式。电子契约是衡量电子政务的一个重要标准，芬兰已经把相关行动整合到其电子政务项目之中，意图是提高信息、国民咨询的可获取性和政策制订的参与度。在确保对公共信息的同等获取机会的前提下，改善全国公共文档的共享和交换已经成为 20 世纪 90 年代政府信息管理战略的首要目标。芬兰致力于公共事务的公开性，公民参与的导向也成为全国信息社会战略的基础部分。其结果使芬兰走在了电子契约开发的前沿。从电子契约的许多试点中还可以得到更多的经验，这些试点通过加强协调和对优秀实践的结构性共享来实施。电子契约在芬兰的发展大大提高了芬兰公民对电子政务的参与度，从而加速了电子政务的发展。

（六）注重信息门户的建设，强调门户的信息容量和服务质量

芬兰非常注重电子政务的门户网站建设。全国政府网络门户是为了公众方

便获得政府间复杂服务而专门设置的。在芬兰，一个全国门户和其他主题及区域门户，组成了政府与公民和企业之间的一个无缝的界面。机构网站和政府门户之间的高速连接，包括为公民提供的访问门户，都标志着门户的流行（OECD 调查显示 4/5 的受访者都链接了某个门户）。门户的开发已经开始关注为问题提供相应的解决方案，这些解决方案与质量水平、信息精确度、服务整合和使用的便捷程度相关。优质的门户建设提高了电子政务的服务质量，加速了信息流通，使社会管理的目标更好地落实。

（七）以电子政务的发展推动政府内部改革，提高政府工作效率和人员素质，从而更好地实施电子政务

1. 促进内部变革

在芬兰，公共行政改革计划的发展与电子政务之间的持续互动使得组织变革不断发生。芬兰的 IT 官员报告称，电子政务帮助改进了计划，提高了工作流程的效率，提高了客户关注导向，并有助于透明度和责任等优秀管理原则的应用。在绝大多数情况下，它都创造了额外的价值。例如，受访者说，电子政务为行政机关提供了把透明度的价值置于 ICT 的引入之上的工具。电子政务所带来的效率的提高，大部分引发了质量和在线服务数量的提高，而不是简单的为了补偿损失而节约成本。这同芬兰政府的服务导向是一致的。

2. 提供领导力

如同其他国家一样，在开始提供在线服务的时候，芬兰建立电子政府的最初经验显示，芬兰成功地调动了稍低层次管埋人员的创新性和积极性，在所有的组织层面加强领导是所有 OECD 国家发展电子政务的前提，高层领导对于电子政务的最初推动是保证资源、获取支持和动员员工的重要手段。随着电子政务的发展，芬兰也需更高层次的领导力参与。

3. 确保协调

电子政务的两难困境是，既要平衡机构各层面的责任，因为绝大多数执行都在这一层次；又要由中央政府在某些垂直性问题上作出总体决策。协调并不等同于合作，然而，正式的和非正式的协调对于提升跨机构的合作，提供完善的服务或者鼓励机构之间共同协作解决问题，都是不够的。芬兰的中央政府虽然对地方政府的管治力相对薄弱，但负责电子政务推广的财政部却具有相当好的协调能力。

4. 管理公私合作伙伴

电子政务合作伙伴的崛起是同 20 世纪 80 年代电信部门自由化和 90 年代后期的私有化和分散化改革分不开的。合作伙伴带来了所需的专业技术，把电

子政务相关创举的风险分散。在操作层面上，管理私营部门的合同，则需要有特殊的技巧和能力，尤其是一些小型机构的谈判、监督、管理和评估 IT 项目的能力。芬兰政府已经摸索出一些同私营部门打交道的新颖办法（例如 TYVI 项目，一个中间人系统，使企业能够呈流水线地向政府进行报告）以简化行政流程，从而有利于政府和用户减少最初的成本。

5. 提高综合技能水平

设计、创造和执行一项有效的电子战略越来越与组织和个体层面的专业技能开发和提升相关联。OECD 调查显示，因为 IT 项目合同出现的新趋势，行政机关越来越关注改进项目管理和提高管理能力，而不是单纯提高个人的技术能力。两种技能都需要，电子政务的发展提高了行政机关的效率和个人素质，但项目管理能力仍需提高。这是芬兰政府在电子政务发展获得的经验之一。

五、芬兰电子政务建设的启示

芬兰电子政务的建设给我国带来很多启示。虽然两国国情不同，经济发展程度不同，但信息化建设发展时间不长，很多发展经验是可以互通的。笔者结合广东省道路运输信息化建设谈谈芬兰电子政务给我们带来的启示。

（一）广东省道路运输信息化建设现状

广东省道路运输信息化是以省道路运政管理信息平台建设为中心的一系列工作。经过七年艰苦努力的建设和推广，已建成并完善了道路运政管理信息和企业联网中心服务两大管理信息平台，建成了省道路运输管理信息网和省道路运输政务信息网两大门户网站，全面构建了全省卫星定位数据联网监管系统和电子证件应用系统两大道路运输相关应用系统，以及建成有线和无线两套专用运政网络，初步形成了建设与运营、安全和标准三大保障体系。全省所有道路运输管理部门实现了实时联网，道路运输管理业务全部实现电子化流程化办理。对外业务提供一站式服务，对外信息提供门户网站统一查询。实现了道路运输管理业务一网办、运输管理信息一网查。在基础设施和保障体系建设上取得了令人瞩目的成果，在多项指标上走在全国的前列，其应用强化了政府主管部门的行政能力和行业管理，为社会公众和各级道路运政管理部门提供高效、规范、一体化的服务。

（二）广东省道路运输信息化建设和芬兰电子政务建设的差距

1. 向公众及企业提供的信息化服务层次较低

广东省道路运输信息化工作前阶段的工作重点是为政务管理及应用服务，系统的主要服务对象是各级道路运输管理机构和人员，业务重点也是行业的审批许可事项，所以目前向公众和企业也只能提供较有限的各类政务信息查询，在行业经营、公众出行等重点领域未能提供强有力的信息服务平台。芬兰电子政务的社会化程度高，公民应用电子政务的水平比广东省道路运输行业从业者的要高。

2. 信息化共享和业务联办尚处于起步阶段

广东省作为部省道路运输信息系统联网试点省份，早于2007年便实现系统间的联网及行业数据的上传；同时，根据省信息产业厅的工作部署，系统已实现了与省道路交通安全信息的共享（信息产业厅、交通厅、公安厅、保监局）。目前虽然已实现了多个部门的联网及数据交换共享，但尚未实现业务间的联办，信息的更新也不同步。广东省与毗邻省份的道路运输管理有较多的业务联动，目前还须依赖于纸质传递，在效率和监管力度方面大打折扣。这与芬兰国家数据库的作用差距较大。

3. 企业信息化水平较低，电子契约等先进信息技术的普及尚待提高

广东省道路运输行业的企业信息化目前已有一定的建设规模，部分行业企业已逐步应用信息化管理手段来加强企业的日常经营管理，目前应用较为广泛的有客运场站的站务售票系统、企业GPS监控平台、驾培信息系统、车辆综合性能自动化检测系统等。但对于整个行业而言，企业信息化建设及应用水平尚处于初级阶段，信息化建设缺乏统筹规划和技术规范标准，特别是行业间及行业与管理部门未能建立信息互通共享的长效机制，对提高行业的整体服务水平和竞争力、提升道路运输组织和管理效率将会是一个严重障碍。电子合同作为物流管理、电子商务等一系列信息化应用的关键技术仍需大力普及。

4. 政府改革与电子政务发展的互动仍需加强

电子政务的发展势必促进政府工作流程和结构的变革。芬兰的建设成就表明两者密不可分，相互促进。而广东省道路运输信息化建设虽然取得了较大的成就，但对道路运输管理部门的变革推动力仍然不足，这与我国的管理体制有很大关系。但信息化能够建立一套统一的管理制度和管理规范，通过制度的变革也能推动政府内部的变革，广东省道路运输信息化建设仍需加强对规范的建立和维护方面的努力，推动政府内部改革，由此再来推动信息化建设。

（三）芬兰电子政务的启示和广东省道路运输信息化建设的努力方向

芬兰的经验表明，电子政务的建设要以“规划先行，需求为导向，业务为指导，服务为目标”的原则来展开。这对广东省道路运输信息化建设是大有启发的，也为广东省道路运输信息化建设提供了参考。其建设思想、建设重点和保障方法都给广东省道路运输信息化提供了经验和启示。通过学习和研究，我们将其精髓融入广东省道路运输信息化建设的“十二五”建设规划中。

1. 指导思想

省道路运输信息化建设继续坚持“整合、应用、服务、效益”的发展理念，建立政企互动、联合推进、互连互通、共建共享的建设模式，充分发挥省道路运政信息资源综合利用与共享的优势，以道路运输行业及公众服务等应用系统建设为重点，完善以往信息化建设的薄弱环节，提高公共实时信息服务能力，增强道路运输行业管理的科学性和协调性，发挥交通信息化在带动交通产业升级、构建现代交通化体系中的重要带动作用，促进道路运输行业持续、健康发展。

2. 建设原则

（1）全行业统筹规划，分类协调指导。从道路运输行业发展的全局出发，统筹规划和推进道路运输行业信息化建设，并按照“政府主导”和“政府引导”的推进方式进行分类指导，促进道路运输各类行业协调发展。

（2）坚持以需求为导向，突出建设重点。紧密结合行业发展、公众需求和政府履责的要求，重点建设交通行业监管、安全和公共服务中需求迫切、条件具备、效益明显的应用项目，以点带面、有序推进。

（3）整合资源，注重实效。充分利用省运政及行业信息化现有的数据资源，推进信息资源的整合与共享，加强区域合作实现业务协同，探索低成本、高效率的发展模式，提高行业信息化发展的质量和效率。

（4）政府搭台，企业应用。以建设“服务型政府”为指导原则，整合及构建面向行业和公众的服务平台，发挥企业建设信息化的主动性和积极性，使行业在生产、经营、管理、决策等方面提高效率和水平。

（5）节能减排，绿色服务。利用信息化技术促进道路运输行业的产业优化和结构调整，建设低碳环保、节能减排的服务型行业。

3. 建设目标

用五年的时间，重点实现在道路运输行业动态信息采集和挖掘应用、信息资源的整合开发与利用、道路运输行业规划及辅助决策和道路运输行业信息服

务等四个方面信息化建设的完善和突破，并进一步完善各种保障体系，全方位提升政府科学决策水平，增强行业规划、行业监管、应急处理和公众服务能力，全面提升全行业的整体运营效率。

4. 建设主要任务

广东省道路运输信息化建设的主要任务是开展重大信息化工程建设，引领和深化行业信息化领域的信息化应用，在做好现有系统的运行维护基础上完善道路运输行业信息化建设、基础设施建设和保障体系，提升道路运输信息化建设的可持续发展能力。

（1）主要重大信息工程建设包括行业运行状态分析和决策支持类工程、政企信息共享服务类工程、节能减排辅助工程类工程、区域物流公共信息服务类工程和道路运输安全监管和应急处置类工程五类工程共20个项目。

（2）引领和深化行业信息化领域的信息化应用，包括做好泛珠三角区域道路运输业务协同办理系统推广应用、公路客运站标准智能站务系统及联网售票推广应用、IC卡道路运输电子证件的全行业推广应用和IC卡道路运输电子证件的全行业推广应用四项工作。

（3）完善道路运输行业信息化基础设施建设和保障体系，包括做好省运政系统的运行维护、做好运政接入网络平台的升级改造和建立、完善道路运输行业数据中心三项工作。

六、结论

本文通过总结芬兰电子政务的建设成就和经验，结合广东省道路运输信息化建设实际，提出了“十二五”期间广东省道路运输信息化建设的总体规划，这是芬兰电子政务给我们的启示的重要体现，也是笔者在芬兰学习的主要成果。

参考文献

[1] 张继红. 芬兰信息社会概况、经验与启示［J］. 经济纵横，2005（12）.
[2] 海天. 欧洲8国电子政务调查报告解读［J］. 科技观察，2004（7）.
[3] 李章程. 欧洲电子政府的最新进展［J］. 信息化建设，2008（10）.

公共危机管理过程中的政府角色研究

林晓玲

一、研究的背景和意义

（一）研究的背景

1．重大事故频频发生，引发公共危机

近年来，各种重大事故频频发生，对社会公共生活与社会秩序造成严重影响，引发各类公共危机。由于城市化发展和人口的集中、科技的发展、环境的恶化、国际化和全球化的发展、恐怖主义、各种冲突、地区性的战争、政府政策和管理的失误等各种因素的相互作用，使得各种灾难和危机出现的可能性和概率增加，也使灾难和危机的危害程度扩大。

2．公共危机造成的危害严重影响社会发展

各种灾难和危机给社会经济、自然环境乃至政治所造成的负面影响是不可低估的。根据联合国国际减灾战略秘书处和一家名为灾难流行病研究中心的机构在日内瓦发表的 2008 年全球自然灾害统计报告显示，2008 年自然灾害造成的死亡人数和经济损失分别为 2000 年至 2007 年期间平均值的三倍和两倍。全球共发生了 321 次较大自然灾害，造成近 23.6 万人死亡，受灾人数达 2.11 亿，造成直接经济损失 1810 亿美元。统计还显示，从全球范围看，中等收入国家成为自然灾害导致经济损失的重灾区，而亚洲则是自然灾害导致生命损失最集中的地区，造成死亡人数最多的十个自然灾害中，九个发生在亚洲。任何国家和地区都不可能幸免于危机和灾难，只是受到影响的程度大小不同而已。

3．政府在危机管理中存在的问题

一直以来，中国是各种各样的灾难和危机出现频率最高的国家之一。从 2008 年的情况可窥一斑，2008 年，全国各类自然灾害造成直接经济损失 11752 亿元，比 2007 年增加四倍。其中，四川汶川地震造成直接经济损失 8451 亿元，全国因地震和生产安全事故死亡约 16 万人。由于各种天灾人祸的

不时发生，政府在经受应对和管理灾难和危机考验的同时，也积累了丰富的经验。然而，实事求是地分析，我国政府在应对各种各样的灾难和危机时所面临的挑战可谓十分严峻。2003 年非典型肺炎引发的公共卫生危机，明显暴露了我国政府在危机管理方面存在的欠缺。2008 年的汶川地震，中央政府应对得当，以高度集中的应急决策和指挥体制，动员社会力量，在短时间内形成举国救灾的态势。政府应急管理体制在这次抗震救灾中得到了一次实战检验。但同时，也对政府提出了新的问题，例如，如何更科学有效地协调专业救灾和社会救助，如何管理、使用、监督救灾捐助物资和款项，如何对重大灾害（包括次生灾害）加强事前的监控、预警、干预，等等。在地方层面，番禺区政府及广州市政府在应对因建设垃圾焚化场项目所引起的公共危机中所表现出来的蛮横、无理和推诿，突出了政府在危机管理中的角色缺失问题。危机管理中存在的主要问题包括政府官员和公共管理者的危机管理的意识比较弱，缺乏系统的战略和政策规划，缺乏组织化的保障，缺乏法制的保障，缺乏整合和协调的机制，缺乏有效的信息支持和信息沟通的机制，缺乏制度化的财政资源保障，缺乏有效的知识管理系统和支持系统，缺乏人力资源的保障，与国际和地区组织的合作机制有待完善，缺乏系统化和制度化的教育和训练机制，这些问题大大削弱了政府危机管理的能力。

（二）研究的意义

古人云：“危者，安其位者也；亡者，保其存者也；乱者，有其治者也。是故君子安而不忘危，存而不忘亡，治而不忘乱，是以身安而国家可保也。”可以说，灾害和危机的发生难以避免。但是，我们也应该清醒地认识到，虽然危机有其突发性，但大部分危机仍然是可以预防的；危机亦有很大的不确定性，但这种不确定性是可以通过管理来降低的；有些危机虽然不能避免，但危机的强度可以减缓，使之缩小或得到一定的控制；危机必然会有一定的危害或损失，但是危机管理可以尽可能地把危机造成的损失减小到最低限度；危机既有风险，也是机会——改善和发展的机会。本文通过研究危机管理的方式和方法，加强对危机的预防、准备、回应、重建，从而达到弥补政府危机管理角色缺失、提高危机管理能力，实现有效管理，减少危机对人类、经济、社会的不良影响的目的。

二、国外政府在公共危机管理过程中的定位经验借鉴

自 20 世纪公共危机开始成为各国关注的重点，发达国家将公共危机管理

机制建设作为国家工作的重点，并在应对危机的过程中，逐渐形成危机应对体系，建立了相应的危机管理机制。这些经验累积而来的措施和已然建立的机制在应对突发公共事件时，在挽救生命、减少损失、消除危机、恢复生活生产秩序等多个方面发挥了极为重要的作用。

（一）确立政府在危机中的主导地位，统筹协调

长期的实践，使多个发达国家建立了以首长负责为主的指挥系统。危机管理成功的关键在于建立一个权威、高效、协调的中枢指挥系统，这个系统不仅是一个国家最高决策层的战略决策效能和危机应变能力的体现，也是危机管理的核心决策者和指挥者。例如，美国在20世纪70年代建立的以总统为核心的危机管理机制，总统被赋予召开国家安全委员会讨论危机形势的权力，也拥有组织高层工作班子作为其决策顾问的权力。同样，日本也有类似的机制，即由内阁总理大臣充当危机的最高指挥官，由内阁官房长官负责整体协调和联络，通过安全保障会议、中央防灾会议等决策机构制定危机对策，由国土厅、气象厅、防卫厅和消防厅等部门负责组织实施。

（二）做好预防措施，设立危机管理的常设机构

政府部门作为危机管理主导者，需要建立常设机构以做好危机预防工作。20世纪70年代后，很多发达国家开始设立以防灾减灾综合管理为目的的国家公共安全管理机构，担负起预防公共危机、培养公民危机意识、综合协调紧急事务的责任。英国的应急防灾机制由中央和地方共同建立。政府各个部门根据自己的工作职责和部门特点制定不同的预警防灾体系。一旦发生危机事件，各有关部门可立即启动自己的应急机制，并由其他相关部门予以配合和支持。遇到重大灾害，英国政府会调动所有应急机制，从海、陆、空提供全方位的急救和支援。2001年，英国政府设立了非军事意外事件秘书处，作为内阁办公室用以协调各个部门、应对紧急事务的专门机构。英国还建立了意外事件规划学院，专门从事英国应急理论、应急措施、跨部门协调应急行动的研究。另外，英国政府专门设立了一个非军事意外事件委员会，由内政大臣担任主席，与内阁办公室的意外事件秘书处保持密切的工作关系。通过改变原来各职能部门在应对危机时各自为政的分割局面，从而优化配置各部门的资源，降低成本，提高效率。

（三）明确责任，健全危机管理的法律保障

通过立法明确各方责任是许多国家成功实施危机管理的典型经验。在法律

的框架内治理各类公共危机，能够更好地减少人民的生命和财产损失，更快恢复正常的社会秩序。实现有法可依，是政府各部门在非常时期行使紧急权力的保障，也是依法行政的保障，更是保护公民权利不受侵犯的重要条件。美国是世界公认的法制国家，对于通过立法来界定政府部门的职责和权限十分重视。据不完全统计，美国政府先后制定了上百部与应对紧急事件相关的法律法规。

（四）加强与媒体沟通，做好信息传递工作

与媒体加强沟通，及时准确地传递危机中的各类信息，对解决危机具有重要意义。在应对突发性公共事件时，政府应着力加强与媒体的良性互动，从而使媒体成为传播决策的重要途径、成为公众获取信息的主要渠道和民众与政府官员沟通应对危机的桥梁。可以说，媒体在一定程度上就是政府发布危机信息的代言人，媒体的报道会对政府的危机管理形象具有非常强的影响力，甚至可以说是一只塑造政府形象的无形的手。如何妥善利用媒体的力量，树立政府的良好形象，是应对危机的重要环节。例如，英国非常重视政府部门在突发事件中与媒体沟通协调的能力。根据政府规定，各有关部门在发生危机时，有义务及时、准确地为媒体提供信息。政府与媒体间签订了协议，明确在发生突发公共事故时，政府有权中断节目，播报危机信息并为公众提供安全指引。如果发生的危机事件涉及多个部门或地区，各部门以及相关机构应通过协商，然后共同发表涉及危机的说明。政府也要求各部门应该做好必需的准备工作，将与媒体的合作作为紧急反应计划的重要内容，并对本部门负责媒体事务的官员进行专门训练，包括本部门的所有员工，都应该明确在发生危机时如何面对媒体的询问。

三、政府在危机管理过程中的角色定位

（一）公共危机以及公共危机管理的定义

关于公共危机的定义，因研究学者的背景、认知、分析架构及参照系统各异，学界没有一个非常明确或统一的说法。美国著名的危机管理专家福斯特认为，危机具有四个显著特征，即迫切需要迅速作出决策、严重缺乏必要的训练有素的员工、缺乏必要的物质资源和充裕的时间。赫尔曼认为危机是一种情境状态，在这个情境下，决策主体的根本目标受到威胁，而拥有改变决策的反应时间极短，这种情境的发生完全出乎决策主体的意料。内森塔尔和皮内伯格提

出危机是指具有严重威胁、不确定性和让人有危机感的情景。国内学者也有自己的见解。著名学者薛澜认为危机是不利情景的汇聚，是潜在的各种社会矛盾或社会问题积聚乃至激化后的一种表现形式，非自然的公共危机可以定义为冲突的人群试图用非常规或极端的方法，迫使有关政府部门解决没有预见或长期无力解决的问题。朱德武认为危机是事物即将发生质变和质变刚刚发生但仍未稳定的状态，而且这种质变将会给组织或个人带来严重的损害。张成福认为，危机就是紧急事件或紧急状态，危机的出现和爆发严重影响了社会的正常运作和社会稳定，对人们的生命和财产及对环境、经济造成的威胁、损害超过了政府和社会的常态管理能力。综上所述，公共危机就是需要在短时间内处理的紧急状态或紧急事件，这种状态或这个事件将对国家和社会的正常运行秩序，甚至对人民群众的生命财产安全、国家安全造成威胁。公共危机的基本特征是破坏性、突发性或者不确定性、紧迫性和公众性。

危机管理理论在西方已经有较为成熟的研究成果。公共危机管理，也被称为政府危机管理，是一个动态的处理过程，具有组织性、计划性和持续性；也指政府和其他社会组织，通过收集信息、分析信息、制订计划、制定措施、作出决策、化解危机，以及事件结束后的经验总结和自我诊断，从而达到防止可能发生的危机或者控制已经发生的危机，并最终实现维护公共安全、保护公民的人身和财产安全的目的。实施公共危机管理时，必须坚持的原则主要包括：时间性原则、效率性原则、协同性原则和科学性原则。

公共危机具有多样性和复杂性的特点，而公共危机的研究者研究角度各异、出发点不尽相同，因此公共危机管理的分类是依据不同标准来划分的。按公共危机的影响范围分类，可以将公共危机管理划分为全球性危机管理、地区性危机管理和局部性危机管理。按照公共危机的性质分类，可以将公共危机管理分为自然灾害危机管理、政治危机管理、经济危机管理和社会危机管理等。

突发公共事件，是指突然发生，造成或者可能造成重大人员伤亡、财产损失、生态环境破坏和严重社会危害，危及公共安全的紧急事件。在我国，按照《国家突发公共事件总体应急预案》，将突发公共事件分为自然灾害、事故灾难、公共卫生事件和社会安全事件四大种类（如表1所示），对应的是自然灾害危机管理、事故灾难危机管理、公共卫生事件危机管理和社会安全事件危机管理。按照突发公共事件的性质、严重程度、可控性和影响范围等因素，分为特别重大（Ⅰ级）、重大（Ⅱ级）、较大（Ⅲ级）和一般（Ⅳ级）四个等级。

表1　突发公共事件的分类

种　类	项　目	细　类
自然灾害	水旱灾害	江河堤防决口、洪水泛滥、严重干旱
	地震灾害	
	气象灾害	暴雨、台风、冰雹、龙卷风、沙尘暴
	地质灾害	山体崩塌、滑坡、泥石流、地面塌陷
	海洋灾害	风暴潮、巨浪、海啸
	生物灾害	暴发病虫草鼠害、有害生物暴发流行、转基因生物灾害
	森林草原火灾	严重森林草原火灾、居民点原始森林火灾、境外火场造成重大威胁
事故灾难	安全事故	生产交通运输严重事故、电力通信信息网络金融支付和清算系特种设备事故、供水燃气中断、坠机撞机
	环境污染和生态破坏事故	严重水污染、严重环境污染和生态破坏、危险化学品严重泄漏、严重放射性污染
公共卫生事件	重大传染疫情	肺鼠、肺炭疽或“非典”、人禽流感
	特大传染疫情	
	重大动植物疫情	口蹄疫、高致病性禽流感
	特大动植物疫情	
	食品安全与职业危害事件	
社会安全事件	重大群体性事件	金融挤兑、围攻党政机关、阻断交通、非法集会游行示威、高校重大聚会、境外背景非法宗教活动、资源争议、市场混乱
	重大刑事案件	杀人绑架抢劫、走私诈骗、劫持、危害性材料被盗、物种灭绝危险、重大毒品案、盗窃国家秘密、破坏网络传输系统、涉外重大刑事案

（二）政府在公共危机管理过程中的角色定位分析

一般情况下，政府的职能主要有：依据法律规范行使的执法行为，非常规性例外事务处理和规划发展。危机管理属于非常规性例外事务处理的范畴。政府在公共危机管理中的作用在于防患于未然，应急于事发，搭建沟通协调平

台，沟通媒体，收集发布信息，提供应急保障，调动一切力量，善后和重建，以及监督审计等。如何履行好职责，政府必须准确定位自身在公共危机管理过程中的角色。

1. 公共危机管理的预防员

构建危机预警系统，防患于未然是处理公共危机的最佳方式。公共危机管理重在“防”，政府在危机管理中所充当的首先是预防员的角色。其职责在于预防公共危机的发生，既要发现危机的存在，又要善于发现可能引发公共危机的各种原因、危机发生的预兆乃至可能引发危机的隐患，从而提前采取措施，防止扩散。为此，政府应着力构建应对现代危机的预警系统，建立应对预案，在危机发生之前先将局面控制住，提前发出警报，将损失尽量减少。此外，政府还应将演习和模拟训练作为日常工作的一部分，提高政府和公众的危机意识及应对危机的能力。

2. 公共危机管理的信息员

在通信技术高度发达的现代社会，掌握信息就等于掌握了事件的关键，就等于掌握了整个社会、公众生存与发展的基础。在危机的先兆阶段，相关部门如果能够及时获取信息、准确分析信息、适时发布信息，将信息管理贯串于公共危机管理的始终，对从容应对危机、掌控全局具有重要的意义。在危机发生前，利用自身的网络收集信息，分析潜在影响，进而对诱因加以防范和疏导，力争将危机消灭在萌芽状态。发生危机后，展开全面的信息收集，充分掌握应对危机的资料，使应对措施更有针对性和实效性。危机结束后则要加强信息的汇总跟踪，为做好危机所造成的损失进行评估提供信息支持，为做好善后处理提供数据依据。

3. 公共危机管理的宣传员

危机发生后，在情况尚未明朗、信息不完整时，极易导致人们的主观猜测，产生种种传闻。应该恰当地选择媒体，尽可能及时、准确、全面、客观的发布信息，宣传事态发展现状和问题解决进度，一方面保障公众的知情权，另一方面减少流言和谣言的传播及其产生的负面影响，避免出现不利的舆论导向。履行宣传员的职责，还包括在危机未发生前的宣传工作，通过宣传培养公民的危机意识，提高公民抵抗危机的能力。长期处在稳定的社会环境中会降低人们的危机意识，对危机缺乏敏感性。培养公民的危机意识，提高公民抵抗危机的能力是实施有效危机预警和危机防控的基础。政府部门应将应对各种突发事件的基本知识作为公民素质教育的一项重要内容。另外，在实施公共危机管理的过程中，为避免谣言影响政府形象和决策，争取更多的公众支持与信任，及时发布信息十分必要。

4. 公共危机管理的消防员

政府部门是公共危机管理的主体，换言之，就是扑灭公共危机这场大火的消防员。公共危机具有突发性、紧迫性、社会性等特点，这些特点要求政府在危机发生后马上进入角色，采取一切措施“灭火”。假如不能及时控制局势，任由危机蔓延发展，则危机所造成的损失势必倍增，危机的态势也将难以控制。美国管理学专家福斯特曾经说过，快速反应是公共危机管理的首要特征。作为消防员，政府必须在危机发生的第一时间作出决定、迅速反应，启动应急预案，掌控危机管理各要件。同时展开紧急救援，调动一切可以调动的社会力量和资源，疏导危机，及时公布危机状况和发展态势，以及目前已经采取的应对措施和落实情况，尽力减少危机可能造成的损失。

5. 公共危机管理的协调员

公共危机通常涉及面较广，投入危机管理的政府部门或社会组织不可能单打独斗。实施公共危机管理的过程，既有可能是部门之间的横向合作，也有可能是上下级系统内的纵向交流，还有可能是不同地区间的区域合作。这就要求政府在处理危机时，要充分发挥协调员的作用，沟通各方，有效地调动人力、物力资源，避免浪费，避免因沟通不足造成损失，避免由于协调不够引发责任不清、互相推诿的情况出现。当好协调员，应在建立健全法制法规的基础上，明确各部门的职责与权限，避免行政不作为，避免滥用职权，为实施公共危机管理提供法律法规保障。此外，通过沟通协调，也有利于充分调动和发挥各种社会力量，包括企业、非政府组织，乃至公民，共同参与到公共危机处理中来，发挥他们应有的作用。

6. 政府是公共危机管理的善后处理者

在危机得到有效控制后，政府的角色也随之发生变化，成为善后处理者。此时政府的工作重心开始转向善后处理环节，通过解决或控制相关的、对局势发展具有较大影响的社会问题，达到巩固危机管理成果的目的；同时总结经验，对实施危机管理在技术、组织和程序运作上提出新的改进意见，调整危机管理举措。一是及时做好善后处理工作。通过科学规划和合理配置资源，有步骤地开展灾后重建工作，促使社会组织和社会人员尽早摆脱危机状态，转入正常的生活生产状态。二是对危机结果进行评估。全面、准确、公正地对危机造成的损失以及政府在此次危机应对中采取的措施进行评估，对于提高工作效率，更好地应对危机具有重要意义。三是对危机后遗症进行诊断，及时作出处理，解决问题。主要包括：危机后的社会心理救助、危机后的社会结构调整以及危机后的组织机制调整。通过建立健全精神和心理救助机制，提高公众的心理承受能力，从而加快实现社会的全面恢复。每一次危机的发生，对政府的运行机制都是一次全新的考验，在实施危机管理的过程中，管理体制中存在的种种问题也会随之暴露。危机解决后，应根据新的情况、新的环境要求，对机制提出改进意见，完善健全机制。

四、完善公共危机管理中政府角色的对策分析

如何准确定位政府在公共危机中的角色，弥补、完善公共危机事件中的政府角色缺失，是更好地实施危机管理的前提，危机事件一般都有一个特定的生命周期，无论是怎样的危机，都有发生、发展和减缓的阶段，而在不同的阶段需要采取不同的应对措施。按照三段论划分，公共危机管理可以分为危机前的防范期，危机中的认知、抑制与复原期以及危机后的复原与学习期。我国政府部门倾向于将危机事件划分为预警期、爆发期、缓解期和善后期四个阶段。

（一）政府在公共危机管理预警期的角色定位

预警期主要指的是危机发生的初期，已经出现危机征兆。在这个阶段，实施危机管理的主要任务是防范事件的发生，尽可能地控制事态发展。危机管理预警是政府在公共危机管理中首先要解决的难点，应该建立危机管理预警机制，明确政府就是危机管理的预防员的角色定位。预警机制的构建主要包括以下几个方面：

1. 制定危机管理预案，建立危机处理中心

在危机没有发生的时候，就应该未雨绸缪，有针对性地制定应对不同危机的管理预案。在俄罗斯，负责应对危机的是俄联邦民防、紧急情况与消除自然灾害后果部，也叫紧急情况部，专门负责民防以及在发生紧急状况时为受害者提供紧急救助，最大限度地减少灾难带来的损失。除了救灾，紧急情况部还要负责教育国民如何应对突发危机。我国独立常设的危机管理协调中心被称为应急办。“非典”之后，全国各地政府陆续成立了类似的应急管理机构，2008年，国务院应急管理办公室正式成立，结束了我国原来在灾害发生后由临时成立的工作组来统筹协调应付危机的状况。应急机构的成立，保证危机管理工作的及时性和连续性，实现了政府危机管理的科学、规范、有序。

2. 收集危机信息，畅通渠道，掌握主动权

掌握全面、准确的信息对于危机管理至关重要。在危机管理的预警体系中，应该建立起信息收集网络，多渠道、全方位的将完整、真实的信息收集起来，进行汇总、分析。并将可能引发危机的信息、与正在发生的危机事件相关的信息、危机事件发展的态势情况等信息通过已经建立起来的高效、快捷的信

息网络，传送给危机指挥中心或危机事件的相关部门，从而为危机的处理提供可靠的信息来源，保证危机信息的时效性、准确性和全面性。

3. 强化危机风险评估，建立专家库，科学预测危机

危机风险评估是危机预警阶段的一项重要工作。在收集信息的基础上，对信息加以分析、分门别类，鉴别信息，从而全面清晰地掌握情况，并准确地对各种可能发生的危机进行预测，捕捉信息中隐藏的危机征兆，通过对现有信息的评估对未来可能发生的危机类型、影响范围及危害程度作出估计。对危机进行监控，掌握危机的变化情况和最新的信息，监测公共危机发生的概率，分析危机可能引致的负面影响，科学作出预测和预警。必要时，从事风险评估的机构或专家可以向决策者建议发出危机警报乃至启动危机处理程序。1997 年，俄罗斯的紧急情况部成立了紧急情况检测和预测机构，对可能发生的紧急情况进行预测并采取预防措施，将危险堵在源头。另外，建立专家库，收录所有危机可能涉及领域的专家资料，在案例发生的初期，也就是预警期阶段，就可以马上调出相关的专家信息，通过专家论证为项目的设定提供科学基础，同时，也可以请专家对已收集的资讯进行分析、作出判断，为政府更好地处理公共危机提供有效参考。

（二）政府在公共危机管理爆发期的角色定位

在危机的爆发期，事件已经进入紧急阶段，此时，政府的主要任务是快速作出反应，及时控制危机事件并防止危机蔓延。在这个阶段，政府的角色定位最为复杂，应该在建立完善的决策机制、资源配置与保障机制以及新闻发布机制的基础上，当好消防员、协调员、信息员和宣传员。

1. 完善决策机制，及时灭火，解决危机，当好危机管理的消防员

危机决策通常是在非正常状态下作出的决定，必须有特殊的决策机制，也就是说，应该有特定的人和特定的组织参与决策、履行危机决策的职责，并且有规范这种决策行为的法律制度保障。我国的政府机关享有很高的权威，在应对危机时具有一定的优势。“非典”事件以后，各级政府和部门开始关注危机管理的决策机制建设，到 2006 年，国务院发布《国家突发公共事件总体应急预案》（以下简称“总体预案”）。明确了各类突发公共事件分级分类和预案框架体系，规定了国务院应对特别重大突发公共事件的组织体系、工作机制等内容。2008 年，国务院办公厅成立了应急办公室。至此，危机决策的特定组织和特定人员都比较明确。基于危机的非常态，通常有几个特点，即事态严峻、时间紧迫、信息不充分、资源有限，因此在危机决策中，应注重集中权力，使决策能够得到有效执行；优先考虑结果，不拘泥于具体的执行形式；强制执

行，以期达到调动一切可用资源、尽快解决问题的目的，哪怕会暂时损害一部分人的利益。在作出决策后，政府部门就应该将注意力集中在解决危机上，通过各种方式，减少损失，降低危害性，并最终解决危机。

2. 协调各方，合理配置资源，当好危机管理的协调员

危机的发生，通常涉及多个部门、多个地区甚至多个国家。此时，政府部门的职责更多的在于发挥协调作用，合理调配资源，保障资源的有效运用。首先，危机发生时，政府应该运用手中掌握的权力组织和调配全社会的人力、物力、财力，以最短时间实现对社会资源的最大整合，通过强化自身的风险管理能力，在危机中有效整合、调配资源，控制好危机成本。其次，危机发生时，政府应该协调各个职能部门，搭建沟通平台，避免出现各自为政、多头对外、口径不一的情况。通过协调，统一、合理、有效调配政府各部门所掌握的资源，确保预防和控制危机的计划和各项配套机制能够实施到位并发挥有效作用，确保政府部门在实施危机管理的同时能够继续发挥正常社会管理职能。通过协调，也可以达到互通信息、更全面掌控事态发展情况的目的，改进工作方案，提高效率，更好地解决危机。

3. 加强宣传力度，及时发布信息，构建公共危机新闻发布制度

当今世界，全球化程度高、信息传播空前迅捷，进一步强化了政府在公共危机管理中的宣传员和信息员角色认知，实现危机新闻发布制度的规范化、制度化，及时准确地发布信息，对于妥善处理危机具有重要的意义。做好这两项工作，应该将事情办在前头，提高公众的危机意识。长期居于和平年代，危机意识的缺乏，必将导致在发生危机时人们不知所措，极易陷入恐慌，加大了危机管理的难度。作为危机的管理者，政府应该通过进行危机应对训练和危机发生演习等方法，提高公众的危机意识；同时，运用宣传手段大力普及危机应对知识，让公众掌握正确应对危机的方式方法。

提高公众的危机意识固然重要，强化政府的危机意识也必不可少。实现有效的危机管理，需要的不仅仅是公众的危机意识，更重要的是危机的管理者——政府的危机意识。政府部门应该对危机管理的重要性有清醒的认识，对危机的危害性有充分的认识，不能存在侥幸心理或者麻痹大意的思想。

4. 畅通渠道，及时发布信息，满足公众的知情权

出现重大危机时，人们因生命和财产安全受到威胁而产生恐慌情绪，这种情绪会因无法得到与危机相关的信息而不断蔓延。假如人们不能从正规渠道获得充分的信息，心中的紧张和压力就会加大，各种各样的猜测势必引发更大的恐慌。所以，及时对外发布信息是制止流言的最佳方法。实际上，在这个信息流通高度发达的社会，妄想采取封锁信息的手段来隐瞒事实真相是不可行的。

杜绝谣言的唯一办法就是建立公开、权威的信息发布渠道，及时、全面、准确地发布事实真相，实现信息对称，从而提高政府工作的透明度，树立良好的政府形象。

（三）政府在公共危机管理缓解期和善后期的角色定位

危机的缓解期是一个相持的阶段，应对得当，转危为机，应对错失，则会导致危机进一步恶化。在这个时间段，最重要的任务就是保持应急措施有效并尽快恢复正常的生产、生活秩序。危机的善后期指的是危机已经得到有效解决的状态。此时，政府的任务就是要对整个危机管理的过程进行评估，总结经验教训，从危机中学习，为以后的工作积累经验。在这两个阶段中，政府的主要角色都是善后处理者。

1．恢复重建与心理救助

善后处理的内容广泛，不仅要使得社会财产和基础设施等生产生存的必要条件得到恢复，还要帮助社会群体恢复正常的心理状态。首先，尽快开始灾后重建工作。危机的发生破坏了社会稳定，使得社会整体或某个局部出现失衡和混乱，随着危机的缓解和解决，人们对于恢复正常的生活、生产秩序有迫切的需求，此时，政府的职能就是帮助受灾人民尽快进入恢复重建阶段，争取早日恢复正常的秩序，帮助人们树立重新开始生活的信心。其次，是对危机后遗症的处理。危机发生带来的各种困扰和遗留下来的问题，对于公众的身心健康有很大的影响。实施灾后的心理救助，通过采取各种策略和措施，抚平受灾群众的心灵创伤，让他们尽快恢复心理和生理健康，恢复对生活的信心，是政府部门善后处理的重要工作内容。最后，做好善后沟通工作，提升政府在公众心日中的形象。尽管大多数时候，政府不是诱发公共危机的原因，但是危机所带来的伤害，让人们对政府的管理能力产生怀疑。在危机结束后，政府的一项重要工作内容就是做好与公众的沟通工作，提出在今后工作中改进的方向和将要采取的措施，促使公众恢复对政府的信心。

2．独立调查与风险评估

这两项工作既是政府部门的职责所在，又必须独立于政府系统之外。一般说来，在危机后期，政府应请第三方权威机构对整个危机管理过程进行调查，明确危机产生的诱因，汲取危机管理的经验教训，审视政府部门体制中的不足，评价此次危机管理的成效，并提出有针对性的建议。这种调查结果是应该向公众公布的。目前，我国尚未建立类似的调查制度，主要原因是缺乏权威的第三方机构。在独立调查不可行的情况下，作为危机的管理者，政府有责任对自身的管理过程进行有效评估。这对于理清工作思路、发现不足、改进工作方式方法，从而最大限度地避免发生或减少危机所造成的损害不无裨益。

3. 总结经验，构建完善的法律体系

解决危机的最大成果，除了挽救生命、挽回损失，更重要的一点就是积累经验，为以后的危机应对工作提供参考。从我国政府在应对公共危机的过程中可以看到，法制法规的缺失为危机的妥善处理增添了不少困难。依法行政是政府实施有效管理的依据，危机管理是政府的职能之一，当然也应依法进行。公共危机管理在西方国家取得成功的经验之一，就在于他们已经构建起较为全面的公共危机管理法律框架。发生公共危机时，政府应该做什么、可以做什么，公民应该做什么，其他的社会组织应该做什么，都有法律依据，都在法律中有明确的规定。例如，俄罗斯《事故救援机构和救援人员地位法》就规定了，在发生紧急情况时，联邦政府可依据该法协调国家各机构与地方自治机关、企业、组织及其他法人之间的工作，并规定了救援人员的权责。目前，我国已经颁布实施的与公共危机管理相关的法律法规有《中华人民共和国戒严法》、《突发性公共卫生应急条例》、《中华人民共和国传染病检疫法》等，但总的说来，法律制度、法律体系仍不完善。因此，政府部门应该根据我国发生的公共危机的特点，着手建立信息畅通、指挥有力、反应敏捷、责任明确的应急法律制度，明确各级政府在危机处理中的责任，用法律法规的手段来促进政府部门的危机管理能力。

参考文献

[1] 段秀杰. 国际在线报道 [EB/OL]. http://news.sina.com.cn/w/2009-01-22/211917 098736.shtml, 2009-01-22.

[2] 国外公共危机管理经验. 交通企业管理 [J], 2009 (2).

[3] 王德迅. 国外公共危机管理机制纵横谈 [J]. 求是, 2005 (10).

[4] 徐春昕. 应急防灾，各国自有办法 [N]. 环球时报, 2005-09-16.

[5] 张维平. 英国媒体在突发公共事件的有效传播 [J]. 中国广播电视学刊, 2006 (2).

[6] 薛澜. 危机管理：转型期中国面临的挑战 [M]. 北京：清华大学出版社, 2003.

[7] Rosenthal Uriel, Charles Michael T, et al. Coping With Crises: the Management of Disasters, Riots and Terrorism. Springfield: Charles C. Thomas, 1989.

[8] 朱德武. 危机管理——面对突发事件的抉择 [M]. 广州：广东经济出版社, 2001.

[9] 张成福. 公共危机管理：理论与实务 [M]. 北京：中国人民大学出版社, 2009.

[10] 全国干部培训教材编审指导委员会. 公共危机管理 [M]. 北京：人民出版社、党建读物出版社, 2006.

政务公开透明对有效实行公共管理的保障作用

代晓玲

我国政务公开实施过程中存在着缺乏科学规范的保障机制，需要进一步完善体贴入微的公共服务体系，要通过创新政务公开技术和管理机制、借鉴国外先进经验、完善我国机制制度、政务公开监督主体、建立有效的考评制度等措施，不断深化政务公开，促进服务型政府的建设。自改革开放以来，我国不断加强民主法制建设，推行政务公开。为促进服务政府、责任政府、法治政府、廉洁政府建设，提高依法行政和政务服务水平，中共中央办公厅、国务院办公厅就深化政务公开、加强政务服务印发了《关于深化政务公开加强政务服务的意见》，提出深化政务公开、加强政务服务，对于推进行政体制改革、加强对行政权力监督制约、从源头上防止腐败和提供高效便民服务，具有重要意义。芬兰的一整套完整的法制民主和政务公开体系以及由此形成的透明、廉洁的公共管理体系值得借鉴。

一、高效的公共管理要求建立健全有效的政务公开体系

政务公开的实质是权力行使公开，是实现向“服务型政府”、“阳光型政府”转变的有效途径，是践行科学发展观、贯彻以人为本思想的重要体现。因此，政务公开的推行是实现政府职能部门与公众信息沟通的桥梁，也是公权公用、公平公正的象征。针对目前政务公开过程中出现的问题，建立健全有效的政务公开体系至关重要。

（一）运用先进通信技术，进一步完善政务公开管理机制

以现代网络信息技术为依托，大力推进政务信息网上公开和在线服务，不断拓宽政务公开的渠道和载体，为群众提供更为快捷、优质和高效的服务，使政务公开由“政府公开什么，群众看什么”向“群众想看什么，政府就公开什么”的方向转变。

一是建立政府网站群和公务内网。以各级政府部门为中心，各职能部门为

辐射圈，各单位网站与政府网站相链接，形成省、市、县（区）三级政府部门网站群，按照《政府信息公开条例》要求，设立政府信息公开栏，便于公众及时了解相关信息。同时，不断创新电子政务工作的方式方法，建成省、市、县（区）三级政府部门公务内网，统一公文交换平台，开发使用各类电子政务应用软件，提高行政机关办事效率，整合资源，节约行政成本。

二是以网络信息技术为平台，以完善电子政务为载体，强化电子政务服务水平，方便群众办理相关事务。借鉴其他城市的经验，将“外网政务大厅”与“内网应用服务平台”对接，形成“外网受理、内网办理、外网反馈”的机制，实现网上办公与服务。各职能部门及责任人开通短信提醒、电话通知系统，自动反馈事务办理情况，申办人亦可在网上及时查询申请事项办理的最新信息。

三是畅通政府与群众沟通互动渠道，让群众享有充分的知情权、参与权和决策权。依托省、市、区（县）三级政府网站群，实行重大决策网上公示征询意见制度，成立网络舆论反馈小组，由专人负责网上留言的整理、汇报和答复工作。如城市地铁建设、新区开发、快速公交等重大规划和建设项目，决策前都应在网上公示，向市民征求意见和建议。

（二）充分借鉴适合我国国情的国外先进经验，完善政务公开制度

国外关于政务公开的实施较早，18 世纪瑞典即颁布了政务公开的相关法律，美国于 20 世纪 70 年代相继出台《隐私权法》、《情报自由法》、《阳光下的政府法》三部法律，是目前世界上较为完备的政务公开法律制度。结合我国政务公开现状，可以借鉴的经验如下：

一是规范政务公开的实施机关。美国《情报自由法》规定，联邦行政部门、军事部门、政府法人、所有独立委员会等机关都要实施信息公开。其他国家如法国、韩国等规定的政务公开实施主体都不限于行政机关。结合国情，我国政务信息公开的实施主体也应包括与群众生产生活关系密切的公共组织和国有企业，如电信、供水、供电、教育、医疗卫生等行业。

二是完善政务信息公开的内容。美国以三种方式公开相关文件：行政机关制定的所有政策法规和法律解释、职能部门行政行使过程中的相关信息、依据公众申请公开的信息。目前，我国政务信息公开内容已基本涵盖以上三个方面，但依据公众申请公开信息，还需要逐步加以完善。

三是扩大政务信息公开的范围。各国的政务信息公开制度中均体现了免除公开的范围，如涉及外交、军事、个人等方面信息，若泄漏会导致严重危害情况发生的事项可以不予公开。我国在《信息公开条例》中有明确规定，关键

是各级政府和职能部门在政务公开范围的把握上必须严格审核，避免该公开的不公开、不该公开的公开等类似问题。除外交、军事、商业机密、个人隐私等方面的内容外，其他的都应该公开。

（三）通过完善监督主体，进一步促进政务公开

完善监督体系，实现多个主体参与的全方位监督，是政务公开持续健康发展的保障。在以党委政府领导、纪检监察机关为主的监督体系下，不断扩大依靠倚重群众参与监督的比重，充分发挥大众媒体、网络的有效监督作用，“郭美美事件”就是一个很好的例证，该事件开启了我国红十字会的改革，是群众监督的极好范例。政务公开的监督主体既要突出重点，也要涵盖全面。

一是加强层级监督。各行业各部门在做好本身政务公开工作的同时，还要督促下属单位做好政务公开工作，严格落实一把手责任制。

二是加强专门机关的监督。各级纪检监察机关应把政务公开的考核结果作为落实党风廉政建设责任制、建立健全惩防体系的一项重要内容，量化考核指标，核定考核等级，并公开发布。

三是加强立法机关的监督。通过各级人大代表视察政务制度、提案制度、特邀督导员制度进行监督，督促政务公开工作。

四是加强社会的监督。新闻舆论被称为制约权力的第四种权力，要充分发挥舆论监督的作用。

（四）建立有效的考评制度

要制定政务公开的考核办法和考评细则，量化考评标准，为政务公开的评价奖惩提供参考。同时，明确政务公开的纪律责任，制定处理依据和标准，使责任追究有法可依。政务公开的考核办法可采用自查与抽查相结合、平时检查与年终检查相结合的方式进行。考核结果的运用要扎实，考核办法的执行要做到客观、公正，不敷衍、不舞弊。

二、我国政务公开的现状与芬兰政务公开做法的比较

（一）政务公开首先要推行行政决策公开

在芬兰，所有涉及国家、公众的重大事务依法进行民主讨论、决策，定期每周一次的例会，议员们进行广泛充分的讨论，例会整个过程所有公民甚至外国公民都可以在现场旁听，这种做法无疑达到了决策公开的极高境界。广东省

也正在建立健全体现以人为本、执政为民要求的决策机制，逐步扩大行政决策公开的领域和范围，推进行政决策过程和结果公开。对涉及群众切身利益的所有方面，小到水费定价、大到城市规划，都在决策前以各种方式广泛征求群众意见，并以适当方式反馈或者公布意见采纳情况。完善重大行政决策程序规则，把公众参与、专家论证、风险评估、合法性审查和集体讨论决定作为必经程序加以规范，增强公共政策制定透明度和公众参与度。

（二）政务公开要推进行政权力公开透明运行

在芬兰，国家行政部门自由裁量的权力十分有限，主要是依法办事。在我国，正随着经济社会发展的要求，逐步完善制定规范的法律规章，全社会按照法律规范监督各职能部门，最大限度地保证依法行使权力，推进行政权力运行程序化和公开透明，确保行政机关和公务员严格依照法律规定的权限履职尽责。按照职权法定、程序合法的要求，依法梳理审核行政职权，编制行政职权目录，明确行使权力的主体、依据、运行程序和监督措施等，并向社会公布。

（三）政务公开要深入实施政府信息公开

首先，在经济社会中，政府的预算和决算的透明是极其重要的。芬兰的国家年度预算严格按照职责、工作绩效制定，并在国会公开讨论通过，公布在国际互联网上，任何人都可以查看，高度透明；由于工作调整需调整预算时也必须经过议会同意，最大限度地保障了资金使用合理、科学、高效。我国的政府信息公开从各级政府、部门公开网站的建立上可见该项工作的推进力度。更重要的是除上海市外，广东省也率先实行预算公开的做法，得到了社会各界的充分肯定。当前，行政机关公开“三公”经费的举措也在全面推进。各级机关严格执行政府信息公开条例，主动、及时、准确公开财政预算决算、重大建设项目批准和实施、社会公益事业建设等领域的政府信息。对公开的内容要求做到详细全面，逐步细化到“项”级科目。其次，在建设和谐社会、幸福广东的过程中，抓好重大突发事件和群众关注热点问题的公开尤为重要。我国人口众多，以互联网、移动通信为代表的通信技术广泛使用，联络到村村寨寨、每一个人。对公共事件的及时、准确、客观、权威公布是维护大局的必然要求，也可通过及时回应社会关切，正确引导社会舆论，维护社会安定团结。

（四）政务公开要深化基层公共服务的公开

在芬兰，公共服务的所有方面都是规定明确、真实可信，大的方面如税收制度，无论是公司税还是个人税规定都简单明了。就个人税收而言，税务局会

定期将每一个人的收入、支出的每一项目列出，分门别类，哪些应该不计税，哪些可减税，应该交多少税，一张总单寄给个人，清晰易懂，纳税人不必自己费心计算，也避免了错漏的情况。小的方面，国家给家庭的婴幼儿出生补贴都列举得十分细微，如看护费、牛奶费等，有的费用少到每月只有2欧元也列举出来，并且送到家，无须繁琐的手续和四处奔走办理。我国基层街道、村委会也正逐步地实现公共服务的透明性和有效性。以街道办事处为例，上海、北京和广东在社会保险、市民服务方面走在全国先进行列，各项制度规定已十分规范，办事程序和要求明确、规范、公开、透明，但还有待进一步简化手续，以便更加简单便捷。

三、政务公开的目的是促进服务型政府建设

社会主义市场经济是法制经济，依法治国和以德治国是建设中国特色社会主义的重要方略。新世纪、新阶段全党和全国人民正在全面推进小康社会建设，进一步扩大改革、促进开放仍然是时代的主旋律，不断深化经济体制和政治体制改革，建立与经济体制相适应的社会民主政治依然是现时的最强音；而民主政治的重要一环就是不断完善各级政府的体制和机制，实行政府职能转变，由微观管理向宏观管理、政策引导、服务型转变。

推进政务公开工作是贯彻落实科学发展观、构建社会主义和谐社会的重要内容。政务信息公开的深化是架起政府、职能部门与广大群众之间的“连心桥”，对深化经济社会体制改革，落实依法行政，做到立党为公、执政为民效果明显；对依法保障公民的知情权、参与权、表达权、监督权作用显著；对化解社会矛盾、调处社会纠纷、维护社会公平正义，促进社会和谐与稳定有重大意义。因此，应高度重视政务公开，做到制度化、规范化、科学化、法制化，以政务公开为手段，加快服务型政府建设的步伐。

借鉴芬兰廉政经验，推动廉政法制中国建设

吴明来

在当今世界范围内，腐败问题及廉政制度建设绝对是各国政治生活中的热议话题。腐败现象滋生泛滥，严重影响一国政治、经济、社会生活的常态，廉政制度的建设也被各国政府给予极大重视。芬兰共和国是北欧四国之一，是经济发达的资本主义国家，其政府的廉洁性一直被世界各国广为称赞。透明国际组织对全世界140多个国家和地区的公务员及政治家的腐败程度进行了排名，得分最高即腐败程度最轻的依次有芬兰、冰岛、丹麦等，其中芬兰政府以9.7分的得分连续五年成为全球最廉洁政府。芬兰廉政建设之所以取得较好的成绩，原因在于其不仅拥有一整套全民参与、他律与自律有机结合、完善有效的廉政措施，还建设了一支高效、廉洁的高素质公务员队伍，同时与他们的传统文化、生活习惯、民众的自律守法有着很大关系，也可以归因于芬兰政府在反腐倡廉、廉政制度建设上找到了着力点，建立了日趋完善和成熟的廉政制度。这为饱受腐败之苦的各国政府提供了宝贵经验。而在我国，尽管出台了一系列廉政建设的有关文件，确立了廉政建设的指导思想、行动路线，但实施现状并不乐观，腐败仍然广泛存在、严重泛滥。本文将详细介绍芬兰的具体廉政制度，简要概述我国廉政制度的现状，旨在为我国廉政制度法治化提供可借鉴的经验，进而提出可行性建议。

一、廉政的基本含义

从现代社会廉政的特征和实质角度定义廉政，其包含四个要素：一是“廉正”，指政府官员在开展工作、实施行政行为时要廉洁、公正、公平，不以权谋私；二是“廉朴”，指政府及其官员开展工作要侧重于对公众的服务性，定位于人民公仆；三是“廉德”，指政府官员在开展行政工作时要保持清廉无私的品德节操，不贪污受贿；四是“廉制”，指将廉政制度化，制定一系列具体的规则制度规范官员行政行为。综合成一句话，就是廉明的政局、廉洁的政治、廉正的政策和清廉的政德的良性结合与辩证统一。廉政建设是指廉洁

政府的建设，主要通过使廉政制度化、法治化来实现，具体说来就是通过制定各种规则制度来规范政府官员的行为。

二、芬兰廉政建设的主要规则制度

（一）健全严明的廉政法律制度

历史上的芬兰也曾经是一个贪污受贿横行、腐败成为习惯的国家。但其治理腐败的经验，与全世界所有成功根治腐败的国家或地区一样，首先是制定健全严明的廉政法律制度。从20世纪初开始，芬兰就逐步制定反腐败法律，惩治腐败犯罪，以期实现预防腐败。在20世纪20年代制定了《公务刑法》，其后，又根据情况变化加以修订和完善。后来又出台了《审计法》、《政府采购法》、《工程招投标法》，这四部法典成为芬兰反腐败的基本法律依据。尤其是《公务刑法》对政府官员的廉洁性规制起着重要作用，它对官员在贿赂、泄密和滥用职权三个方面做了明确而严格的规定。例如，如果某公共官员在执行公务时有以下行为，就应以受贿罪被判处罚金或两年以下监禁：为了自己或其他人①要求礼物或其他不正当利益或为收受上述利益而发出主动的提议；或②接受影响、意图影响或促成影响其上述公务行为的礼物或其他利益；或③同意接受第二条规定的利益或者接受该利益的允诺或提供。在芬兰，政府官员接受家用电器、低利息贷款、免费旅行等轻型好处，都可以被视为受贿，甚至接受荣誉头衔也可能被视为受贿。公务员如果被指控受贿，且受贿罪成立，将被立即免职。又如《政府采购法》规定，政府实行集中采购、招标投标的制度，让资源充分的市场化、私有化，从源头上断绝钱权交易。这一系列经过长期实践而形成的严格的法律法规绝对禁止公务员利用职权谋取任何好处，否则将以受贿罪被处以罚款甚至被判刑。向公务员和社会团体工作人员行贿者如获得好处，根据情节轻重也将被处以罚款直至被判刑。所有行贿受贿的钱物无论数额大小，一经发现一律要上交国家。芬兰法律不仅禁止工商界人士在国内的经营活动中行贿和受贿，同时禁止其在国外通过行贿来促进产品出口。芬兰公司在接待客户时，通常只向客人赠送价值不高的小纪念品，这样既可避免客人涉嫌受贿，自己也不会因行贿而违法。芬兰公司因此在某些腐败成风的国家失掉了许多项目和机会，但他们并不觉得惋惜。

另外，芬兰完善的廉政法制主要体现为分类制定相应的法规，按其内容分为三类：一是行为规范，主要是针对官员的行政行为；二是惩治规范，主要是针对官员的贪污受贿行为；三是专门规范，特指对行政监督机构的监督及保障性法规。芬兰完善的廉政法制不仅体现为分类制定法规，更体现为这些法规内容具体细致，可操作性强、针对性强。也正是由于其完备的廉政法制，芬兰的反腐败斗争效果才能够如此显著。

（二）完善独立的内外监督机制

不受约束的权力，必生腐败。芬兰对公职人员的权力制约机制十分健全，依赖整个社会，并广泛存在于行政、司法和议会系统。如规定司法和审计部门相应的独立性，保证了司法系统和审计部门独立地开展工作，从而能够真正起到监督的作用。赋予议会以立法权、重大政策审批权，对行政进行监督，对政府的不良行政进行纠正。另外，芬兰各政府机构都设有审查官，虽然审查官的职位不是很高，但行政首长在决策过程中如果出现疑问或失误，审查官可以对该决策提出质疑，并进行独立审查。一位部长可以不顾审查官的异议而通过或制定某项规定，但如果没有审查官的签署，该决策将不受法律保护。这表明，芬兰政府为防止腐败上了两道锁：所有决策都要过两道关，一是行政首长，二是审查官。此外，芬兰司法总监和议会督察员是芬兰政府机关中的最高监察官，他们根据宪法监督各机关及官员是否遵守法律、履行职责。这两种监察官一般由著名法学家担任，每年都要到全国各地巡视，倾听公民意见，接受和审理普通公民对官员和公务员的举报。任何芬兰公民都能自由地检举和揭发。制度监督有很强的针对性，因而能够有效地防止某些层面的腐败。

（三）守法自律的廉政文化理念

芬兰人认为，健全社会的一个重要标志就是政府官员的诚实可靠，不能让任何人和任何部门有超级权力。芬兰非常重视培养公民的守法自律观念，儿童在初级学校就学习社会学课程，在高中则开始学习法律知识。芬兰的年轻人从大学毕业进入公务员体系后，最重要的前提就是弄清“腐败”的界限，芬兰公众对于政府官员接受礼品或受请吃饭的上限有一种普遍的道德标准，他们希望官员能够准确地厘清社交和腐败的界限，流传最广的一句话是：“公务员可以接受一杯热啤酒和一个冷三明治，但如果喝上葡萄酒那就危险了。”良好的教育环境使芬兰的公民普遍具有法律常识，知法守法意识强。严格的廉政制度使诚实可靠的政治文明成为可能，并形成一种良好的文化环境。在这种环境下，廉洁成为人格的组成部分，廉政文化已深入人心。芬兰每年犯受贿罪的人极少。据统计，1985 年至 1992 年间，全芬兰只有 25 起贿赂犯罪。有着严格的法律规定，官员不得接受价值较高的礼品，一旦超出法定标准必须上缴，哪怕接受的是食品等轻型好处也要上缴。同时，在芬兰，送礼会被官员视为侮辱

其人格。芬兰最高检察院总检察长马蒂·库西迈基说，在他当法官的30年里，没有一个人以任何形式向他行贿。芬兰的民众能够自觉遵纪守法，做到诚实守信。贪污受贿、侵吞社会财富等行为如同偷盗抢劫一样，被视为卑鄙肮脏的不义之举，将会受到社会公众的唾弃。如果一名公务员因腐败受贿被揭发，就会被从整个工作、社会生活圈子中剔除，代价高昂。人们不愿投机取巧、通过歪门邪道达到自己的目的，而是习惯于通过脚踏实地的劳动和艰苦的努力去创造和获得财富。公职人员本身也做到了严格自律，具有遵守职业道德、崇尚敬业精神，注重洁身自好，注意公私分明。清正廉洁已经融入了芬兰的民族精神，升华为一种文化品格。这种廉洁至上的文化及道德传统，为芬兰廉政制度提供了繁荣的沃土。马蒂·库西迈基认为，政府官员、企业家和普通公民的自律是防止腐败的最有效手段。而这样一种自律习惯的养成靠的是芬兰人稳定而强烈的廉政意识和信念。

（四）透明公开的新闻舆论制约

透明和公开制度是芬兰政府工作的一个重要原则。在芬兰，政府“阳光透明”，政府机构和公共部门的一切活动公开，接受公众和媒体监督；政府官员实行信息公开和财产申报制度，特别是实行金融实名制的存款制度和官员财产信息公开制度。社会的透明程度也特别高，任何人都不能开匿名账户，税收当局有权了解全国所有账户的情况。每个公民和团体的收入及财产（资产）每年都要在纳税表上加以公布，任何人都可以到税务局询问和查实某人或某团体的收入及财产情况。担任公职者每年都要报告自己及配偶、子女的财产状况，由主管部门审核，任何隐瞒、谎报、转移财产的行为，都被视为有罪。又如在公车管理方面，政府的透明度相当高。芬兰政府机构公车数目极少，除总统外，在政府只有总理、外交部部长、内务部部长和国防部部长四人享受配备专车的待遇，而且专车只限执行公务时使用。用专车属于额外待遇，等于增加了个人收入，要照章纳税。其他部长在执行公务时，由秘书向政府申请用车。政府部门有义务定期如实地公布官员使用公车情况，媒体有权查询。如果某政府官员用公车办私事，将会被举报或被媒体曝光。另外，根据《公开法》的规定，政府机构和公共机构中所有档案材料不仅对专家和研究人员开放，也对公众和媒体开放。公民可以随时查询自己关心的政府信息，了解政府情况。公众还可以通过新闻媒体揭露腐败，媒体也可以自主地报道、转播、调查、评论有关政府官员的新闻，官员的行为躲不过公众及媒体的监督，任何人都可以就政府官员的不当行为向警方告发或向其上司检举，甚至可以直接向法院起诉。即使是正当筹款制度也有明确规范，个人向候选人的捐款由法律规定限额。

在芬兰，由于国家小，发生一点小事就很容易被新闻界抓住。如果政府官员有不体面的事被媒体曝光，他就会威信扫地甚至被起诉。2002 年 5 月，芬兰《晚报》披露文化部长苏维·林登利用职务之便批准向一家高尔夫公司提供 17 万欧元的政府赞助，而她和她的丈夫及其数位亲属都在该公司拥有股份。政府司法总监帕沃·尼库拉闻讯立即责成有关部门进行调查。一周之内，林登便被迫辞职。在芬兰，官员的行为皆在公众的监督之下，任何公民都有权自由地检举和揭发违法的政府官员。这便实现了新闻舆论对政府官员行为的批评监督。

（五）严格的考核制度和适度的高薪养廉

芬兰实行政务官和事务官分开的现代公务员制度，具体做法是政务官通过选举由党派轮流担任，事务官通过考试择优录用，公开竞争，其升迁实行考核制度不受政务官更迭的影响。坚持严格的考核制度，具体有以下三种做法：第一，入口选任。芬兰在录用公务人员时有严格的资格限定，坚持忠实可靠、待人诚实、勤劳认真的标准。具体说来是要求有相关政府部门丰富的专业技术和业务能力，特别是高级职位的后备人选必须有高学历。录用公职人员须考法律知识，上岗必须进行守法宣誓。所有进入部门工作的官员一律要宣誓守法，明确知道什么能做、什么不能做，并准确地把握社交和腐败的界线。第二，管理监控。即重要职位进行岗位轮换，且通过预算控制公务员人数。第三，考核评估。即每年对政府官员的工作能力、服务性、个人素质、管理水平和廉政情况进行考核，真正做到制度化、经常化。

芬兰等北欧国家一般都强调适度高薪养廉的作用。据欧洲国家调查报告指出："薪水低、管理薄弱和公共服务中的责任心差，与腐败的程度成正比"，"当工资低，公务人员就会寻找其他途径来维持其家庭生活。低工资也导致低的道德水平，使得贿赂难以抗拒"。芬兰在反腐工作中取得成功虽不以公务员的工资高低作为主要手段，但是其公务员的工资制度确有自己的特点，这也在一定程度上减少了政府工作人员贪污腐败的动机的客观效果，也能够起到吸引人才和防止人才流失的效果：一是层级分明，所有公务员按职级获得工资，公开透明，易于管理；二是采取工资协商的办法，根据经济发展状况和物价等宏观因素确定工资标准；三是作为典型的福利国家，以丰厚的养老金为主的福利制度，对人的生老病死、失业或失去工作能力都给予社会补助和服务。让公务员对就业、教育、养老等没有什么后顾之忧，从而保证了公务员的经济基础和社会地位。公职人员相对的高薪使得其腐败行为代价也相对较高，因此，在这样的体制下，腐败动机相对减弱，进而客观上减少了腐败案件的发生。这也是

芬兰腐败案件较少发生的一条不可忽视的经验。

三、借鉴芬兰廉政模式推动廉政法治中国建设

党的“十五大”报告提出坚持标本兼治、综合治理，逐步加大治本的力度，通过深化改革从源头上预防和治理腐败的要求；党的十六届三中全会明确提出要“建立健全与社会主义市场经济体制相适应的教育、制度、监督并重的惩治和预防腐败体系”；十六届四中全会进一步提出了“坚持标本兼治、综合治理，惩防并举、注重预防”的十六字方针；在党的十八大中，党中央在新形势下作出党风廉政建设的重大战略决策，要在全党深入开展以为民、务实、清廉为主要内容的党的群众路线教育实践活动。这些举措体现了党和政府决心建立标本兼治的综合廉政体系的宏观战略和清晰思路，既全面又有重点，摆脱了头痛医头、脚痛医脚的局部治理局面，迈出了廉政建设体系化的坚实的一步。

但是，我们在肯定我国廉政建设成就的同时，也要看到其存在的缺陷：第一，廉政制度因适用地域上的差异性和适用时效上的滞后性，造成大量的“合法不合理”或“合理不合法”的现象；第二，廉政制度因其具体规定上的抽象性和执行标准上的灵活性，带来有章不循、违章不究、执行不严等执行问题；第三，廉政制度因其事前监督的预防性和事中监督的劝诫性，暴露出制度的非强制性。因此，我们需要借鉴芬兰的廉政经验，构建有效的廉政制度。

芬兰副总检察长杰马·卡司克说：“每个国家都有自己的历史和自己独有的特点，芬兰模式并不直接适用于其他国家，但我相信我们的经验，可以给有关反腐败的讨论和研究带来新的思考，希望能对其他国家的反贪污腐败斗争有所帮助。”的确，我国与芬兰在具体国情、具体经济与政治制度等方面存在着一些差异，但尽管如此，芬兰为规范政府及其官员的廉洁性而在周密的制度设计、严格的制度执行、有效的制度监督以及良好的制度文化环境方面的塑造，是他们取得反腐败斗争的成功经验，对我们推动廉政法制中国建设仍有很大的启示和借鉴意义。笔者于此谈谈建设廉政法制中国的基本路径和具体设计：

（一）构建廉政法治的基本路径

分析芬兰廉政制度成功的原因，由此启示我国廉政建设的基本路径主要有以下三个大方向，简要概括为：第一，“从源头上治腐”，减少政府手中的权力。推进市场经济，减少政府对企业的行政管制，断绝政府的权力寻租。第二，增大腐败行为的成本，使政府官员不愿腐败、不敢腐败、不想腐败：实行

适度的高薪养廉制度，规制灰色收入，加大惩治腐败犯罪的力度。第三，培育廉洁的道德风气和廉政文化，弘扬中华民族传统道德中的廉洁之风。

（二）我国廉政法治的具体制度设计

1. 完善廉政法律框架，健全完善法治

制度建设作为预防与惩治腐败的基础和途径，是各个国家在反腐败斗争中总结形成的共同经验，也是反腐倡廉的一项重大工程，具有“正本清源”的巨大功效。正如邓小平所说的：“制度好可以使坏人无法横行，制度不好可以使好人无法充分做好事，甚至会走向反面。”也正是因为此，我们必须通过周密的制度设计和长期的规范的制度执行，在全社会养成一种尊廉护廉的风气，使腐败失去生存的土壤。

另外，从长期看，制度建设更是有效遏制或打击腐败不可或缺的一个环节和手段，它具有根本性、全局性、稳定性和长期性的特点。

从依法治国的要求看，一方面，廉政法制建设必须纳入整个国家的立法体系，把制度用法律形式确定下来，全面通盘考虑，建立具有中国特色的党风廉政和反腐败法规制度体系；另一方面，为了改变制度虚置的状况，必须强化制度的落实，必须在制定有关规定的时候就充分考虑可操作性、可实施性以及后续的监督，把制度反腐和监督反腐落到实处。具有法律效力的廉政立法具有明显的规范性、稳定性和强制性，廉政建设重在廉政立法，重在法治化，这是廉政建设深入发展、触及腐败灵魂的必然之路。

而中国到目前为止的反腐败法律，仅局限于对刑法中具体犯罪的规制，不全面不完善。还缺乏一部专门的反腐败的法律，对腐败犯罪的处罚多是依靠或是比照刑法、经济法、民法等相关条例执行，缺乏全面性和针对性，也不能保证执法的有效性，还普遍存在“罚则不打，打则不罚”的局面。我们常看到有些官员犯罪落马，可不久之后却又重新“出山”、再度任职。而且，刑法中的规定也存在着不少漏洞。如虽然贪污罪、受贿罪的法定最高刑为死刑，但司法实践中，贪污受贿者的判决结果为死刑的甚少。而针对侦查技术局限等因素造成的巨额财产来源不明罪最高刑期只有 10 年，无法实现刑法规制的初衷。而且，同样是对政府行政人员廉洁性规制的罪名，量刑却相差悬殊，使得一些贪污受贿者千方百计去钻法律的空子，不利于真正打击贪污受贿犯罪。

综上分析，在我国完善廉政法律框架，一方面是要加快立法，包括《信息公开法》、《公务人员财产申报法》、《公务道德法》等，将政府及其官员的行为规定在法律范围内；另一方面是要切实执行现有的法律，适度修正，加大执法力度。

2. 建立严密的监督制约机制

建立权力监督制约机制是芬兰反腐败的基本经验，正如前文所介绍的，芬兰形成了以分权制衡为总原则的多层次、全方位、纵横交错的权力监督制约体系，包括议会制约、行政制约、司法制约、新闻和舆论制约等部分，形成了严密的监督制约机制，将政府权力的行使控制在法制的轨道上。19 世纪英国著名的历史学家阿克顿勋爵曾经说过，权力倾向于腐败，绝对的权力倾向于绝对的腐败。缺乏监督制约的权力拥有者必然走向腐败，这是一条颠扑不破的真理。因此，我国政府在构建廉政制度中，要着重建立包括党的监督、国家监督和公众、新闻监督在内的权力监督制度，使权力主体之间形成一定的制约关系，消除因权力高度集中、失去制衡而产生的腐败。

我国目前的权力监督制度的现状并不乐观，虽然从表面上看我国权力监督制度有着众多的监督主体、庞大的监督队伍、多种多样的监督形式，但各种形式的监督在总体上大多处于分散、孤立的状态，没有形成相互协调、相互配合的优势。因此，我国必须厘清各监督主体的职能，明确各监督主体的工作范围，整合众多监督主体，集中行使监督权，提高监督效能。例如，我们应该延续先前诸多行之有效的监督制约措施，如专项检查、效能监察、经济审计等，也要根据形势的发展创新好的做法、新的经验，如“领导干部财产申报制度”、“八小时以外监督”等。进一步来说，我们在实践中要把握权力运行的规律，以此来协调不同权力之间的关系，并要在决策权、执行权和监督权之间形成相互制约、相互协调的关系，实现对权力的科学合理配置和对领导干部有效监督的完美契合。

权力运行的规律要求我们：在权力运行过程当中，既要高度重视自上而下的组织监督，又要高度重视自下而上的民主监督；既要高度重视内部监督，又要高度重视外部监督，把党和政府的内部监督与来自人大、政协、司法机关、新闻舆论、人民群众等的外部监督有机地结合起来，形成对权力运行的全方位、多层次、立体化的有效的监督制约体系。在构建权力监督制约体系的过程中，应该特别强化事前监督和事中监督，将监督关口前移，保证监督制约取得实效。而且应该突出监督主要领导干部、一把手，防止权力失控。特别针对制权、管钱、用人三个环节和易涉及“权、钱、人”的关键部门和重点领域进行监督，使审批、执行、监管互相分离、分权制约。只有建立起对公共权力进行严密制约的机制，才能预防权力滥用和腐败现象，才能实现政治清廉。

3. 设置独立的廉政反腐机构

芬兰政府为了彻底监督和惩治腐败犯罪，建立了专门的反腐廉政机构，也真正起到了维护政治清廉的作用，有重大的政治意义和社会意义。虽然我国也有相应的诸多机构承担反腐败职能，且数量很多，如纪委、监察机关、人民检察院、审计部门等，既有党内的也有行政的，既有经济的也有法律的，既有舆论的也有社会的，但是这些机构在地位上缺乏应有的独立性和自主性，处于尴尬境地，甚至有些监督机构受制于监督对象。各个监督机构在这种设置模式下不能形成合力，直接导致监督效能低下，监督出现漏洞和滥用，削弱了监督制约机制整体功能的发挥。因此，我国应该好好借鉴芬兰设立行政监察专员公署的经验，实现监督机构的独立性、专门性和权威性，以期实现监督效能的强化。

4．推进阳光政务建设

由于芬兰享有高度的新闻自由，舆论能直接影响政局，直接引导民众注意的焦点，是一股重要的社会力量。一旦某位官员被新闻媒体报道出不检行为，不但此人声誉扫地，监督机构也会马上跟进。自由的新闻媒介能使一切腐败官员曝光于阳光之下，使腐败者受到社会声誉和精神上的双重打击，形成强大的威慑力，有力地推进了反腐倡廉。借鉴芬兰这一经验，我国也应实现适度的新闻自由、媒体独立，只有这样才能对官员的行为进行有效的公开监督，不容易遭到腐败的侵蚀。

另外，按照公共政策、权力运行“公开透明”的要求，推进阳光政务建设，加快行政服务中心电子政务建设步伐，建立重大事项票决制、公示制，实行“三公”消费公开透明制度和审计结果社会公开制度，建立公务员不良记录披露制度，加大对腐败的打击力度，促使公职人员消除侥幸心理，从减少腐败机会着手，积极推动和促进政府引入市场机制，培育和规范中介组织，运用市场手段优化社会资源配置，避免部分掌握公共资源的部门和人员权力的寻租现象；推行机关福利统一制度，积极推进公车改革和职务消费货币化改革的有效方法和途径，努力消除职务消费的腐败黑洞。

5．加强政府官员的思想道德教育及业务素质培育

我国要借鉴芬兰在这一方面的做法，重视整个公务员队伍的职业道德和操守道德，突出执法系统的廉洁自律教育。其实，腐败分子的堕落很多都是从思想上开始的，加强思想教育也就是要预防腐败行为的发生。以品德的优劣作为公务员录用和考察的重要标准，是芬兰的重要经验。我们常说，有德无才不好，而有才无德却是危险的。这告诫我们公共权力的享有者必须加强品德修养，才能真正使其服务于社会和人民。在中国，因为对公务员的录用普遍存在“一刀切”的模式，不顾专业、不顾部门的考试方式还有很多弊端。而对公务员的培训重形式、“喊口号”的现状也亟待解决。笔者认为，廉洁从政必须从教育抓起。一方面，教育内容应该以实践科学发展观为主，强调权为民所用，

情为民所系的主流价值观；另一方面，在教育形式上要正面教育与反面警示相结合，见贤思齐、以案明纪是众所周知的道理。另外，现在我国对政府官员的考核侧重于政绩的考察，而对官员的思想道德教育采取了漠视态度。要改变这一现状，就要从考核制度上入手，在考核内容中增加个人素质、廉政情况、服务性等“软性项目”。要把加强思想教育真正落到实处，通过印发相关内部刊物、定期座谈会等形式宣传廉洁风气。

6. 培育廉政文化的社会环境

一个社会、一个民族的廉政文化水平，在一定程度上决定着这个社会的廉政状况和水准。廉政知识体现人的素质，廉政规范体现社会的文明程度，廉政信仰推动人们形成良好的廉政修养和生活方式。随着我国廉政建设和反腐败斗争的深入，我们应该意识到，在廉政建设的过程中，塑造全社会共同承认和共同实践的廉政意识是保障廉政建设取得实效的重要基础，只有廉政意识和廉政制度有效结合，才能从根本上减少和预防腐败对人类社会生活和政治社会的侵害。而廉政建设需要整个社会的支持，因而必须在全社会培育起以廉政为荣、以腐败为耻的养廉护廉文化氛围，培养廉政意识，坚定廉政信念。我国当前的主流文化在很多方面都已认定了廉政在法律或者道德上的普遍性标准，但公众对这种标准还没有形成普遍性的正确认识，这样就在主流文化和大众文化之间产生了一定的差距。这种差距在社会实践层面上体现为廉政的主流价值在一定范围内和一定程度上被扭曲了，某些“潜规则”得以盛行。因此，培育廉政文化的重要任务之一是增强人们对廉政的认同感。政府机构可以与新闻媒体互相配合，加大对廉政文化的宣传力度。

“物必先腐，而后虫生。”反对腐败、建设廉洁政治，保持国家肌体健康，做到官员清正、政府清廉、政治清明，是我们建设廉政法制中国追求的目标。但是，我们要认识到廉政建设是一项长期而又复杂的系统工程，是一个世界性的难题。科学有效地防治腐败，需要各方面力量的共同配合。芬兰的经验为我们打开了思路，开阔了眼界。“他山之石，可以攻玉。”积极借鉴，勇于探索和创新，才能取得反腐工作的巨大胜利，才能开创具有中国特色的社会主义工作的新局面。为此，我们在建设廉政法治中国问题上任重而道远，既要自己在实践中不断摸索正确的方式方法，也要善于借鉴成功国家的经验，从而走出一条适合中国国情的廉政建设模式。

参考文献

[1] 宋亦飞. 芬兰治理商业贿赂新动向：鼓励揭发卡特尔 [J]. 中国检察，2007 (11).

［2］陈建新. 论廉政制度与廉政立法［J］. 理论与改革，1994（9）.

［3］反腐败需要全社会共同行动——访芬兰副总检察长杰马·卡司克［EB/OL］. http：//61. 133. 107. 190/news/NewsList8. asp？d = 2005 - 11 - 15.

［4］倪星，程宇，揭建明. 芬兰的廉政建设及其对中国的启示［J］. 湖北行政学院学报，2008（1）.

［5］（英）阿克顿. 自由与权力［M］. 北京：商务印书馆，2001.

芬兰司法制度概况及其对中国司法的启示

李济东

芬兰地处北欧，西南濒临波罗的海，陆疆西接瑞典，北接挪威，东临俄罗斯；面积近34万平方公里，在欧洲排名第7位；人口约530万，87.7%的芬兰人信奉基督新教中的路德教，1.1%信奉东正教；芬兰宪法明文规定以芬兰语和瑞典语为官方语言。芬兰的法律制度具有斯堪的纳维亚法律制度的特点，其法律传统汲取了日耳曼法、罗马法和英美法的特点，但它既不像法国等其他受拿破仑法典影响的国家那样完全成文化，也不像美国那样依赖司法实践和判例。本文试图对芬兰司法制度做一个全景式的概述，并与我国司法制度作比较，以期能对我国现行的司法改革有所启迪。

一、芬兰司法制度情况

（一）审判制度

1. 法院体系

芬兰的法律制度在传统上属于大陆法系。整个法院体系分为普通法院、行政法院和专门法院。普通法院系统分为三级，即初审（地区）法院、上诉法院和最高法院。芬兰共有51个地区法院、6个上诉法院和1个最高法院。

2. 普通法院系统

普通法院处理刑事案件和民事纠纷。绝大部分案件先经过初级法院审理，再经中级法院审理，很少案件到最高法院审理。初级法院原来有66个，现在只有51个。初级法院审判案件一般由1名法官、3名陪审员审理。陪审员由市级一个委员会专门选举产生，不具有法官资格，但在审理案件时有审判权。陪审员与法官权力不平等，实行少数服从多数原则。审理刑事案件出现意见分歧2∶2时，适用有利被告原则；审理民事案件出现意见分歧2∶2时，由庭长裁决。另一种合议庭由3名法官组成，审理较重的犯罪或纠纷。审理简单的案件采用独任法官审理，严重的案件、较大的案件由赫尔辛基法院审理。

当事人对初级法院的判决不服，可以上诉到中级法院。中级法院有 6 个，中级法院有近 1/3 的案件开庭，2/3 的案件书面审。对中级法院的判决不服的，可以上诉，但有限制。最高法院是否审理，由最高法院颁发许可证。每年上诉到最高法院的案件有 2000 多件，但受理的仅有 10% 左右。最高法院不受理的案件二审终审生效，所以芬兰市级制度是半终审制度。

最高法院的工作人员有 90 多人，其中有 22 名法官。另有 30 名独立自主的律师担任法官助理，参与案件事实的调查和情况的分析，调查以前是否有过类似的案件，写出书面分析报告并提出初步建议，但不参与审判。

3. 行政法院系统

行政法院依照芬兰宪法，对所有违法行为和裁决都有权纠正。行政法院系统只设二级，即行政法院和最高行政法院。行政法院作出的判决可以上诉至最高行政法院，最高法院作出的判决是终审判决。行政法院审判案件一般由 3 名法官组成合议庭。有的案件如涉及未成年人或精神病患者，还会请 1～2 名专家参加审判。

最高行政法院有 25 名法官和 1 名临时法官。最高行政法院设有三个部门，一个审理税收、环保、知识产权案，一个审理国家公务员案件，一个审理市场竞争、保险法案件，必要时都可以请专家参与审判。

专门法院包括劳动、市场、保险、弹劾法院等。

4. 审判组织

普通法院审理刑事案件普遍实行由职业法官和非职业法官共同组成合议庭审理的制度。这种制度既不同于我国的人民陪审员制，也不同于英美法系的陪审团制，它的一个显著特点是，每名职业法官与非职业法官具有同等范围和效力的表决权。芬兰上诉法院审理案件由 3 个职业法官组成合议庭进行审理。最高法院全部由职业法官组成，没有非职业法官。审理民事案件全部由职业法官组成，没有非职业法官。

5. 案件审理方式

瑞典初审法院审理案件在开庭前要征询双方能否就案件处理达成一致，不能达成一致的案件才开庭审理，这是必经程序。上诉法院审理案件的方式从 2010 年开始有较大变化，对有些案件只审查法律，不审查事实；为简化上诉程序，大部分案件是通过看录像审理，不一定调卷、开庭，以充分利用高科技手段。芬兰法院审理案件实行直接审理、公开、公正三大原则。地区法院审理简单案件时可以进行口头裁决；上诉法院审理案件采用两种程序，一种是书面审理，一种是开庭审理。

6. 法官的选拔

目前，芬兰有930个法官。法官的选拔分为两种情况。最高法院法官职位有空缺时向社会公开公布，任何法官有兴趣都可以申请，由最高法院全体法官共同选举并阐明选举理由，报告司法部，司法部审核后报请总统任命。一般法官的选拔设法官推选委员会。该委员会由最高法院首席法官任主席，最高行政法院首席法官任副主席，其他9人中有6名法官、2名法官助理、1名法学研究人员。组成这个委员会的特点是，绝大多数是法官，又不全是法官。委员会作出最后提名，按提名顺序排列，送司法部审核，报请总统任命。

（二）检察制度

芬兰检察院是司法机关的一部分，不隶属于议会，不隶属于司法部，在法律地位上是独立的。芬兰检察机关分为两级，即国家检察院和地方检察院。国家检察官负责关系到国家重大利益案件的起诉，地方检察官的职责是根据警察侦察所获材料进行审查，来决定是否起诉及是否符合事实和法律。检察院主要代表国家追诉犯罪嫌疑人，目的是保障犯罪嫌疑人得到公正客观的审判。

除总检察长和副总检察长外，全国有12名国家检察官、270名地区检察官，所有检察官都具有法律专业大学本科以上学历。国家检察官由总检察长提名，国务院批准；总检察长和副总检察长由国务院提名，总统任命。检察官是终身职业，没有法定违法事项不得解职。

检察官在接受警方移交的刑事案件后要进行审查以决定是否提起公诉，如认为违法性质不足以构成犯罪可以不予追诉，检察官没有指控的案件，法官不能审判。检察官认为警方提供的证据不足，可以要求警方补充侦查，警方必须侦查以提供更充分的证据。检察官不参与民事诉讼，不得提起抗诉，但唯一的例外是在刑事附带民事诉讼中，检察官可以代表被害人提起民事赔偿要求，法院一并审理裁决。检察院的行政事务由司法部管理，预算由司法部与总检察长办公室谈判，再由总检察长办公室分配给各地检察院。

（三）司法行政制度

芬兰司法部的职能是负责最重要的立法，保证司法体制的运作和裁判的执行。各级法院的财政预算、人员培训、物质装备，甚至包括法院的设置等都由司法部负责。另外，司法部还专设执行司，负责对法院裁判案件的执行。

1. 法律起草司

法律起草司负责起草宪法和公共行政法律，包括制定国家总统、议会和政府之间关系的法律；负责起草刑法以及与法院有关的立法（如与法律程序有关的条文)、债务的追偿和破产；负责起草规范自然人和公司法律地位的最主要的法律，包括家庭法、继承法、合同法、消费者权益保护法和公司法；规划立法改革和立法修正。法律起草司的立法审核处负责对其他部门立法草案进行审核。除此之外，法律起草司还受委托在整体上负责为芬兰国务院开展立法起草，为与欧洲法律的统一提供法律专门服务。

2. 法院行政司

芬兰的司法权由独立的法院行使、司法部法院行政司负责保证法院、检察官办公室和执行官办公室的有效运行，还负责提高其工作效率。法院行政司设法院行政局、强制执行事务局、培训局和信息技术局；主要工作是履行司法行政的职能，如法院经费预算及分配、法庭建设、行政人员管理、法官培训、法院信息技术管理等，还包括选拔法官报请总统任命，同时负责法律援助和免费法律诉讼有关的事务。

3. 执行官办公室

在芬兰，民事判决由执行官办公室负责执行，执行官办公室是司法部下属机构，和市政府很少有关系。该机构 1996 年从地方警署独立出来，归司法部。全芬兰有 70 个执行官办公室，88 个最高执行长官都由司法部长任命；全国有 1500 名执行员，执行员必须是法律专业毕业，具有国家工作人员资格。

执行官办公室除执行法院的判决外，还负责执行其他国家机构作出的决定，如税务局作出的要求缴纳税收的决定，纳税人如不缴纳，就可以申请执行官办公室强制执行。

执行决定作出以后可以抗诉，当事人可以申请中高级法院改变决定。初级法院作出判决后，即开始清算，但不能拍卖。中级法院判决生效后可以对清算财产进行拍卖，但不能交给对方当事人或纳入国库。当事人不申诉或申诉被驳回，就可以交给对方当事人或纳入国库。

执行官办公室在接到执行申请后就会发出执行通知，当事人在 1 周内没有自动执行，就强制执行。有财产的一次执行；没有财产的，不管收入多少，扣掉 1/3，收入高的扣掉净收入的 1/2。但有一个原则，最低限保证个人的生活，每月留下 540 欧元，有孩子的加 200 欧元；正常的家庭生活使用设备不得执行。

4. 监狱管理局

监狱管理局负责看押已决犯和未决犯。芬兰共有 30 所监狱，犯人在离家最近的监狱服刑。大部分监狱是封闭式的，有一些关押刑期短的犯人的监狱是开放式的。监狱努力使更多的犯人从事劳动、教育和其他有益的活动。

（四）行政管理总局

行政管理总局负责选举行政事务，监督全国和市的组织选举以及公民大选。司法部保留各政党的登记并监督其财务，国家总统可以行使赦免权，由司法部向总统提出赦免请求。司法部负责处理与划分国家语言有关的问题，芬兰是一个双语国，根据讲两种语言的人口比例分成芬兰语、瑞典语和双语区；还负责国际法律事务和内部审计工作等。

二、与芬兰相比，我国司法制度存在的问题

与芬兰司法制度比较，中国司法制度存在的问题既有历史原因也有现实原因。新中国的司法制度是在继承和发扬了新民主主义革命时期革命根据地和解放区司法制度的经验和优良传统的基础上建立和发展起来的，新中国成立后虽历经周折，但在毛泽东法制思想和邓小平民主与法制理论的指导下，已经初步形成了包括审判、侦查、检察、执行以及律师、公证、诉讼、仲裁、调解制度在内的比较系统的司法体系。我国现行司法制度对我国社会和经济、文化等的发展起到了巨大的推动作用。但是，我国现行司法制度是在政治上奉行“以阶级斗争为纲”、在经济上实行高度集权的计划经济的特定历史条件下逐步建立和发展起来的，人们习惯将司法机关简单地等同于“专政工具”，这就不可避免地使得我国的司法制度存在着弊端。笔者认为当前司法制度中存在的主要问题有以下几个方面。

（一）司法程序的独立性较弱

在现代法治国家的理论建构和实践运作中，司法程序的独立性被视为司法公正的前提和保障，程序独立性的受损或弱化，必然阻碍司法公正的实现。尽管我国宪法规定人民法院依照法律规定独立行使司法权，不受行政机关、社会团体和个人的干涉，但是，由于在现行司法体制格局下，法院在人、财、物的管理上不能自治，司法活动多方受制，从而导致司法独立性受损，这突出表现在以下三个方面：

一是司法权地方化。由于地方司法机关在司法资源，包括人、财、物的配置上受制于同级地方党委和政府，地方司法机关丧失了作为国家司法机关应有的中立性而沦为保护狭隘的地方和部门利益的司法工具。

二是司法权行政化。一方面，司法机关在同其他国家机关的外部关系上，往往被视为同级党委、政府领导下的一个专门负责司法活动的职能部门，它与

同级党委、政府的其他下属部门之间只是分工不同而已，司法权及司法机关自身的特性极度弱化；另一方面，就法院内部管理体制而言，由于在观念上强调人民法院作为整体的独立性而忽视了法官个体的独立，从而使司法过程贯串着强烈的行政管理色彩，法官在司法中难以独立、自主地进行审理，法官的判决也并非完全是自身内心确信的反映。

三是司法非专业化。由于在传统观念中，司法职能与行政职能具有同质性和相似性，因此承担司法职能的法官和检察官与承担行政职能的行政官员相比，在任职资格上并未设定相应的专业标准，法官和检察官的任职资格条件较低，这就抹杀了司法职业本身的技术化、专门化特征，使得大量从未受过系统、正规法律教育和司法训练的社会人员得以进入司法机关从事司法工作，产生司法非专业化问题。

（二）对司法机关的制约和监督乏力

我国的一切权力属于人民，从主权的归属上看，它在本质上是统一不可分割的整体。但是人民组织国家机关行使权力、进行统治和管理国家的时候，须有严密的分工。根据我国现行宪法的规定，“一府两院”由国家权力机关产生，并受国家权力机关的监督。应该说，我国的国家权力机关的权力是广泛的，它有权对司法机关及其司法行为进行法律监督。但在实践中，各级权力机关与司法机关的关系仅仅停留在由各级权力机关根据同级党委的意见来选举或罢免同级司法机关的负责人；各级权力机关对司法人员的任免仅仅习惯于履行法律手续，没有把对司法人员的任免与对他们具体的执法情况的考察有机地结合起来；各级权力机关对司法机关的监督只表现为“工作”监督，即听取和审议司法机关的年度工作报告以及视察或检查司法机关的执法工作情况。因此，目前国家权力机关尚无行使权力的具体程序，特别是在国家权力机关对司法机关的监督问题上更是如此。由于缺少对司法机关进行法律监督的操作规则，一方面导致了国家权力机关特别是地方权力机关轻视司法监督的倾向，另一方面又造成了司法机关特别是地方司法机关以“司法独立”为借口来对抗权力机关的监督。

（三）司法机关系统内的监督机制疲软

目前我国司法机关系统内的监督机制疲软，致使司法机关无力通过自身的监督机制来纠正各种执法不严以及司法腐败现象。目前，我国司法系统内的监督主要有检察机关对审判机关的检察监督和上级审判机关对下级审判机关的审级监督。就检察监督而言，人民检察院作为我国的法律监督机关，根据我国宪

法和法律的规定，它有权对国家审判机关的审判活动是否合法进行监督。但在实践中，检察监督的权威性和有效性从来就没有真正确立和实现。这主要表现在以下三个方面。

一是检察监督的力度软化。检察机关的执法监督意识和监督行为由于受多种因素的困扰和束缚，出现了种种障碍，有些检察机关认为当前法制不健全，监督手段不完备，致使检察监督难以展开，即使对审判机关的审判活动进行监督，不仅审判机关不理解，一些党政机关及领导对此也存在思想误区，费力不讨好，不如不监督。

二是从我国现行法律规定的情况看，检察机关对审判机关的审判行为所进行的监督只是一种事后监督。在实践中，检察机关发现审判机关的审判行为违法时，只能以抗诉的形式要求审判机关纠正。如果审判机关拒绝纠正，检察机关也无能为力，严重损害了检察监督的权威性和有效性。

三是检察机关也是司法机关。我国现行法律只规定检察机关有权监督其他司法机关，至于如何监督检察机关的检察权问题，除了国家权力机关的工作监督外，目前尚无其他明确规定，从而为检察机关滥用权力提供了便利。就审级监督而言：根据宪法和法律的规定，上级审判机关有权对下级审判机关的审判行为实行审级监督，在实践中，上级审判机关通过审级监督的形式对下级审判机关的违法行为的确也进行了有效纠正。但是，审级监督是审判机关系统内部的监督，由于我国实行二审终审制，再加上审判机关的审判行为受地方保护主义的困扰，因此，在有些地方，上级审判机关对下级审判机关进行审级监督的着眼点已不再是法制的统一和国家法律的有效实施，而是地方利益是否受到充分的保护。

（四）司法机关不遵守程序约束的现象相当普遍

与西方社会所奉行的“程序优先”这一法律理论不同，我国有重实体、轻程序的法律传统，往往把法律程序视为纯形式的东西，甚至看成形式主义，或者认为它束手束脚。1979 年至今，我国先后颁布了《刑事诉讼法》、《民事诉讼法》、《行政诉讼法》等程序性法律。但是由于受轻程序法律传统的影响，在这些程序法中，存在着浓厚的国家本位主义思想。例如，在各种诉讼全过程中片面强调司法机关的绝对支配地位；各种程序性规范对当事人和其他诉讼参与人来说是一些硬性规范，对司法机关则是一些软化约束；等等。甚至有些司法机关及司法人员认为程序法只是约束当事人和其他诉讼参与人的，司法机关则可以不受法定程序和制度的约束。实际上，我国司法错案的发生大多不是适用实体法不正确，而是出现在程序法的执行不严格和程序法本身不完善上。程序不严谨必然导致执法不规范，执法不规范则必然导致司法不公正。

三、我国司法制度改革的路径和方法

为了保证我国司法改革在新的历史阶段取得突破性进展，就必须要客观审视我国司法改革进程中的目标、体制、模式、方法等因素，通过反思，去伪存真，优胜劣汰，按统一性、计划性和系统性要求，不断深化司法改革。

（一）整体推进的方法

司法改革不能被动反应，不能满足于解决个别具体问题，而应立足于司法制度系统整体合理性进行反思，强调对司法改革进程的统一协调指挥；强调体制、机制和方式方法的同步创新；强调改革步骤的有序安排。如果没有中央的统一领导和部署，没有立法机关、行政机关的配套改革和大力支持，仅靠司法机关或人民法院独撑大局，司法改革将难以取得预期的效果，已经取得的成果还有可能得而复失。

当前，司法改革已成为中央主导、各部门紧密配合、社会各界广泛参与的统一行动，中央、部门及地方应建立便于统一协调指挥的机构。首先应明确改革定位，由中央司法体制改革领导小组统一改革规划以及明确改革步骤，出面协调法院、检察院等相关机关改革措施的制定，再整体推进与实施。其次是具体工作方式的创新，由地方在现有的法律框架内，根据自身实际进行；当地方改革经验较为成熟，并经一定程序评估、验证其可行性后，可以上升到制度层面，继而进行全面推广。尤其应注意由中央和地方共同推动，中央应在调查研究的基础上制定统一的改革方案，并在一定阶段内完成在全国司法机关的推广落实。为保证整体推进的有效性，在司法改革宏观布局中，中央司法体制改革领导小组应发挥应有的作用。司法体制改革领导小组的组成人员应当是多元化的，其地位也应提高，必须赋予其宏观规划和统筹全局、协调各方的能力。

（二）综合研究的方法

理论研究和实证研究在司法改革中具有很强的互补性，应注重这两种方法的相互结合和综合运用。理论研究有助于在价值目标、逻辑推演、制度衔接等方面提供论证，以保证司法改革措施的科学性和合理性。实证研究则能够通过小规模的试点检验改革措施的优点与不足，提供调整和优化建议，从而保证改革措施的实际可行性。传统司法改革不仅理性思考不够，缺少理论支撑，而且没有注意实证研究与分析，对司法改革过程中的问题准备不足，许多调研成果

不能准确反映我国司法现状，也不能作为司法改革的可靠依据。当前，应在中央司法体制改革领导小组的统筹安排下，由最高人民法院、最高人民检察院会同有关部门，分步骤、分层次对我国的司法现状进行全面、深入地调查，为推进司法体制和机制改革提出更准确的依据。在此基础上，由中央司法体制改革领导小组召集相关部门对改革措施进行分析、研究并提出方案。改革方案的制定还需经过理论界学者和实务界资深法官进行论证，再通过新闻媒体予以公布，征求社会各界对改革的意见和建议。这样不仅可以为改革后的司法制度的顺利实施消除某些潜在的思想障碍，而且可以在相当程度上提升公众对司法的期望和信心。

（三）局部试点的方法

我们在强调宏观上整体推进策略的同时，也不能抹杀局部探索的现实意义。一方面，司法是一种实践理性，司法本身需要在实践中不断摸索，才能发现问题并找出解决问题的出路，有些问题无法进行事先设计；另一方面，考虑到我国国情的多样性，有些改革措施明显带有鲜明的地域性，无法在全国范围内予以整体推广。在一定范围内保留改革试点的做法，可以减少大的变革对原有司法制度的冲击，也可避免不合理的改革措施有可能造成的损失。当前，可根据各地区政治、经济、社会、文化发展的实际情况，先在 1 ～ 2 个省选择个别具有代表性的市、县（市、区）先行先试，在取得阶段性成果的基础上不断完善，逐步推进。事实上，司法改革的试点方法正在得到应有的重视。例如，最高人民法院综合考虑地域分布、经济发展水平、职能定位以及司法改革工作开展情况等因素，在全国高级、中级、基层法院中确定了 30 家法院作为司法改革工作联系点。又如，广东省高级法院为深入贯彻党的“十七大”报告关于深化司法体制改革的重要部署，根据中央《关于深化司法体制和工作机制改革的意见》及最高人民法院的有关要求，提出了继续加强诉讼调解和解工作，确保实现案结事了；建立简易民事案件快速处理新机制；建立主动执行的执行工作便民新机制；推动建立执行指挥中心，充分发挥执行联动机制作用；规范法官自由裁量权，统一司法裁判标准；全面推行“诉调对接”，促进多元纠纷解决机制的完善；全面落实公开审判制度，增强司法的公开透明；加强与人民群众的沟通联系，广开言路；开展“结对帮扶”，促进全省法院工作平衡发展；建立“五个严禁”工作新机制，树立司法廉洁形象等十项司法改革创新措施。

因此，我们应客观看待中国目前司法制度存在的问题，充分认识司法改革的系统性、长期性和复杂性，不断进行总结和反思，始终把握中国司法改革的正确方向。只要我们坚持从中国国情和司法实践出发，在现代司法理念的指引下实行渐进式改革，并注重司法改革的策略、方法与步骤，就一定能够构建起公正高效权威的社会主义司法制度，就一定能够实现司法制度整体现代化的目标。

参考文献

[1] 奉晓政，胡贤斐. 芬兰的民事司法制度及改革［J］. 广西梧州师范高等专科学校学报［J］，2005（3）.

[2] 谢佑平，万毅. 论司法改革与司法公正［J］. 中国法学，2002（5）.

[3] 夏锦文. 当代中国的司法改革：成就、问题与出路——以人民法院为中心的分析［J］. 中国法学，2010（1）.

[4] 林文学. 芬兰司法制度概况及启示［J］. 中国司法，2004（2）.

[5] 王仁富. 当前中国司法制度存在的问题和改革建议［J］. 安徽农业大学学报（社会科学版），2003（5）.

[6] 肖扬. 人民法院改革的进程与展望［J］. 国家行政学院学报，2000（3）.

浅议广东省人力资源决策支持系统的发展趋势
——如何借鉴BI模式构建“智能政务”系统

彭 晖

进入21世纪，国际政治、经济正经历着重大的变化，政府组织的结构和职能也面临着巨大的转变，各级政府必须建立能担此重任的人力资源体系，把重心由以个体管理为基础的人事行政管理转移到以整体管理为基础的人力资源开发。这种发展取向逐渐成为寻求最大化价值目标战略政府运行过程的一部分。由于这些即将发生和快速的变化，对于各级政府的高层管理来说，制定科学且可靠的战略性人力资源规划相当重要。与此同时，世界信息科学技术特别是网络技术的快速发展和推广应用，促使各种信息系统应运而生，出现了诸如管理信息系统（MIS）、决策支持系统（DSS）、人工智能（AI）等，为政府人力资源管理提供了强大的技术支持。

随着珠三角发展规划纲要的出台与实施，广东省各级政府的人力资源部门将面临前所未有的机遇和挑战。能够充分利用最新的信息技术，引进先进的管理理念，提高政府决策效能，将对广东省新一轮发展高潮起着巨大的推动作用。

但是，由于我国政府行政管理体制里依然存在着行政干预、忽略绩效与成本、绩效指标模糊等问题，政府人力资源管理的学术研究理论较少，能够开发成功并运用于实际工作的人力资源决策支持系统更是凤毛麟角。因此，广东省的政府人力资源部门有必要以提升决策质量和决策效率、增强人力资源竞争力为目标，抓住契机，充分发挥自身优势，构建符合广东实际的人力资源决策支持系统，创新政府人力资源管理的新模式。

一、广东省人力资源决策支持系统的发展契机

党中央、国务院一直高度重视电子政务工作，党的十六届四中全会更把推行电子政务提高到加强党的执政能力建设的战略高度。自2000年以来，广东省各级政府的电子政务工作得到了长足的发展。首先是信息基础设施的完善和

提升。部分地级市尤其珠三角地区，已经实现了市、县（区）、镇的光纤互通，各级政府部门之间、网络运营商之间逐步搭建起局域网、城域网等一系列网络拓扑框架，为广东省电子政务向更高层次发展夯实了硬件基础。

同时，各地的办公自动化系统（OA）和政府门户网站相继建立，并投入实际运行。各级政府部门都积极推进旨在帮助决策者对信息进行组织和管理的管理信息系统（MIS），以及业务协助办公平台。例如，广东省人力资源和社会保障厅的"广东省人事工资管理系统"和佛山市人力资源和社会保障局的"数字人社"系统。这些MIS系统的长期使用，不仅提高了政府人力资源部门的工作效率，改进了办事方式，还为人力资源部门积累了巨量且翔实的数据信息，形成了极其宝贵的数据库。在此基础上构建人力资源决策支持系统已是水到渠成。

二、广东省构建政府人力资源决策支持系统的发展方向

根据多年来国内外有关机构学者的理论研究发现，利用决策支持系统技术（Decision Support System，DSS）是解决人力资源管理中半结构化问题和非结构问题的最佳选择。从技术定义上讲，决策支持系统是对人力资源管理基础信息的挖掘、深化和再利用，通过对相关基础数据和流程信息的深入挖掘来分析现有人才资源的构成，以分析报表和统计图表的方式为决策层进行人才培养和战略规划提供依据。但是，相关的定义表述和理论都没有形成完全统一的意见，更没有现成的开发模型，唯一能确定的是DSS的构成要素：数据源、系统形制、数据模型、决策者。

（一）数据源

DSS的数据源不是单一、独立、分散的数据库，而是众多数据库的逻辑集合体——"数据仓库"。作为人力资源决策支持系统的"数据仓库"必须具备以下特点：统一的数据格式、高效的交换平台和灵活的扩展结构。但是，实践经验告诉我们，建立符合上述条件的"数据仓库"必须依靠严格的政策依据和一套行之有效的MIS系统。

2007年，广东省人事厅、省财政厅以文件通知形式发布了基于.net技术平台的"广东省人事工资管理系统"，对全省各级政府的机关事业单位的工资管理系统进行了全面的规范和部署，统一了全省工资管理数据库格式和数据交换格式。该套MIS系统在全省范围内已正常运行多年，不仅为各市县（区）积累了海量的数据信息，而且.net平台的技术优势也得到了发挥。

佛山市人力资源社会保障局根据自身的工作特点，利用 . net 平台的网络扩展性，对“广东省人事工资管理系统”进行网络化改造，实现了市、区两级人力资源工资部门后台数据处理系统以及信息共享平台的构建，完成全市机关事业单位“工资数据中心系统”的布置实施。初步形成市县（区）两级人力资源部门的“数据仓库”。同时，还利用 . net 平台，顺利对接佛山市“数字人社”系统，率先在全省范围内实现地级市人力资源 MIS 系统集约式管理和全网络化操作。

佛山的成功经验证明，建立全省人力资源部门的 DSS“数据仓库”是可行的，也是可靠的。事实上，能够拥有海量人力资源数据信息和一套稳定有效的人力资源 MIS 系统，将是广东省成功构建政府人力资源决策支持系统的重要保证。

此外，随着联机分析处理技术（OLAP）的发展，一个能够结合各种 MIS 数据库的“数据仓库”行将产生。所谓联机分析处理，是指共享多维信息的快速分析（Fast Analysis of Share Multidimensional Information），它具备了传统数据库技术所不具备的四个特性：快速性、可分析性、多维性和信息性。

在联机分析处理技术的带动下，政府人力资源部门可实现动态业务数据库和人员基础信息数据库的联动。例如，人事计划管理部门制订全年的增人计划后，可以动态跟踪计划落实情况，了解办理增人业务的具体情况，落实计划指标与人员具体信息的对应关系。将传统的年头计划—年末统计工作模式，变成全动态的实时管理，既可以为人力资源决策提供直观、详细的数字依据，又能够为管理者调整人力资源业务提供参谋。

（二）系统形制和数据模型

人力资源 DSS 的系统形制可以借鉴当前国际商业界最流行的“智能商务”系统（Business Intelligence，BI）。

所谓智能商务，是指将数据转换成知识并将知识应用到商业行为上的一个过程。其系统形制主要包括三大模块：统计分析模块、规划预测模块、综合评价模块。以 BI 为蓝本，打造“智能政务”系统（Government Intelligence，GI）将是政府人力资源部门构建决策支持系统的最有效、最便捷的途径。

第一，人力资源决策支持系统的统计分析模块。政府人力资源部门历年都有专门的人事人才统计套表，对各级政府当年的人才（公务员）、工资、机构编制等重要信息进行统计汇总。由于拥有统一的统计指标和要求，因而完全可以以此为数据模型建立一个适合广东省实际情况的人力资源统计分析体系，并运用人力资源统计学系统地了解掌握和监控人力资源存量和流量的规模、水平及其变动情况。以“佛山市人力资源智能决策系统”为例，该 DSS 系统以“工资数据中心系统”和“数字人社系统”的数据库为数据仓库，建立“数据挖掘分析平台”，分析多维度数据，如机关事业单位工作人员的专业结构、年龄层次、资历水平等各项与人力资源相关的指标性数据；分析在特定结构比例下（如职务、等级、层次）各个政策性时期（工资制度改革、调整工资标准等），年龄、学历、资历所占的人力成本；分析离退休人员的生活保障水平以及占用政府人力资源比例等数据，指引政府投入政策的调整；分析人力资源成本的综合状况，指引决策的调整力度和调整幅度。

第二，人力资源决策支持系统的预测模块。在智能商务领域，即使 Oracle、IBM 等大型国际信息系统开发企业也无法开发出一套全面且实用的预测系统，更多的只能是有所侧重地根据决策者需要，对综合分析后的历史数据进行有限“推演”，以达到“预测”的目的。尽管如此，预测模块仍然是 BI 系统的核心和亮点。因此，广东省在构建“智能政务”系统时，要重视预测功能模块的开发与实现。事实上，现有的“广东省人事工资管理系统”已具备了人力资源决策支持系统的“预测”潜质，拥有“智能商务”所无法具备的人员成长数据模型。只需稍加技术改造，即可以“时间推演”、“人员职业生涯规划”为预测主轴，在现有数据基础和系统框架内，分析预测政府在人力资源上的投入水平和投入规模，并作为机关事业单位薪酬调整的一个有效依据；可以预测并规划人员晋升年限、晋升频率和财政支出等；预测政策实施后的效果和成本估算，及时进行调整和修正，提高决策水平和效率。

第三，人力资源决策支持系统的综合评价模块。这个功能模块是整个“智能政务”系统最能体现其人工智能（AI）的地方。主要是利用分析后的数据，根据有关人力资源政策和规定，结合管理者的实际需要进行加权打分，并用具体的数字和直观的描述（如图表），把人力资源评价对象的综合素质表现出来，提供给管理者进行参考。以“佛山市人力资源智能决策系统”的开发思路为例，整个综合评价模块包括：公务员综合评价，主要是依据各项数据，诸如奖惩情况、任职情况、学历情况和培训情况等进行分析、评价和打分，并作为机关工作人员考核、晋升的量化数据，以资参考；事业单位专业技术人才综合评分，主要是作用于绩效工资确定、职称聘任、人员考核等方面，定义可量化的数据指标对各行业专技人员进行客观评价；部门综合评分，针对特定的项目对单位和行业进行综合打分（如培训情况、考核情况、工作人员学历或任职聘任情况），作为人力资源部门制定津贴补贴政策的客观数据依据。

从 BI 到 GI，不是对系统形制的简单克隆，而是政府人力资源管理将理论与实践相融会贯通的过程。由于广东省在人力资源 MIS 系统的开发应用上具

有前瞻性，因而，在人力资源决策支持系统的开发上又获得了另一个优势。

（三）决策者

构建智能政务系统，应以提升人力资源管理者和决策者工作层次和业务水平，实现人力资源部门从业务型工作向决策型工作的跨越为核心目标。

综合以往信息系统开发的经验教训，如何让系统的“主人”（管理者/决策者）对一个系统产生“好感”，对话管理系统（用户/系统交互的界面）将起着决定性的作用。由于 DSS 的大多数用户对系统无辨别能力，因此即使系统功能再强大、技术再先进，如果无法提供一个灵活和友好的界面作为“门面”，也极有可能无法被接受。

从目前政府人力资源部门的实际情况看，要实现 DSS 数据和对话管理系统进行更好的交流，采用 B/S 模式将是比较理想的选择。从技术层面讲，B/S 模式是一种以 Web 技术为基础的网络管理信息系统平台，有利于在 DSS 系统对话层及时应用各种新型 Web 技术，如 Flex 技术，这是在 HTML5 尚未正式推广应用前，最具表现力的动态网页技术。

三、政府人力资源决策支持系统开发案例

2007—2008 年，原佛山市人事局根据上级政策要求并结合本地的实际情况，委托“广东省人事工资管理系统”的开发公司，合作开发了“广东省人事工资管理系统（佛山版）”。实现了全市工资管理系统平台的“大一统”，既保证了工资政策的一致性和权威性，也从根本上解决了人事工资政策“下管一级”的技术问题。

2008—2009 年，在佛山版成功的基础上，实施了面向市直和五区机关事业单位的“佛山市机关事业单位工资数据中心系统”项目。全面完成市、区两级人事工资部门后台数据处理系统以及信息共享平台的构建，完成全市机关事业单位“工资数据中心系统”的布置实施，调整单位用户与人事部门的业务工作流程，顺利对接“数字人社”系统。率先在全省范围内实现地级市人事工资集约式管理和全网络化操作。整合、升级和规范了全市人事信息资源，有效地提高了全市人事工资管理能力和服务水平。

由于“佛山市机关事业单位工资数据中心系统”是作为一个业务办公系统进行设计开发的，虽然提供了常用的统计查询和报表功能，但是在对数据的挖掘利用和分析决策方面缺乏一套行之有效的应用机制。与此同时，广东省各项人事制度改革工作不断推进，机关事业单位机构改革也在继续深化，亟须对

各种海量的数据信息进行全面掌控和系统分析，为人力资源工作的决策提供科学、合理的建议和数字依据。

因此，在“数据中心系统”拥有巨量精确的人事数据信息的基础上，建立“佛山市人力资源成本决策支持系统（机关事业方向）”对数据进行挖掘开发，构建表现力强、内容具体丰富的分析决策平台，具有非常深远的意义。首先，“决策支持系统”是对“智能商务”的有益借鉴，实现“智能政务”的设计目标。当前，类似的分析决策系统尚未在省内政府机构出现。其次，“决策支持系统”的数据来源主要是“数据中心系统”，而“数据中心系统”的原始数据是从2001年开始积累的，经过全市数百个机关事业单位的共同维护、更新和升级，其数据信息拥有量和准确程度是目前政府部门其他人事系统所无法比拟的。在此基础上进行发掘利用，具有得天独厚的优势，开发出来的分析决策系统更具有可信性。最后，“决策支持系统”的开发和使用正值人事制度改革和机关事业单位机构改革的关键时期，能够为领导的决策提供详细、可靠的数据依据，更能体现其作用和意义。而且，“决策支持系统”还将具备预测功能，为人事、财政制定新政策提供强有力的技术保障。

“决策支持系统”的设计目标：以“数据中心系统”为数据基础源，以“机关事业工资预测后台”和“人力资源成本综合评价系统”为主，构建一个以FLEX技术为主要表现层的预测系统。配合“数字人社”系统的实施，分别在市、区人事组织部门和各机关事业单位布置实施。

四、人力资源决策支持系统与人力资源信息管理系统的区别

（一）系统的用途

人力资源信息管理系统（HRMIS）属于人力资源部门的办公业务系统，主要用于政府机关事业单位人事管理，如工资津补贴套改、计算和归档，并将处理后的数据提交财政部门进行工资统发等。人力资源决策支持系统（HRDSS）则主要用于对已有的数据信息进行挖掘分析，并采用报表、图形、趋势预测等直观手段进行表现，让人力资源决策者能够全面地了解并掌握工作的内容和发展方向，引导今后政策的走向。

（二）系统的对象

人力资源信息管理系统面向所有机关事业单位的人事工作者，客户对系统的要求是操作简便、计算准确、能够减免政策性强且繁杂的人事工作。人力资

源决策支持系统面向决策者，如市领导、区领导、业务部门领导等，客户对系统的要求是数据精确、及时，系统界面表现力强、直观形象，系统涉及的内容广泛且具体。

（三）系统的目的

人力资源信息管理系统的设计目的就是为完成某项人事业务或工作，是一个具体业务工作的“工具”，系统的数据根据用户的操作而不断变化和更新。人力资源决策支持系统的设计目的是为人力资源政策制定者提供决策依据，总结人事人才工作规律，发现已有政策法规的不足以便及时调整，引导人力资源部门作出客观、合理、公平的决策，系统的数据不会受系统使用者影响。

五、开发政府人力资源决策支持系统所面临的问题与对策

开发政府人力资源决策支持系统，尤其是智能政务系统，是一个崭新的信息化课题，是一个极少人涉猎的新领域，任重而道远。HRDSS 系统是一个理论、技术和实践的结合体，不仅需要众多学科理论的支持，更需要政府人力资源部门在工作实践中提供更多的经验支持，但最重要的是管理者/决策者要敢于将新技术、新理念运用于实际工作当中，作为提升管理水平和决策质量的重要途径。

第一，公共部门的人力资源理论体系相对薄弱，技术实践与理论研究严重脱节，经验积累更是匮乏，导致许多 HRDSS 系统在方案构思阶段就陷入“有心无力”、“有理说不清”的尴尬局面，最终结果自然是夭折。例如，HRDSS 的综合评价系统就需要开发者掌握人力资源评价指标体系，以及人才职业规划等理论知识。

第二，无论是传统决策支持系统还是新决策支持系统，都没有完全成熟的产品，更多的是解决方案。政府人力资源决策支持系统需要更多的实践经验。

第三，DSS 已发展成为多学科交叉的前沿学科，涉及计算机科学、管理科学、数学、信息管理科学、人工智能、信息经济学、认知科学等多学科的理论、方法和最新技术。如何培养相关的人才和团队，将是开发政府人力资源决策支持系统的主要瓶颈。

面对上述存在的问题，现提出以下相应对策：

第一，政府人力资源部门要与有关院校和专家建立联系，共同研究制定人力资源评价指标体系、人力资源开发数据模型和人力资源 DSS 规划标准等一系列基础性理论知识。

第二，政府信息部门、财政部门和人力资源管理部门要通力合作，加大对传统 HRMIS 的升级改造力度，增加对各类政府信息数据库的维护投入，大力支持 HRDSS 开发项目的投入。

第三，政府有关部门要以创造学习型的政府组织为契机，既注重对政府工作人员信息化的培训，又要加大投入以维持开发信息系统技术人员和团队的稳定性。有条件的政府人力资源部门可以采用服务购买方式，与系统开发方建立长期的合作关系，让人力资源工作者参与 HRMIS、HRDSS 的设计和开发，并列入政府工作人员年度培训计划。

参考文献

[1] 宿彦，孙景乐，张朋柱. 政府人力资源规划决策支持系统模型及其设计 [J]. 系统管理学报，2007，16 (3).

[2] 康英，薛惠锋，张文宇，姚畅燕. 智能化人力资源管理信息系统的设计与应用 [J]. 西安财经学院学报，2009，22 (1).

[3] 范秀荣，贺本岚. 对人力资源统计学研究的思考 [J]. 统计与决策，2009 (4).

[4] 谢娜. 基本本体的智能商务系统 [J]. 知识经济，2007 (8).

[5] 李国杰. 基于 WEB 的人力资源决策支持系统的设计 [J]. 科技资讯，2006 (19).

[6] 邓茗文，夏旭东，叶中华. 从新公共管理视角看公务员职业生涯规划 [J]. 中国人力资源开发，2009 (3).

[7] 李志刚. 决策支持系统原理与应用 [M]. 北京：高等教育出版社，2005.

芬兰社会保障制度及其对珠海的启示

张国斌

芬兰地处北欧，其社会保障制度从19世纪末开始构建，其产生和发展与国家的历史文化传统、经济社会发展水平和党派团体的政治理念密切相关，经过一百多年的发展和完善，已建立起一整套比较完善的社会保障体系。这套社会保障体系不仅保障项目范围广泛，而且保障对象覆盖面广泛，保障标准也相对较高，是一种“从摇篮到坟墓”全过程的福利体系。芬兰这种高福利的社会保障制度，经历过辉煌的发展时期，对经济与社会可持续发展起到了明显的促进作用，也由于社会经济条件的变化，福利国家制度出现的诸多矛盾和问题，而陷入福利国家的危机，可贵的是芬兰对其原有的福利国家制度进行不断地探索和政策调整，使福利国家制度逐步走出了危机。当前，珠海正在抢抓新的发展机遇，建设生态文明新特区，争当科学发展示范市，打造一个宜居宜业的海滨城市，而良好的社会保障制度是宜居宜业的重要保证。因此，笔者结合珠海的实际情况，认真审视芬兰的社会保障制度，以期对完善珠海的社会保障制度具有重要启示。

一、芬兰社会保障制度的渊源

芬兰社会保障制度的产生和发展与其国家的历史文化传统、经济社会发展水平和党派团体的政治理念密切相关，这是其产生的土壤和存在的合理性。它的社会保障制度不是固定不变的僵化模式，而是随着国际国内形势的变化和经济社会的发展而不断地调整和改革。

从政治渊源看，芬兰最早的居民为拉普人，故芬兰又称拉普兰，以后芬兰人迁入，建立了芬兰大公国。12世纪后半期被瑞典统治，故而瑞典对芬兰影响深远。1809年俄瑞战争后并入帝俄，成为大公国。1917年12月芬兰共和国宣布独立。芬兰缺乏封建历史，在前工业化时期，社会结构相对简单，人口少，社会保障最初的萌芽以济贫的方式出现。瑞典在1763年颁布了《济贫法》，但是济贫活动基本上是由教会在操作。在基督教改革和15世纪30年代与罗马天主教分离之后，经历了早期教会和政府官僚之间的融合，政府开始取代教会从事社会救济事务。这一历史进程使政府作为提供社会保障的主体具有较大的合法性，同时，芬兰人民也希望政府在公民福利方面承担主动的责任。

芬兰社会保障制度的建立与芬兰社会民主党有很大的关系。芬兰社会民主党建立“人民家园”的执政理念深刻影响了芬兰社会保障的发展。在实行温和多党制的议会民主国家中，芬兰社会民主党创造了显赫的执政业绩。芬兰社会民主党成立于1899年，原名芬兰工人党，1903年改为现名。1966年起为主要执政党。1995年、1999年两次议会选举后以第一大党的资格与其他左右党派组成彩虹政府。该党对内主张政治、经济民主，实现充分就业和公平分配，保障社会福利，发展社会民主主义。芬兰社会民主党执政期间，芬兰经济增长，人民生活水平提高，并建立了全面、普遍和统一的社会保障制度。2007年3月芬兰社会民主党大选失利，芬兰中间党、民族联合党、绿色联盟和瑞典族人民党成为联合执政党。芬兰中间党2003年和2007年两次以议会第一大党的资格组阁。该党追求的目标是平等和公正的社会，组阁以来对芬兰社会保障制度的改革也仅是量的调整，而没有进行质的突破，保持了芬兰社会保障制度的稳定。

芬兰就合作主义和民主政治制度而被视为合作主义的典范。这一合作主义的社会机制包括集中化的劳资谈判、高度组织化的工会和劳资双方及政府参与的三方协商机制等因素。在芬兰，三方谈判机制至今仍然有效，但由于工会的政治力量对芬兰社会政策制定的影响要比其在丹麦和瑞典弱得多，同时也由于国家对劳资冲突保持一定的距离，所以政府精英在政策制定过程中享有很大的自主权。而民主决策机制的弱化反过来又削弱了工人阶级和左翼力量对政策制定的影响力。这些条件使政府精英能够进一步向右转，并以增强经济竞争力为名来倡导自由主义的社会政策。由于这个原因，导致芬兰在20世纪90年代社会保障制度的改革中，原先的“共同原则”正在弱化。起初建立芬兰社会保障系统的目标是，无论个体成员的民族、性别、就业状况还是对社会贡献等方面的差异，所有人的需求都享有平等的受社会保护的权利。而现在更强调的是个体成员享有的权利与他对社会贡献的联系。普遍性的受惠原则正在减弱，慷慨大方的计划在收缩。

从经济渊源看，芬兰社会经济的发展为芬兰社会保障体系的实施提供了足够的物质条件。从工业化发展进程看，芬兰起步较晚，在社会保障方面发展也较晚。在20世纪30年代大萧条时期，芬兰作出了一系列的反应，而最具特色的是在宏观经济层面和政治团体结合领域，30年代初工人和农民在社会民主党—农民党议会联合的旗帜下团结了起来。“以市场方式组织生产，以社会主

义方式分配结果”是其长期推行的理念。芬兰于1937年进行了这种联合，史称“红—绿”危机协议。到20世纪30年代，芬兰先后在工伤、失业和养老保险等诸多方面通过了立法，初步确立了现代社会保障制度的基本架构。

芬兰真正的经济起飞是在第二次世界大战之后。从经济增长速度看，1950—1973年是芬兰历史上经济增长较快的时期，其GDP年均增速为4.94%，而同期欧盟14国（卢森堡不计）的年均增长速度为4.83%。正是在这个时期，芬兰完善了现代社会保障制度，一方面确立了“公民权利、普遍性和统一性”三个原则；另一方面增添了大量新的社会保障项目，健康保险就是在这个时期建立起来的。

20世纪80年代，芬兰经济以年平均增长3.7%的速度持续发展。90年代初，经济出现严重衰退。1993年开始复苏，1994年以来经济总体上发展良好。芬兰政府90年代初完成经济结构调整，增大知识型经济在国民经济中所占比重，重视科技投人，发展高新技术和信息技术，在宏观上继续执行紧缩财政、鼓励投资、削减社会福利、降低所得税、加快国有企业私有化进程、改善就业等政策，使经济保持稳定增长。在20世纪90年代，芬兰政府通过全民工资转移政策，基本控制了贫富两极分化的局面。这个时期的芬兰社会保障制度的调整出现了一个新的变化。在一个关于90年代年代芬兰发展比较研究中，久胡萨瑞认为：“简言之，1990年代代表了芬兰社会政策历史时代的终结。”他发现，“新的模式强调的是促进就业和社会激励，而不是转型和服务”，“和引入劳动力市场津贴作为失业收益的平衡手段一样，对国家给付养老金和医疗保险的统一费用标准的修订明显地强调社会激励的目的，并表示正走向更积极的家庭政策取向。所有这些标志着芬兰社会政策的重大转型”。

芬兰1999年加入欧元区。2001—2003年芬兰经济增长速度分别达到1.9%、2.2%和2.4%。2003年按当期汇率换算，芬兰人均GDP为2.64万美元，排在世界各国人均水平的前10位，是世界上最富有的国家之一。2003年、2004年、2005年连续三年被世界经济论坛评为年度“世界最具竞争力的国家”，2006—2007年度排名第二，2007—2008年度排名第六。2008年，受全球金融危机影响，虽然芬兰银行体系受冲击不大，但经济从下半年开始下滑，企业倒闭增加，失业上升。为防止经济进一步陷入衰退，芬兰政府出台了一系列刺激方案。2008年GDP为1860亿欧元，人均GDP为3.5万欧元，GDP增长率为0.9%。在新的社会经济形势下，芬兰对已经建立起来的社会保障项目进行调整和改革，其中包括进一步协调与统一诸多分散的福利项目，提高福利项目的作用和效率，寻求新的筹资方式，等等。调整的目标不是从根本上改变或否定整个体制，而在于适应新形势的发展，使已有的社会保障体制更为有效、稳固和完善。

二、芬兰社会保障制度的特点

芬兰社会保障建设在国际社会起步较早，以1895年工伤保险制度建立为起点，经过一个多世纪的不断建设和完善，建立起了由养老保险、健康保险、工伤保险、失业保险和家庭津贴等项目组成的较为完备的社会保障制度。芬兰社会保障制度作为斯堪的纳维亚福利模式的一种，主要具有以下四个特点。

（一）注重依法实施社会保障

芬兰在社会保障方面的法律体系非常健全，大到宪法、小到实施细则，各级政府通过有关立法，作为实施社会保障政策和措施的依据。宪法保障每一个公民的基本权益，而具体的法规明确每一种社会保障项目的目的、原则、标准和实施办法。

芬兰对工伤保险的首次立法是1895年，并于1948年以后不断修订和完善，最初为半强制性保险制度，1965年后转变为普遍强制性保险制度。工伤保险适用于所有受雇人员，包括农业工人，但公共雇员实行特别制度，雇主和个体户可以自愿参加工伤保险。工伤保险由私营保险公司经营，受中介机构监督。

芬兰失业保险最早立法于1917年。自1984年颁布《失业保障法案》以来，芬兰建立起了补贴性自愿保险和失业援助双重制度。芬兰失业保险适用项目包括补贴性自愿保险和失业援助。补贴性自愿保险的适用范围为17～64岁的有收益的受雇者；失业援助适用对象为17～64岁的芬兰公民。

芬兰养老保险最早立法于1937年，1956年对国家养老金法进行了重新修订，1961年颁布了职工养老金法，1970年出台了个体从业人员养老金法、农场主养老金法，2005年又对职工养老金方案进行了改革，形成了国民年金制度与法定收入关联年金制度。国民年金适用于所有16岁以上，领取年金前已在芬兰居住至少三年的芬兰居民，或者领取年金前在芬兰居住已达五年以上的外国公民；而就业关联年金则适用于所有14岁以上的正规雇员（雇员为同一雇主工作不足一个月者除外）。季节性、海事和政府雇员以及农民和独立劳动者适用于另外的制度。

芬兰医疗保险首次立法于1963年，许多规定适用至今，其医疗保险实行的是现金补助和医疗补助双重制度。现金补助适用于所有16～64岁的受雇人员、独立劳动者和学生，而医疗补助则适用于全体居民。1984年，芬兰颁布

了涉及全体公民的医疗保险法。法律规定，凡在芬兰人口登记中心登记长期居住并依法纳税的公民，无论其国别、性别和年龄，都必须参加社会医疗保险制度，本人及其子女享受法律规定的基本医疗保险。这一医疗保险注重全民参与平等分享。到2000年，芬兰全国有3/4的人口享受医疗补贴。

芬兰家庭津贴立法开始于1948年，实行的是普遍保障制度。家庭津贴适用于有1个或1个以上子女的居民。主要有儿童补贴、产假与生育补贴、残疾儿童补贴和幼儿看护四种。

（二）社会保障呈社会分担化，政府承担主要责任

政府、雇主和被保险个人在社会保障资金来源中所占比例的不同，反映出他们在社会保障制度中所承担责任的差别。从芬兰社会保障资金不同来源渠道所占比例中可以看出，芬兰社会保障资金主要依靠中央和地方政府，雇主在缴纳的社会保险费中占第二位，被保险人个人在缴纳的社会保险费中占最后的位置（如表1所示）。显然，芬兰社会保障制度中，政府承担着主要责任，雇主处于第二位责任，而被保险人所承担的责任相对较少。但从第二次世界大战后芬兰社会保障资金来源的变化来看，中央和地方政府财政在社会保障资金来源中所占比例明显下降，而雇主缴费所占的比例则呈现不断增长的趋势。这反映出第二次世界大战以后，随着芬兰社会保障制度的发展和完善，政府、雇主和被保险者个人社会保障责任地位的变化。政府尽管仍然是社会保障制度第一责任者，但是所承担的责任正在减少，雇主尽管仍然是社会保障制度的第二责任者，但其所承担的责任不断增加，个人和保险市场分担的责任也在加大。这反映出芬兰政府正在逐渐把社会保障责任转移社会共同承担，发挥更多的市场和社会力量参与公共服务。

表1 1954—2002年芬兰社会保障资金不同来源渠道所占百分比

年 份	中央和地方政府	雇 主	个 人	保险市场
1954年	61%	23%	6%	0
1964年	60%	33%	8%	0
1974年	39%	52%	10%	0
1984年	49%	44%	7%	0
2002年	43.4%	39.4%	6.2%	11%

资料来源：芬兰社会事务和健康部。

从具体的各个社会保障项目来看，芬兰社会保障资金也是由政府、雇主、个人等多方共同承担的。工伤保险的基金主要由雇主予以承担，而受保人和政府都不负担。失业保险的资金来源为受保人、雇主和政府三方。受保人缴纳约为失业基金支出的5.5%，雇主承担失业基金的47%，政府则承担基本补助的全部费用，加上基金会支出的47.5%；而失业援助的资金则完全由政府拨款。养老保险国民年金与就业关联年金的资金来源不同。国民年金的资金来源为：受保人以缴纳公用税的形式缴纳（市政税16岁以上缴纳），雇员缴纳收入的1.55%，年金领取者缴纳收入的2.55%，独立劳动者缴纳收入的20.2%，且缴纳金额有最高限额；私人雇主缴纳工资总额的2.4%～4.9%，公共雇主缴纳工资总额的3.95%；政府大致负担35%，其中约3/4由地方政府承担，并支付所有的国民遗属恤金。就业关联年金的资金来源为：受保人缴纳应税收入的4%；雇主按工资总额支付保险费的方法缴纳就业关联年金保险（雇员少于50人的，缴纳工资总额的16.7%，雇员50人以上的，则缴纳工资总额的9.1%～24.9%，其依据因受雇人的年龄和性别而异，雇主所缴纳的数额平均为16.6%；政府则负担农民、独立劳动者收入关联年金所缴保险费不足部分的费用。医疗保险的资金由受保人、私人雇主和政府三方负担。家庭津贴资金由政府负担全部费用，受保人和雇主都不承担其费用。

（三）以维护全体公民的权益为根本原则

芬兰社会保障制度经历了一百多年的继承与发展，保障体系覆盖范围和福利标准已经发生了很大变化，但以维护全体公民的利益为基本原则这个核心没有改变，至今仍体现在养老保险、医疗保险等社会公共服务的各个方面。芬兰建立社会保障制度的宗旨，是建立起高水平的覆盖全体国民的社会保障体系。具体表现在三个方面：①维护全体国民的利益，每一个公民包括国内原有居民和满足居住年限等有关规定要求的外来移民，都有权力享受相关的社会保障待遇；②保证公民平等，不依种族、阶级、阶层、性别的不同而区别对待，高收入者、低收入者以及无收入者均被融入同样的福利体系之中；③注重个人的权利，每一项资助或者服务，甚至是对家庭的帮助，也具体到每一个个人。“不让一个人掉队”是芬兰社会保障工作的最通俗目标。在这个目标下，现有居民无论是否曾被雇佣，达到一定年龄均可领取养老金；每个家庭都能得到政府提供的育儿津贴，以减轻他们抚养孩子的负担；所有居民无论收入状况、社会地位及其他情况有何不同，均可得到尽可能好的医疗服务。

近年来，为了避免高福利的社会保障滋生“懒人和不劳而获者”，提高社会整体效率，芬兰对社会保障制度建立的原则进行了改革，使其在保障公民基

本生存权利和发展条件的同时，还要符合以下原则：①居民享受社会保障的程度是合理的和满足基本需要的；②这些社会保障措施在满足公民生存基本需要的同时，能够激发其劳动热情和创造性，并鼓励居民自助；③各级政府在提供社会保障方面的责任是明确的；④社会保障资金的筹集具有可承受的社会基础。在这样的基本原则之上，社会保障体系可以高效率地运转，在推动经济发展和保障公民权益方面发挥重要的作用。

（四）注重预防成为社会保障制度的重要内容

芬兰社会保障制度注重推出预防性社会和健康服务，主要是为了防止一些风险和问题的发生，以使较为昂贵的服务支出和援助最小化。

第一，进一步改善人的健康状况，高度重视环境健康，鼓励人们关心自身健康，利用社会政策促进人的健康。增强对少年和儿童关心的社会责任，除了改善社会环境，搞好日托，办好学校，对父母提供帮助外，培养青年人的健康意识，控制酒精和毒品的滥用。并努力改善劳动力的健康状况，把失业和临时性就业者享受的医疗和福利提高到终生就业者享用的水平，在职业病医疗和安全保健中把精神伤害放到与身体伤害同等重要的地位，充分关注未达工作年龄的学生和退休人员的健康，提供更加有效的教育和培训，以保留和增强劳动力的工作能力。

第二，不断增强工作的吸引力。通过改善工作环境和倡导劳动是美德的理念，使之成为人们的第一选择和优先选择，并使他们愿意延长工作期限，推迟退休年龄，解决劳动力短缺问题。在收入保障中引进工作的激励机制。改革就业养老保险制度。逐步取消提前退休的养老金，把退休年龄由 63 岁推迟到 65 岁，并且可灵活到 70 岁。一个人养老金的多少根据其工作期间挣钱多少确定，补助标准根据社会公正和经济趋势进行调整，以确保养老金的实际购买力适应经济发展的要求，并鼓励人们更积极地向保险公司投保。改革医疗成本补偿制度，将常见病津贴和父母津贴与职业医疗和医疗费用补偿分开，重新建立健康保险的预算平衡。将失业保障作为社会保险的一部分，并作为支持人们积极寻求工作的一种短期性措施。根据经济发展的态势调整对劳动力市场的支持和正常失业津贴，强化和重视对接受失业收入保障和提前退休的人员培训、工作能力维持和康复。从 1990 年开始，芬兰就建立了失业缓冲基金，数额约为失业金的 3% 左右。通过设立缓冲基金和改变计算受益的办法，使受益与缴费更加紧密地联系在一起。

第三，控制社会排斥，为弱者提供具体支持，确保其有一个合适的居住条件。不断缩小地区差异，上级政府对地方政府的转移支付注重使贫困地区和人口稀疏地区获得基本的福利服务。通过加强地区之间和欧盟范围内的合作，并突出非政府组织的作用，有效制止贫困和排斥。

三、芬兰社会保障制度对珠海的启示

（一）社会保障政策和措施应制度化

芬兰社会保障体制的发展是建立在社会立法基础之上的，政府依法提供社会保障服务是依法行政的一个重要组成部分。而我国在社会保障方面的高层次立法直到2010年10月才出台，相应的保障措施较少。珠海医疗保险制度还是针对不同人群而设立不同的保障制度，缺乏统一的医疗保险制度，对违反医疗保险相关规定的定点医疗机构缺乏有力的监管措施。养老保险制度存在多元化结构，城乡居民之间、有固定工作人群与无固定工作人群之间的养老水平存在较大差别。生育保险缺乏公平性，对无固定工作的女性保障水平较低，男性在生育保险中的权利缺乏保障。社会保险与社会救助各自为政，未建立相互衔接的制度安排。因此，完善社会保障立法应该成为珠海建立社会保障制度的重中之重，通过立法，确定珠海社会保障制度的基本原则、适用范围、基本制度、筹资方式，明确管理机构和管理办法等，使社会保障制度能够真正实现以法制为依托、以法律为保障。

（二）社会保障制度要具有普遍性

芬兰社会保障制度遵循的是“公民权利”和“普遍性”原则，普遍覆盖的社会保障体系是社会进步的标志，对社会的和谐稳定十分重要。然而，目前珠海市社会保障模式还存在二元化结构，有固定工作人群比无固定工作的人群更有保障，而且尚有未纳入社会保障体系的人群，主要是包括农民、农民工和无固定工作的人群在内的弱势群体。珠海农民和被征地农民虽然有养老保险，但保障水平比较低，他们中的大多数人最需要社会保障，却由于种种原因又最难加入现存制度体系。这个矛盾不解决，最大限度地保证社会公平就无从谈起。因此，珠海应该进一步完善社会保障制度，运用财政、社会和市资源推进各项公共社会福利，发展优抚安置和各种补充保障事业，将社会保障制度覆盖到全体社会成员，包括所有外来劳务人员。

（三）社会保障水平要循序渐进

芬兰社会保障体系的建立经历了一个逐步发展完善的过程，许多项目的建

立与完善经历了比较长的时间，如芬兰的养老保险制度，自19世纪晚期提出，直到20世纪30年代末才得以通过。珠海经济总量水平不大，不可能在短期内建立起一个全面的高福利的社会保障体系。芬兰由自愿性向义务性过渡、自愿性与义务性相结合的做法，以及满足公民基本生活需要和考虑社会可承受能力的原则，对珠海的社会保障制度改革与发展有着重要的参考意义。如果随意提高福利支出比例，就会导致经济下滑，引起通货膨胀，最终使提高社会福利的期望落空。同时，由于社会福利特有的刚性，只能上升难以下降。因此，珠海社会保障应该采取“低起点、渐进式”的发展方式，社会保障水平的确立要充分考虑珠海经济发展的实际，适应珠海的生产力水平和经济实力，遵循社会保障水平与经济承受能力相适应的客观准则，科学合理地界定社会保障的分配标准和总体水平，防止出现高福利国家的弊端。同时，建立开放性的社会保障体系，鼓励社会成员通过储蓄投保等方式参加政府提供的社会保障体系之外的个人保险。

（四）社会保障要有主动预防措施

有效的预防是芬兰社会保障制度的一个重要内容，是芬兰社会保障制度改革的重要经验，对珠海社会保障发展方向具有重要的启发意义。珠海社会保障制度起步较晚，社会保障内容单一，社会保障水平层次较低。但随着人口老龄化问题逐渐凸现，医疗保险基金支出上涨过快，部分险种基金已出现收不抵支的倾向，农村和城市居民收入差距进一步扩大，社会贫富差距拉大，福利供需矛盾突出，这些问题的解决强烈要求完善珠海社会保障制度。因此，珠海社会保障制度增加主动预防性的措施，防范疾病的发生，维持合理的收入水平，提高人们工作的积极性，提前做好应对人口老龄化的社会保障工作是完全必要的。

参考文献

[1] 丁建定. 北欧国家社会保障制度比较 [J]. 南都学坛，2003，23 (1).

[2] 韩春. 北欧福利国家模式研究与借鉴 [J]. 经贸纵横，2005 (5).

[3] 袁群，安晓敏. 北欧福利国家的改革及对我国的启示 [J]. 经济问题探索，2006 (11).

[4] 林卡. 论北欧学者对于其福利国家体制的研究、论争及其论争的逻辑基础 [J]. 国外社会科学，2005 (6).

[5]（丹麦）彼得·亚伯拉罕. 斯堪的纳维亚模式终结了吗？——论北欧国家的福利改革 [J]. 殷晓清，译. 南京师大学报（社会科学版），2007 (5).

[6] 张蕴岭. 北欧社会福利制度及中国社会保障制度的改革 [M]. 北京：经济科学

出版社，1993.

[7] Saari J. Reforming Social Policy: a Study on Institutional Change in Finland During the 1990s [M]. Turku: Publications of Social Policy Association 56, 2001.

[8] 郑涣清. 芬兰注重全民参与平等分享 [J]. 社会保障制度，2001 (11).

[9] 于慧利，王淑婕，徐学才. 北欧国家社会保障制度对我国的启示 [J]. 经济研究参考，2006 (32).

[10] 欧文汉，廖路明，卜祥来. 致力于经济与社会可持续发展的芬兰社会保障制度 [J]. 财政研究，2002 (10).

我国与北欧国家医疗保障管理体制比较分析

冯惠强

医疗保障制度是现代社会保障制度中最为复杂的制度之一，其运作牵涉医疗保障制度管理经办部门、参保者和医疗服务提供者等多个主体，涉及医疗卫生、社会保险和社会福利等多个领域。因此，设定一个科学、合理的管理体制对医疗保障制度的顺利运转至关重要，它不仅直接影响医疗保障制度的运行成本和行政管理效率，也会对基金的筹集、管理与使用效率，特别是对制度参加者所得到的医疗服务的数量与质量，即其所能获得的实际利益产生重要的影响。医疗保障制度的顺利运行离不开一个科学合理的管理体制。

国家医疗保障模式，也称免费医疗、全民医疗保障模式，是指政府以税收或缴费的方式筹集资金，通过国家财政预算拨款和专项基金的形式向医疗机构提供资金，由医疗机构向国民提供免费或低收费的，包括预防保健、疾病诊治和护理康复等卫生保健服务的医疗保障制度。

1883 年，德国颁布实施《疾病社会保险法》，开现代社会保障制度之先河。至今，医疗保障体系的主体制度，仍是以风险理论和大数法则为理论基础的医疗保险制度。国际上医疗保障制度大致有四种基本类型，即以英国为代表的国家卫生服务类型、以德国为代表的社会医疗保险类型、以美国为代表的商业医疗保险类型、以新加坡为代表的储蓄医疗保险类型。

社会医疗保障模式，是指国家通过法律形式要求雇主和雇员缴纳保险费来筹集资金而强制实施的一种医疗保障制度。

商业医疗保险模式是把医疗保险作为一种特殊商品，按市场法则自由经营的医疗保险模式。卖方是私人保险公司或民间团体，买方既可以是企业、民间团体，也可以是政府或个人。买卖双方建立在自愿和市场基础之上。

储蓄型医疗保险模式是按照国家法律规定，强制性地由个人和单位储蓄医疗基金，存入个人医疗储蓄账户，逐年累积，用于支付个人医疗费用的医疗保障模式。

一、北欧国家医疗保障的基本情况

（一）芬兰

1. 医疗卫生基本情况

世界卫生组织（WHO）在《世界卫生报告2000》（*The World Health Report* 2000）中，根据以下指标体系对其所有成员国的医疗卫生成就进行了排名。芬兰几个主要指标的排名分别为：健康水平第20位，财务负担的公平性第8～11位，用美元比价换算的国际购买力平价衡量人均卫生支出第18位，整个卫生系统的总体绩效第31位。

芬兰是高收入、高福利的国家，高新技术占GDP的50%以上，人口只有约530万，医疗保障筹资以国家税收为主，是全民医疗保障的高福利国家。全国有5个大学附属医院、20个区域中心医院、257个社区医院，公立医院占80%，私立医院占20%。

芬兰医疗卫生服务资金主要来自于市政府的财政收入。医疗卫生服务费用构成：44%来自于地方财政收入，16%来自于中央政府补助（国家税收），另外16%来自于健康保险收入，服务使用者个人自付占24%。私人医疗卫生服务作为公共卫生服务的一个有力补充而存在，私人医疗卫生服务支出占全国医疗服务总支出的16%。

目前，芬兰医疗卫生服务总支出占GDP的7.6%，这一比例低于经合组织（OECD）国家的平均水平。但到2020年，芬兰20%的人口年龄会在65岁以上，严峻的老龄化问题将导致卫生服务支出的不断上涨。

2. 医疗保障体系基本特征

（1）全民享受医疗保险。医疗保险不仅向全体芬兰国民提供，还向在芬兰学习、工作一年以上的留学生、外国人提供。医疗保险负责患者大部分治疗费和医药费，提供基本的医疗保障。医疗保险基金来源以税收为主，就业者再购买补充医疗保险（雇主承担大部分费用、个人承担小部分费用），享受更高的医疗保障。芬兰医院分布合理，设施先进，医生、护士配备充裕，医疗水平较高，护理人员责任心强，小病可上社区的诊所治疗，稍严重者可入市立医院治疗，重病者可转入中心医院治疗。患者如去私营医院治疗，则需承担高于公立医院部分的费用。重病、长期患病者、工伤和职业病患者享受医疗保险的份额则更多一些，甚至全部。芬兰还设有健康保险，根据一时不能工作的收入损失予以一定比例的补偿，使他们好好休息、尽快康复，同时又可维持正常的生

活水平。

（2）市政府是社会服务和健康服务的主要提供者。绝大多数市政府仅管辖不到1万名居民，市政府主要负责安排学校、社会服务和健康服务等基本服务。法定服务由市里的机构提供，不论是市里独建的机构还是几个市共建的机构，另外，市里还可向私营机构购买服务提供给所辖居民。中央政府和市政府都有权征税，市政府从中央政府得到补助以确保向居民提供必须提供的服务。使用者对有些服务也要交纳一定的费用。门诊个人每次支付20多欧元，药品费用报销40%～80%不等，甚至全额支付药品费用；住院个人每天支付100欧元。服务中最重要的领域是初级保健和专业医疗、孩子日托、老年人关怀、残疾人服务、社会援助和儿童福利。公共医疗是普遍的、基本的，私人服务是补充的。

（3）有效的预防已成为社保政策的一个重要组成部分。推出预防性社会和健康服务，主要是为了防止一些风险和问题的发生，以使较为昂贵的服务支出和援助最小化，其主要措施有环境医疗、有效的初级医疗、职业医疗、生育和儿童福利、社会排斥预防等。在芬兰等北欧国家，对烟酒销售、消费有明确严格的法律限制，目的就是限制人们少抽烟少喝酒，鼓励人们关心自身健康，在提高每个人健康水平的同时，相应减少社保支出。

（4）卫生和社会保障部负责社会保健服务的整体运作，负责拟订社会保健服务的立法草案，指导社会保健服务的改革进程，并通过国家省级办事处和国家福利监督机构监督此项服务的实施情况。卫生和社会保障部既管医疗保障，也管医疗卫生服务，统筹医疗保障和医疗卫生服务协调发展，为保障对象提供全程优质健康服务。

项目广泛、标准较高的社会保障，为芬兰人民提供了高福利，促进了经济发展，确保了社会稳定，使人民安居乐业，但也养了一些懒汉，有些人长期不愿工作，有些人提前退休。同时，较高的社保支出也加重了政府财政负担。社保支出占GDP的比例在20世纪90年代初经济衰退时增长得相当快，从1990年的25.9%增长到1991年的29.8%、1992年的33.6%、1993年的34.6%，后来由于经济增长、失业率降低以及采取了一系列结构性改革措施，使社保支出呈现下降趋势，2000年已降到24.6%，低于欧盟28.2%的平均水平。芬兰的社保支出主要由中央政府、市政府和雇主来承担，由保险公司直接承担的支出远低于欧盟其他国家，中央政府和市政府承担的比例相当高。以1997年为例，芬兰政府负担79.8%，保险公司负担13.4%，其他方面负担6.8%，而欧盟的平均水平是，政府负担72.9%，保险公司负担21.3%，其他方面负担5.8%。

3. 医疗卫生服务的产出

芬兰医疗卫生政策的长期目标一直是最大限度地实现全民健康，缩小不同社会群体之间的健康状况的差异。尽管很难从宏观层面上评析宏观政策的效果，因为在人群健康保障上，无法把这一政策的作用和其他影响健康状况的因素的作用明确区分开来。但不可争辩的事实是，在1981—2000年之间，其人均预期寿命的延长的确显著：女性预期寿命由78.4岁上升至81岁，男性预期寿命也从70.1岁上升至74.1岁。

（二）瑞典

瑞典的社会保障制度本着为每一个公民提供经济安全网的指导思想，实行普遍性和统一性的原则，全体公民都有获得基本社会保障的权利，基本内容有养老、医疗、失业、伤残、生育保险等。全国人均寿命男性为77.1岁，女性为81.9岁。瑞典中年以上的人口数量有实质性的增加，尤其是80岁以上的老年人群。瑞典人口中有18%的人年龄超过65岁，被认为是世界上最老龄化的国家。

1. 医疗保障体系

1955年实行医疗保险制度。1982年通过卫生立法，规定该国公民在生病（生育）时有资格领取由地区社会保险局支付的医疗费用补助；16岁以下的未成年人随其父母参加医疗保险。1984年，允许实施私人健康保险制度。

医疗保险基金模式采取现收现付制，一般用人单位要按职工工资收入的33%缴纳社会保险税，职工需负担4.95%的社会保险税（其中医疗保险税2.95%、失业保险1%和年金税1%）。自谋职业者根据收入情况，要缴纳17%～30%的社会保险税。但高福利、高消费导致专门的社会保险税已不能满足社会保险基金的支出，国家还必须从税收中拨款给予补充。2004年，全国用于社会保险、社会福利和社会服务的总支出相当于GDP的36.5%。社会保险基金由三部分组成：用人单位缴纳的社会保险税、个人缴纳的社会保险税和国家部分税收。

医疗保险对象为全体公民、在国外工作不足一年的瑞典人和在瑞典工作的外国人。投保人按规定缴纳社会保险税后，本人及其家属就可享受医疗保险待遇，主要待遇有：①医疗保健费用。包括医生治疗费、住院费、药费、往返医院的路费等。②疾病津贴。投保人生病期间的收入损失，此津贴补偿一般无时间限制，但生病三个月以上者，需进行身体健康检查，以确定是否能够继续从事原工作，如果不能，需接受培训并改行。③牙科治疗补贴。20岁以下患者，国家承担全部费用，20岁以上患者，国家承担部分费用。④药品费用。患者

（或家人）可以持处方到药店购买到优惠药品，购买非处方药需全部自费。在规定时间内，患者购买药品费用达到一定数额后，将有资格在这之后的一段时期内免费领取药品。⑤产妇津贴。产妇除享受常规的医疗保险待遇外，还可领取一定数额的产妇津贴。

2. 医疗服务体系

医院和基础医疗服务机构（健康服务中心）门诊挂号费标准由各省、市政府根据本地情况自行确定。为限制个人负担，政府规定了最高收费限制，病人累计支付门诊挂号费最高限为900瑞典克朗，超出部分从第一次门诊算起的一年时间内，免收以后的挂号费。另外，所有的医疗单位对儿童和20岁以下者一律免费就诊。同时，规定患者支付处方药不得高于900瑞典克朗，超过部分享受药品补贴，这就意味着患者在一个年度内就医总支出费用不会超过1800瑞典克朗。

瑞典的医疗卫生服务体制为三级管理：一是中央政府，包括国会、政府有关部门（卫生和社会事务部、劳动部等），它的一个重要作用是通过法律和法令规定卫生医疗服务的基本原则，负责监督与指导；二是省级管理委员会，国家规定医疗保险具体业务由省级机构负责管理与实施，省级政府拥有医院；三是市级管理委员会，承担审核待遇、基金支付、信息反馈和各项服务等工作。它们在瑞典医疗服务体系中起着非常重要的作用。由选举产生的这些政治机构有权利通过征税和收取费用来支持它们的日常管理和服务大众。

卫生服务和医疗保健体系的最主要评价标准是衡量其能够为服务人群提供面对任何健康问题处理方法的水平，瑞典卫生服务体系分为三个部分。

（1）基础医疗保健服务机构（健康服务中心）。它的目标是改善人们的健康状况，并向不需要住院治疗的公民提供医疗服务。这个部门拥有一系列广泛的健康专家，包括各类专业医师、护士、助产士和理疗医师等。他们在健康服务中心组成团队进行工作。公民有权选择自己的私人家庭医生，一般是一个全科医生。此外，还有社区护理诊所和妇幼诊所的私人医生、理疗医生提供医疗服务。基础医疗服务还包括向企业和学校提供健康检查和咨询服务。

健康服务中心的另一项工作是通过技术辅助手段向患者提供护理住房或在患者家中提供医疗和护理服务，方便老年人和残疾人接受全天候24小时的护理服务。

（2）县级和地方级医院。全国大约有65家，它们为患者提供需要住院治疗的医疗服务，包括为需入院治疗的患者提供专科领域的住院或门诊医疗诊治服务。另外，县地级医疗机构也提供精神病方面的护理治疗，而且以门诊患者护理的形式正逐渐增多。

(3) 较大地区区域级医疗服务系统。该系统包含9个地区级医院，相比县级医院，地区级医院有更广泛的专家队伍和诊疗系统，除一般的专科医疗服务项目外，还提供包括精神病治疗，以及神经外科、胸外科、整形手术和专业实验室等专业领域的服务。

由于强调院外治疗的理念，住院治疗在人们的观念中已发生许多改变。现在，日间手术方式和家庭医疗诊治的引入，使越来越多的患者在院外接受诊疗，越来越多的疾病治疗和手术不再需要患者必须住院才能完成。

目前65岁以下的瑞典人口中，每320个居民有一个医生。

3. 医疗保障管理体制

瑞典卫生和社会事务部负责全国各地区医疗服务、社会保险和社会事务的发展，就新的立法问题为政府起草参考条例，为议会起草提案，并起草其他政府有关管理的规定。国家卫生和福利署则是政府在医疗服务、健康保护和社会服务领域的中心顾问和监督机构，主要任务是跟踪和评估各地区提供的服务是否符合中央政府有关规定。

近几年来，省、市政府在医疗保健领域引入的一个主要改革就是患者有选择医院和医生的权利。患者可以选择他们就医的健康服务中心（或家庭医生），选择他们希望就医的医院。如果患者希望到本辖区以外的医院就治，医院可以出具转诊证明。

初级基础护理服务必须在患者与他们联系的当天提供服务，而医疗咨询则需在8天内提供服务。

2004年，瑞典医疗服务经费达到1780亿瑞典克朗（包括药品补贴和牙科治疗），这个费用已占到当年国家GDP的8.5%。由省、市政府提供或支付的医疗服务费用占总费用的80%左右。

各省、区的医疗经费占各地运作费用的89%，各省、市政府有权力对其辖区的居民按照收入水平的一定比例征收个人所得税，征收比率平均为10%。另外，费用中的19%来自中央政府拨款，患者个人也需支付4%的费用。由于加入欧盟，瑞典税收基数在逐渐降低，各地政府收入和医疗服务基金也相应的减少。

二、北欧国家医疗保障体制改革方向

当前，芬兰正面临北欧国家乃至欧洲国家普遍面临的问题，即人口老龄化。第二次世界大战以后出生的人已到了退休年龄，使得65岁以上人口占总人口的比重增长较快，预计到2030年，将达到20%。同时，失业也在增加。

有些人因不工作也能领取收入补助而不愿工作，长期处于失业状态；有些人由于未受高等教育和专业技术训练，难以找到合适的工作，长期处于失业状态；再加上创造就业的能力在萎缩，使得现在的失业率处在9%以上。若不采取有效的控制措施，预计到2030年，社保支出占GDP的比例会超过30%，也有可能到2025年就会超过30%。严峻的现实和挑战促使芬兰政府对其社保政策进行了检查分析，提出了对应的政策措施，以控制社保支出的增幅，力争到2030年将社保支出占GDP的比例控制在24%～28%之间。

（一）进一步改善人们的健康状况

一是利用社会政策促进人们的健康。由于影响人们健康的因素的范围越来越大，因此，必须把健康放到更广的范围内来考虑，当前主要是集中精力参与欧盟社会政策的制定，重点控制传染性疾病、抽烟以及化学产品、毒品和酒精滥用。二是健康从儿童抓起，敦促有关部门尽早关注儿童的健康和不安全问题，除了改善社会环境、搞好日托、办好学校、对父母提供帮助外，还要培养青年人的健康意识，推迟青年人开始抽烟喝酒的年龄，减少青年人抽烟喝酒的人数，使青年人远离毒品，鼓励他们从事健康向上的体育活动。三是努力改善劳动力的健康状况。要把失业和临时性就业者享受的医疗和福利提高到终生就业者享受的水平，在职业病医疗和安全保健中把精神伤害放到与身体伤害同等重要的地位，充分关注未达工作年龄的学生和退休人员的健康，提供更加有效的教育和培训，以保留和增强劳动力的工作能力，使工作期限能延长2～3年。四是完善帮助老年人的管理模式。在城镇和交通规划、建筑物设计安装中，充分考虑到老年人特别是行动不便的人的需要，同时加快构建照顾老年人的网络，把志愿者、家庭服务人员和医护人员联在一起，共同为老年人做好服务。五是高度重视环境健康。努力把北欧环境健康的高标准规范写入欧盟法律，以促进解决市区规划、汽车排放物、湿气对建筑物的破坏、食品和水中有害细菌和化学物质等影响健康的环境问题。

（二）提供有效的服务和收入保障

一是通过立法强化公共服务享用者的地位，充分利用信息技术成果在服务提供者和享用者之间建立一个有效的对话和反馈机制，完善全民医疗和服务框架。二是发展私营福利和医疗机构，为公共福利和医疗提供补充和替代选择，促进公共服务质量和效率的提高。三是鼓励经验丰富、技能娴熟的社会福利人员和医疗人员工作更长的时间，不鼓励提前退休，同时调整教育培训计划，加强对在职人员的培训，以增加有技能的劳动力的供给。四是加强对服务供给的监管，继续保证芬兰公民不论居住在何处，都有平等享受社会福利和医疗服务的权利。中央政府通过设立目标和提出劝告、发布信息、设计运行模式，对地方政府和服务提供者进行引导。当基本目标不能实现、平等享用的权利受到威胁时，政府可运用法律和行政措施进行干预。五是加强地区之间在社会福利、初级医疗和专业医疗上的合作，既要提高专业医疗和初级医疗服务规模化水平，又要发展地区技术中心，构成广泛的网络。六是维持合理的收入水平，要使最低收入保障水平与总的收入趋势相适应，既要确保那些长期依赖这一保障的人有一个合理的消费水平，更要通过加强税收与转移支付的协调，激励人们通过工作获得合理的基本收入。

三、我国医疗保障管理体制现状

（一）城镇职工基本医疗保险

1998 年，国务院发布《关于建立城镇职工基本医疗保险制度的决定》（国发〔1998〕44 号），在全国范围全面进行职工医疗保障制度改革。城镇所有用人单位，包括企业、机关、事业单位、社会团体、民办非企业单位及其职工，都要参加城镇职工基本医疗保险。随着原劳动保障部对于灵活就业人员、农民工、非公有制经济组织参保政策的明确，城镇职工基本医疗保险实际上覆盖了城镇全体从业人员。截至 2009 年底，城镇职工基本医疗保险参保人数为 2.2 亿人。

（二）城镇居民基本医疗保险

为解决城镇非从业居民的医疗保障问题，2007 年 7 月，国务院印发《关于开展城镇居民基本医疗保险试点的指导意见》（国发〔2007〕20 号）。目前，这项制度已在全国全面推开。城镇中不属于城镇职工基本医疗保险制度覆盖范围的学生（包括大学生）、少年儿童和其他非从业城镇居民，都可自愿参加城镇居民医疗保险。截至 2009 年底，城镇居民医疗保险的参保人数达 1.8 亿人。

（三）新型农村合作医疗

新型农村合作医疗（以下简称“新农合”）是以政府资助为主，政府、集体、个人共同筹资，针对农村居民的一项基本医疗保障制度。所有农村居民都可以家庭为单位自愿参加新农合。截至 2009 年底，参加新农合的人数为 8.33 亿人。

（四）城乡医疗救助

城乡医疗救助体系是我国多层次医疗保障体系的兜底层次，包括城市医疗救助制度和农村医疗救助制度。由政府财政提供资金，主要是为无力进入基本医疗保险体系以及进入后个人无力承担自付费用的城乡贫困人口提供帮助，使他们能够与其他社会成员一样享有基本医疗保障。社会医疗救助的对象是因病致贫的低收入者和贫困者，资金主要由财政支持，也可以吸纳社会捐助等其他来源的资金。2009 年，全年累计资助 5650 万人参保参合，住院救助 520 万人次，门诊救助 1083 万人次。

目前，我国三种不同类型的医疗保障制度分别由两个不同部门管理，城镇职工基本医疗保险和城镇居民基本医疗保险由人力资源和社会保障部门管理，新农合由卫生部门管理。由不同部门管理医疗保障制度会造成政策的不一致性、医疗待遇的不同差异、管理资源的重复配置，导致资源浪费、待遇攀比等弊端。《中共中央国务院关于深化医药卫生体制改革的意见》提出“探索建立城乡一体化的基本医疗保障管理制度”。《国务院关于印发医药卫生体制改革近期重点实施方案（2009—2011 年）的通知》明确规定：“探索建立城乡一体化的基本医疗保障管理制度，并逐步整合基本医疗保障经办管理资源。”医疗保障经办管理资源如何整合，是医药卫生体制改革的目标，是摆在我们面前的重要课题。医药卫生体制改革的最终目标是用比较低廉的费用来改善和提高人们的健康水平。也就是说，一是改善和提高人们的健康水平；二是要控制医疗总费用，即医疗卫生总支出占 GDP 比例要处于比较低的水平。

如何实现用比较低廉的费用来改善和提高国民的健康水平，各国均进行了积极的探索。医疗保障与公共卫生、医疗服务关系如何处理，事关医药卫生体制改革的成效，应将其放在大健康概念的背景下去考虑和处理。怎样处理才有利于综合健康管理，有利于医药费用控制，有利于群众得到更多实惠，这是决策者应思考的问题。

任何改革都是手段，目的是改善国民健康。无论是卫生行政部门管理，还是人力资源和社会保障部门管理，医疗保障的最终目的都为改善国民的健康，即在有效利用医疗保障资金的前提下，最大限度地改善居民的健康。有学者认为，医保管理体制的设计和改革应在“健康”的平台上开展，应以健康为中心，在考虑中国国情的前提下，从健康的角度考虑哪个部门管理更能发挥好综合健康管理的职能，是当前医药卫生体制改革需要回答的问题之一。

四、卫生部门一手托两家的优势

建立由卫生行政部门“一手托两家”的管理体制，其目的在于将医疗服务成本控制和医疗机构监管内部化，有效实现满足医疗服务需求和控制医疗费用的平衡。

（一）卫生主管体制逐渐成为国外社会医疗保险制度管理体制的主流

在社会医疗保险制度下，医疗保险制度管理经办机构和卫生服务机构相互监督制约，有利于医疗保险制度的稳定发展。但是，由于侧重市场调节，社会医疗保险容易忽视疾病预防，缺乏对医疗质量和医疗费用的有效监管。为改善上述缺陷，许多国家在社会医疗保险的宏观管理体制方面进行了改革。从宏观管理体制上看，目前世界上实行社会医疗保险制度的国家有的通过卫生行政部门来管理医疗保险制度，也有的通过其他部门，如社会保障部门等来管理医疗保险制度。由于医疗保险与卫生服务的紧密联系，鉴于医疗保险制度管理的专业性和复杂性，越来越多的国家改由卫生行政部门主管医疗保险制度，卫生主管体制逐渐成为各国社会医疗保险制度管理的主流。一些国家的管理模式如下：

（1）英国。由卫生部主管的国家医疗保障模式，在国家卫生服务制度下开展的全民医疗保障制度，是典型的国家医疗保障模式。瑞典、芬兰等北欧国家属于这种模式，卫生与社会保障部既管医疗服务，又管医疗保障。

（2）法国。卫生部主管全国的卫生发展、药品监管、社会保险、医疗救助等事务，既负责管理卫生服务的提供，也直接制定医疗保险的政策措施并加以组织实施，在一定程度上实现了提高医疗卫生服务质量和控制医疗保险费用支出的统一。

（3）日本。2001 年把厚生省和劳动省合并为厚生劳动省，统一管理卫生、社会保障和社会福利事务。

（4）德国。于 2002 年把劳动和社会政策部的社会保障职能与卫生部合并，组建成新的卫生和社会保障部，并赋予其管理卫生服务和强制性社会保险、长期照顾的职责。

（二）卫生主管体制的作用和优势

卫生主管体制已逐渐成为实行社会医疗保险制度的国家在保险管理方面的

主流做法，因为它可以充分利用卫生行政主管部门的专业优势和管理优势，有利于控制医疗费用、提高服务质量，以及促进卫生服务与医疗保险的良性互动和共同发展。我国新型农村合作医疗制度由卫生行政部门主管，并由卫生行政部门所属机构负责具体经办，这种管理体制符合国际上的发展趋势，适合我国当前的国情，具有以下积极作用和优势。

第一，有利于卫生行政部门对医疗保障和医疗服务进行统筹管理，促进二者的协调发展。

在现行管理体制下，卫生行政部门承担着管理新农合、监管医疗卫生机构、建设农村医疗卫生服务体系等多重职责。一方面对新农合进行管理，另一方面对定点医疗机构进行管理，可以对它们进行统筹规划与协调。通过对医疗卫生机构实行全行业管理，实施区域卫生规划等途径整合及合理利用有限的农村卫生资源，为参合农民提供优质的卫生服务，并可利用新农合积累起来的医疗保障资金及农民对医疗需求的释放来推动农村医疗卫生体系的发展，从而实现新农合和农村医疗卫生体系的良性互动和共同发展。

据有关学者研究，改革开放以来，由于农村集体经济解体及国家财政投入不足等原因，我国农村的三级医疗预防保健网趋于解体，原有的县、乡、村三级医疗卫生机构各司其职、相互协作的格局被打破，农村的医疗卫生服务网络出现了服务能力下降、协调运作功能不佳等问题。在医务人员方面，农村医疗卫生人员虽总量较大，但学历和职称偏低，业务水平有待提高。在这种状况下，如不考虑加强农村医疗卫生服务体系的建设问题，新农合的推行也将受到阻碍，由卫生行政部门来统筹管理这两方面的工作，可以同时考虑医疗保障和医疗卫生体系建设两个问题，有利于农村医疗保障制度和医疗卫生体系的健康发展。

第二，由卫生部门负责管理新农合，使得卫生部门既要提高参合农民的受益面和受益程度，同时也要努力保持新农合基金收支平衡。

要实现医疗保障基金收支平衡，卫生部门必须加强对医疗卫生服务机构的监管，督促医疗机构降低费用、提高服务质量，从而在两者之间寻求平衡。由于卫生部门具有监管供方所需的专业知识，比较容易获得与卫生服务质量和价格相关的信息，具有针对供方的行政管理手段等优势，卫生行政部门比其他部门拥有更强对供方的管理能力，可在控制医疗费用上发挥更大的作用。

广东省实行新农合制度以来，各级卫生行政部门想尽一切办法，出台一些对参合农民优惠的政策措施，如免挂号费，床位费、检查费部分减免，免费健康体检等，让参合农民得到更多的实惠。目前，我国农村县、乡、村三级卫生医疗网络在农村卫生市场占绝对主导地位，农村医疗卫生服务体系主要由政府举办，在这种情况下，卫生行政部门的监管优势更为明显。

第三，由卫生行政部门统筹管理可在一定程度上实现人力资源和管理资源的共享。

在卫生行政部门内，负责新农合管理经办工作的职能部门与负责医疗卫生服务体系建设的职能部门之间，较易于协调配合，公共管理资源可共享，有利于新农合总体管理成本的降低和管理效率的提高，减少由不同部门管理所造成的资源重复配置的浪费。

（三）各地实践经验

有研究者认为，随着工业化和城市化进程的不断加快、城乡融合发展和户籍制度改革，新农合与城镇居民医疗保险并轨的经济社会背景已存在。另外，两种医疗保障制度覆盖的人群具有很多共性，在人口特征上，都无固定单位、无雇主、无固定工资，收入差距较小，非正式就业城镇居民家庭人均收入与农村居民家庭人均收入较接近，新农合与城镇居民医疗保险衔接符合我国经济社会发展趋势。

浙江嘉兴市的基本医保扩大参保范围，除了本地户籍农民外，将本地户籍中无医疗保障的城镇居民（含中小学生），以及外来人口在本地就业或就学并办理居住证的无医疗保障的人员也纳入合作医疗保障范围，并且命名为城乡居民合作医疗保险制度。城乡居民合作医疗实施方案坚持城乡统一，即实行城乡居民统一筹资标准、统一补偿标准、统一结报方式、统一保障待遇。这样，在提高农民医疗保障水平的同时，将城镇居民（包括未成年人）、在本地就业或就学并办理居住证的非本地户籍外来人口纳入城乡居民合作医疗保险范畴，扩大了参保范围，增加了参保人数，加大了合作医疗资金总量。基金盘子越大，抗风险能力越强，符合社会保险的“大数法则”。

嘉兴市城乡居民合作医疗工作实施几年来，卫生部门充分发挥主管医疗机构以及对医疗业务比较熟悉、居民医疗需求比较了解的优势，科学制订合作医疗实施方案，成功地实现了“一低一高一平衡”的目标——连续两年参保人员的次均住院费用全省次低，住院补偿率全省最高，资金结余基本控制在10%以下，实现收支基本平衡；该市城乡居民合作医疗满意度最高，满意率达96.7%。

江苏常熟市在实现医保城乡统筹之后，则着力通过采取综合措施，控制医疗费用不合理增长。该市通过建立完善的网络工作平台，对医保进行信息化管理，并建立控制医疗费用的管理规则和制度。同时注重提高医疗服务供方参与管理的积极性，通过行政补助、医师表彰等多种形式提高医务人员的积极性。

常熟市认为，新农合和居民基本医疗保险两制无缝衔接、并轨运行，由卫生部门主管，充分发挥了卫生部门的独到优势，强化和优化了制度管理。卫生部门结合卫生工作总体目标，把居民医疗服务利用与提高居民健康水平作为管理导向，坚持使参保人员受益原则，最大限度发挥基金效益，切实减轻群众疾病负担。通过合理配置和优化卫生资源，建立健全定点医疗服务体系，较好地满足了群众医疗卫生服务需求；通过补偿方案设计，拉开不同级别医疗机构间的补偿水平，合理引导患者流向，确保人人享受基本医疗服务；通过建立健全包括定点服务机构管理、参保人员就医转诊管理、基本药品目录、费用结算办法等各项制度，综合运用行政、人事、财务、医政、药政管理等手段加强对医疗卫生机构的管理，规范医疗服务行为。

但也有一些试点地区的社保部门负责人认为，卫生部门与医院之间有着千丝万缕的联系，如果既当裁判员又当运动员，一旦出现需要处罚的情况，往往是“鞭子高高举起，轻轻落下”，碍于人情而下不了手。如果由社保部门管理，最大的好处就是“敢下手，处罚狠，力度大”，对医疗机构有一定的威慑力。

北京大学公共卫生学院副院长吴明教授认为，统筹发展城乡医疗保障制度以及建立城乡一体化的医疗保障管理体制是必然的发展趋势。但是，制度的整合不是简单的制度合并，也不是简单地将相关管理权责从一个部门划转到另一个部门。无论哪个部门管理都各有优势和不足。卫生部门管理医保，即一个部门既管医疗服务提供又管医疗保障，有内在的动力使用好资金，更重要的是可统筹协调公卫、医疗和医保进行综合健康管理，但需要在已有的内在激励机制的基础上，建立外部激励机制使其完全按照相关规定办事。社保部门管理医保“下不了手”的问题相对少，但要取得较好的管理效果，需要职能的延伸，或者需要建立部门间有效协调及合作的机制。

在吴明看来，在医保管理体制改革中，新农合或居民医保究竟由哪个部门管理，应该以健康为中心，在考虑中国国情的前提下，看哪个部门更能够发挥好综合健康管理的职能。

五、启示

北欧国家人均期望寿命较高，医疗费用总支出占国内生产总值的比例较低，医疗卫生绩效较好，给了我们以下启示。

（一）树立大健康概念

健康是全社会的事情，并不只限于卫生部门的职能。健康与生态环境、饮用水质和食品质量、行为模式、饮食习惯等因素有关。加强全民健康教育，从儿童着手，培养全民良好生活方式和生活习惯，尽量减少吸烟喝酒的人数，推迟年轻人抽烟喝酒的年龄，教育年轻人远离毒品。加大环境治理力度，保护饮用水源，研发应用清洁能源，减少废气排放，创造良好的生态环境。

（二）建立大部门体制

将与健康管理密切相关的职能放在同一部门，如公共卫生、医疗服务、医疗保障、药品供应等职能由同一个部门协调管理，政策目标协同一致，有利于实现用比较低廉的费用来改善和提高国民健康素质的目标。

（三）建立覆盖全体国民的多层次医疗保障体系

医疗保障筹资要多元化，建立以税收为主，企业、集体、社会、家庭或个人共同承担费用的筹资机制。建立以基本医疗保险、社会医疗保险为主，商业医疗保险、医疗救助为辅的多层次的医疗保障体系，实现人人享有基本医疗保障、人人享有基本医疗卫生服务的目标。

（四）医疗保险理念要向健康保险转变

医疗保险只注重疾病的治疗，对疾病预防、疾病康复并不重视。现代医学模式已由注重疾病治疗向全程健康管理转变，医疗保险模式要适应医学模式的转变，由医疗保险向健康保险转变，将疾病预防、治疗、康复均纳入保障范围。

六、对我国医疗保障制度改革的政策建议

《中共中央国务院关于深化医药卫生体制改革的意见》明确提出："建设覆盖城乡居民的公共卫生服务体系、医疗服务体系、医疗保障体系、药品供应保障体系，形成四位一体的基本医疗卫生制度。"医疗保障体系是基本医疗卫生制度重要的组成部分，是四大体系之一。从有利于综合健康管理角度来说，医疗保障体系与医疗服务体系由同一个部门管理，有利于政策的协同性和有效性实施，行政效能明显增强，也符合当前大部制改革的要求。从北欧国家的管理体制来看，医疗保障和医疗服务供给由同一部门来管理，卫生绩效较高，平

均寿命较高，对医疗费用控制也比较有效，北欧国家医疗费用支出占 GDP 的 7.6%～8.5%，处于全球较低水平。我国 20 世纪七八十年代，用比较低廉的费用为国民提高医疗卫生服务，保障了国民的健康，被世界卫生组织评为发展中国家卫生保健的典范模式，也是医疗保障与医疗服务由同一部门管理的。因此，建议我国在深化医药体制改革过程中，汲取北欧国家的先进做法，以及我国历史上的成功经验，从有利于国民健康素质提高、有利于医疗费用控制、有利于行政成本降低等角度出发，将医疗保障和医疗服务由同一部门管理，真正建立起人人享有基本医疗卫生服务的基本医疗卫生制度。

参考文献

[1] 孙光德，董克用. 社会保障概论 [M]. 北京：中国人民大学出版社，2000.

[2] 彭珊，徐利，编译. 芬兰的医疗卫生体系 [J]. 北京市哲学社会科学首都卫生管理与政策研究基地，2006，3 (5).

[3] 高解春. 芬兰医疗信息共享和资源整合给我们的共鸣与启迪 [EB/OL]. 复旦新闻文化网，2007 - 11 - 02.

[4] 胡晓义. 我国基本医疗保障制度的现状与发展趋势 [N]. 行政管理改革，2010 - 06 - 22.

[5] 刘远芬. 国家医疗保障制度对药学的发展有何影响 [N]. 医药经济报，2007 - 09 - 07.

公务员养老保险制度改革探究

——以芬兰公务员养老保险制度比较为例

陈英华

一、芬兰公务员养老保险制度情况介绍

通过笔者到芬兰学习并实地走访考察，结合参考芬兰和国内学者对芬兰公务员养老保险制度情况的介绍资料，笔者认为，芬兰公务员养老保险制度情况如下：

芬兰作为福利型的养老保险制度国家，养老保险费用主要由国家负担，国家实行高税收政策，养老保险待遇水平也由中央和地方政府规定。国家通过税收方式征缴保险费，好处在于来源稳定，负担公平，有利于提高社会保障水平。芬兰公务员的养老保险主要分三部分。第一部分是全国统一的养老保险，全国养老保险要求公务员强制参加，实行现收现付制，目前达到65岁退休即可享受每月500欧元的养老金。第二部分是与公务员就业关联的养老保险，其标准为在职工资的50%～60%。该保险要抵扣全国统一的养老保险数额，且超过一定数额就不再享受全国统一的养老保险，实行部分积累和现收现付相结合的制度。第三部分是公务员补充养老保险，由雇主与公务员共同缴费。公务员补充养老保险的作用不大。

二、我国实行公务员社会养老保险的积极意义

1951年，根据政务院颁布的《中华人民共和国劳动保险条例》，国家机关和企事业单位实行退休制度。1978年，国务院颁发了《关于安置老弱病残干部的暂行办法》，机关干部退休由过去的民政部门管理改为由单位管理。1991年，国务院颁布了《关于企业职工养老保险制度改革的决定》，企业由退休制度向养老保险制度改革，机关仍实行退休制度。随着90年代初实行公务员制度，我国开始进行公务员养老保险制度改革的探索阶段，部分地区对公务员养老保险制度改革进行试点，同时，也对事业单位养老保险制度改革进行试点。

目前，我国公务员总体上仍实行退休制度，主要是依据公务员个人工作年限和退休时的工资确定退休费水平，再加上生活补贴，所需经费由财政负担，列入预算，现收现付。随着社会主义市场经济体制改革不断深化和人力资源市场的不断发展，公务员实行社会养老保险制度的改革也在不断创新。

（一）有利于精简机构和人才流动

我国公务员现行退休制度是在计划经济时期形成的，在计划经济时期，机关干部退休后的主要收入是基本退休费，与企业同类人员的水平相当，机关干部与企业干部之间的流动不存在困难。随着社会主义市场经济的发展，除基本退休费外，各地纷纷出台生活补贴政策，使之成为退休公务员实际收入的重要组成部分，且其所占退休公务员实际收入的比例不断提高。由于基本退休费比例及标准由国家统一制定，退休公务员之间的基本退休费差异较小；而企业年金制度不够完善，企业同类人员的实际收入主要靠基本养老金。虽然公务员基本退休费与企业同类人员基本养老金水平大体相当，但由于退休公务员生活补贴水平不断提高，导致与企业同类退休人员的收入差距逐渐加大，形成机关与企业之间的职业壁垒。公务员离开机关流动到企业，由于个人部分没有积累，将影响公务员的积极性。公务员退休待遇与社会养老保险待遇目前实际存在的差异，客观上形成公务员流动的阻碍。另外，虽然我国《公务员法》规定了公务员辞职及辞退制度，但由于将失去退休待遇及没有养老保险等问题，导致公务员队伍的出口不畅。实行公务员养老保险制度，可实现公务员养老保险的转移和衔接，降低职业转换成本，有利于精简机构和人才流动。

（二）有利于财政供养负担的代际公平

现行公务员退休制度实行现收现付，没有基金积累，大量的退休公务员给当期财政造成经费压力，随着公务员与企业退休双轨制的待遇差距逐渐加大，加剧了“吃财政饭”的问题，这在一些欠发达地区情况尤为突出。实行公务员养老保险制度，可建立个人账户部分和补充养老部分，形成基金积累。当期财政要对公务员将来的养老提供基金积累，体现了当前政府的责任，也使当前政府增加公务员生活补贴水平时要考虑与企业同类退休人员收入的差距问题，体现了权利、义务与成本对等的原则，有利于减轻未来财政的压力。

（三）有利于体现贡献与待遇相结合

现行公务员退休制度主要以公务员退休时的职级及工资确定其退休待遇，同一职级的公务员除基本退休费有一定的差距外，占退休收入主要部分的其他补贴差距不大，明显带有计划经济时代的特点。芬兰公务员养老保险制度中，养老金很大一部分是根据公务员退休前的收入计算的，这就从法律制定上鼓励公务员提高工作积极性和延长退休年龄。我国实行公务员养老保险制度，可建立个人账户部分和补充养老部分，形成基金积累；公务员养老保险待遇与其在职时的工作表现、贡献大小和基金的积累相联系，贡献大则待遇高。

（四）有利于政府廉政建设

实行公务员养老保险制度，建立个人账户部分和形成基金积累，可以使保险制度与个人利益结合起来。芬兰对公务员的养老保险实行优惠政策，随着公务员工作年限的增加，基金积累随之增加，从制度上能够达到对公务员行为的约束和促进廉政建设的作用。我国仍属发展中国家，经济发展水平有限，不可能大幅度提高公务员的工资收入水平。给公务员提供更为优厚的养老保险待遇，可以激励和保障公务员廉洁从政。

（五）有利于社会保障体系的建立与完善

从国外养老保险制度的沿革情况看，世界上养老保险体系完备的国家，公务员都被覆盖在内，芬兰就是典型。由于公务员行业的特殊性，我国公务员肩负着社会养老保险制度改革的重任，公务员实行社会养老保险，必然在社会养老保险制度改革的各个方面发挥重要作用，从而进一步保障社会养老保险制度改革的顺利进行，促进社会保障体系不断完善。

三、芬兰模式对我国公务员养老保险制度选择的启示

从芬兰的情况看，公务员养老保险纳入统一的社会养老保险制度，这也是北欧国家的一种通行做法。公务员纳入全国统一的养老保险制度不仅促进社会公平，也为公务员退出机制打开“绿色通道”。

我国目前总体上仍实行公务员退休制度，但从实践的情况看，需要进行改革的呼声越来越高。特别是社会保障法出台后，公务员养老保险制度改革已成为现实的问题。

实行单独的公务员养老保险制度，虽然有一定的优点，但无法与其他行业的养老保险融为一体，容易走回退休制度的老路，不利于公务员队伍与其他行业之间的人才流动。

我国人口众多，公务员队伍虽然占全国人口的比例较低，但绝对人数多，各地情况不一样，采取单一的制度和标准难以适应各地不同的差别。我国现行

公务员退休制度中，基本退休费是全国统一的。但随着改革开放和社会主义市场经济的发展，各地纷纷出台退休公务员生活补贴制度以适应当地的实际情况。从退休公务员收入保障来看，既体现了制度统一也体现了地区差异。

公务员养老保险制度改革，可借鉴芬兰公务员养老保险制度的经验。芬兰公务员养老保险不是单一的制度，既有全国统一的养老保险，也有体现地区差异的与公务员就业相关联的养老保险。因此，在改革我国现行退休制度实行公务员养老保险制度时，既要考虑制度统一一致的因素，又要考虑地区差异因素。

我国可实行全国统一的基本养老保险制度，将公务员与社会其他阶层的基本养老保险制度统一起来。在此基础上建立公务员的个人缴费制度，缴费情况与个人养老保险待遇挂钩。这样既有利于调动公务员的工作积极性，也有利于公务员队伍与其他行业之间的人才流动。

四、芬兰模式对我国公务员退休年龄选择的启示

退休年龄要与本国国情相适应。芬兰由于已进入老龄化社会，在养老保险制度改革方面采取了一些措施。例如，延迟必须退休的年龄到 68 岁，芬兰议会正在研究能否把退休年龄提高到 70 岁，降低一些福利的支出水平及养老金替代率，尽量使养老金不再与物价上涨因素挂钩，而与劳动者退休前的收入等相关联。这些改革，有利于提高劳动者的积极性，适当减少只想享受福利的行为。又如，芬兰的公务员退休后，除国家给予一定的基本养老金外，另外一大部分是根据公务员退休前的收入计算的，这就从法律制定上鼓励公务员提高工作积极性和延长退休年龄；从公务员自身考虑，就要与雇主达成协议，以保证退休后的待遇。在男女退休年龄方面，芬兰没有差异。芬兰妇女的平均退休年龄较男性高，退休时间实行平等的条件，与男性公务员的退休年龄相同。

退休年龄要有一定的灵活性。经芬兰工会组织统计和调查，芬兰公务员的平均退休年龄为 59. 3 岁。主要原因是芬兰公务员有的职业可以提前退休，如医院的护理人员达到一定年龄，可以提前退休；对于高级知识分子或高级人才，雇主也有留用人才的政策，可通过签订协议或合同的方式留用高级人才。据芬兰学者介绍，芬兰有的高级人才终身受聘没有退休，这说明在退休问题上芬兰对高级人才还是有非常灵活的政策。

从芬兰学者介绍的情况看，芬兰许多公务员不希望延长退休年龄，特别是代表公务员群体利益的工会坚决反对延长退休年龄。工会认为现在公务员的平均退休年龄还不到 60 岁，将退休年龄提高到 70 岁意义不大。芬兰社会福利较

好，为公务员希望提前退休提供了良好的物质基础，与退休前相比，虽然退休后待遇有所下降，但可以减少税收，享受商业保险待遇。此降彼升，退休前后的收入差距相对减少。

此外，芬兰公务员将家庭与工作的关系分得非常清楚。工作与退休，芬兰公务员更愿意选择退休。芬兰学者分析芬兰公务员愿意提前退休的原因有以下四点：①工作太辛苦；②压力大；③退休可自由支配时间；④可减税及享受商业保险待遇。

进一步分析，这一现象涉及许多因素。从民族的角度看，芬兰人家庭核心的概念与我国不同，子女较少与父母住在一起，家庭与个人的独立性较强，养老多不靠子女。退休后希望有更多的个人时间和更多的自由时间。

我国公务员现行的法定退休年龄大多为60周岁，处级及以下女性公务员为55周岁。除此之外，工作年限满30周年，或距国家规定的退休年龄不足5年，且工作年限满20年的公务员，本人提出申请，单位同意，可提前退休。这对于我国加快调整公务员队伍，适应政治体制改革和国家行政管理的需要，提高公务员队伍的素质是有利的。

按联合国的标准，60岁以上的人口占全国人口的10%或65岁以上的人口占全国人口的7%，即进入人口老龄化社会。随着我国人民生活条件的改善和医疗水平的提高，我国逐渐进入老龄化社会，目前我国人口平均寿命已增加至70岁左右。人口老龄化，意味着社会保险费用的增加。我国《公务员法》规定公务员的文化水平要达到大专以上，公务员的文化水平普遍较高。由于读书学习时间较长，因此参加工作时间相对较迟，对一些高学历的公务员而言更是如此。公务员提前退休或公务员法定退休年龄偏低，会影响政府的工作效率，造成人才浪费。

我国可根据经济社会发展的状况、人口老龄化的情况，以及公务员队伍的素质状况，适当调整公务员退休年龄。适当提高公务员的退休年龄政策的灵活性，使公务员退休年龄符合我国的实际情况，达到合理的状态。如可适当放宽处级及以下女性公务员自愿退休的年龄，可以充分发挥高学历和有经验的女性公务员的工作积极性，也可以给进入老龄化社会的其他行业起到示范作用。

五、芬兰模式对我国公务员养老保险待遇水平问题的启示

我国现行公务员的退休待遇水平，根据在职公务员工资水平的一定比例确定。国家在调整公务员退休待遇时，往往与在职公务员调整工资或补贴同步进行，水平也基本上按相同职级在职公务员平均增资水平的一定比例确定。现行

公务员退休待遇水平的调整，包括退休费及补贴两方面的内容，与企业养老金待遇的调整不同步。由于企业年金制度还不完善，企业养老金待遇的调整多是基本养老金水平的提高。虽然国家每年都在提高企业基本养老金标准，但由于其他方面的制度不健全，与公务员退休待遇的水平不能保持大体相当，其中的原因较多，但制度的设计不同是其中之一。另外，由于我国人口老龄化发展迅速，预计到2030年将达到高峰，而企业统筹养老金占全部养老金发放的大部分，政府财政负担较重且成逐年上升的态势。因此，要处理好社会发展、财政收入增加与养老保险待遇水平之间的关系，公务员的退休待遇水平也要根据经济发展水平和物价情况进行调整。

从芬兰的情况看，芬兰实行分税制的财政体制，中央财政与地方财政有差异，这决定了芬兰中央政府公务员与地方政府公务员收入的不同，养老金的预算开支也不同，因此芬兰中央政府公务员与地方政府公务员的养老金标准也不同。芬兰的社会开支占国民生产总值的比例从20世纪90年代以来是呈下降趋势的，但总体趋势是上升的。由于养老金与医疗费用占芬兰社会开支的大头，芬兰的社会保险费用迅速上升不但给企业带来巨大的压力，也给财政带来危机，有的地方财政已无法保障养老保险待遇水平，需要中央财政转移支付。这是我国需要吸取的教训。

第三部分　芬兰经验的思考与借鉴

《中共广东省委政治协商规程（试行）》出台的重大意义及当前仍需着力解决的问题

王少勇

2010年，本人有幸参加了由广东省人社厅组织的第四期广东省公务员公共管理芬兰专题研究班的学习。学习期间，恰逢中共广东省委颁布出台《中共广东省委政治协商规程（试行）》（以下简称《规程》）。这是我国第一部省级政治协商规程，也是继2009年9月3日中共广州市委率先出台《中共广州市委政治协商规程（试行）》后，广东政坛盛开的又一朵民主之花，可以预见，它将揭开广东社会主义民主政治建设历史性的新篇章。本文试就《规程》出台的重大意义以及当前政治协商制度中仍需着力解决的问题进行一些探讨。

一、《规程》出台的重大意义

（一）政策出台背景

2008年8月，中共中央政治局委员、广东省委书记汪洋在省政协提案督办会议上提出，广东应率先出台政治协商规程和提案办理规程，以“程序的公开保证结果的公正，以程序的科学保证制度的科学”，使社会主义的协商民主成为可操作的由制度规定的民主。随后，广东省政协即组织人力进行两个规程的起草工作。《广东省政协提案办理工作规程》于2010年初由省委、省政府办公厅联合下发。该规程明确规定了提案审查立案、办理落实、答复反馈的程序和要求，有力地推动了提案办理工作的制度化、规范化和程序化。对政治协商规程，为慎重起见，汪洋将之放在民主法制建设试点城市广州市来做。时

任中共广州市委书记朱小丹和广州市政协主席朱振中接过任务，经过深入调研，广泛听取意见，数易其稿，广州市终于在2009年9月率先出台了《中共广州市委政治协商规程（试行）》。这是我国中心城市出台的第一部政治协商规程。它的出台，在国内外媒体中引起广泛关注和报道，日本《产经新闻》认为《规程》的颁布实施，是“向民主迈出的一大步”。之后，经过半年多的探索和实践，2010年5月30日，中共广东省委终于出台了《规程》，在全省范围内制度化、规范化地探索实行政治协商。

（二）《规程》的主要亮点和创新

《规程》明确了政治协商的原则及两种基本方式，规定了协商的主要内容、形式和程序，同时明确建立政治协商督办机制，把它纳入领导班子和领导干部政绩考核的范畴，多处体现其创新的勇气和特质。

第一，明确把政治协商纳入决策程序。重大问题在决策前和决策执行中进行协商，做到重大问题的协商“三在前”，即在党委决策之前、人大表决之前、政府实施之前。需要进行协商的内容，未经协商的，原则上不提交省委决策、省人大及其常委会表决、省政府实施，这就明确确立了政治协商在政治体制中的位置和地位。

第二，首次明确了政治协商的两种基本方式及其协商形式。一种为中共广东省委同省各民主党派和各界代表人士的政治协商，其具体形式为民主协商会、谈心会、专题座谈会等五种；另一种为中共广东省委在省政协同省各民主党派和各界代表人士的政治协商，其具体形式为省政协全体会议、省政协常务委员会会议、省政协主席会议、省政协专题协商会等九种。

第三，拓展了政治协商的内容。《规程》在原有协商内容的基础上，首次把“中共广东省代表大会和委员会全体会议的重要文件”、“本省推进改革开放的重要决策”、“应对各类重大突发事件和公共危机的应急处置预案”等列入政治协商的范畴，进一步拓展了政治协商的广度和深度。

第四，首次规定了政治协商的详细程序。具体分为制订协商计划、做好协商准备、召开协商会、汇总协商成果及办理与反馈五个步骤，同时，明确了每个程序与环节的工作分工和时限要求，体现了《规程》程序化、可操作的两大特点，也充分体现其创新性。

第五，首次建立政治协商督办机制。由省委领导同志牵头，建立政治协商督办落实联席会议制度，每年对政治协商的落实情况进行检查。把是否重视政治协商、能否发挥好政治协商的作用作为检验领导水平、执政能力的一项重要内容，并首次将之纳入领导班子和领导干部考察考核指标。

（三）《规程》出台的重大意义

《规程》的颁布实施，实现了政治协商从制度设计到制度实践的重大突破，是政协工作制度化、规范化、程序化的一次可贵探索，也是党和国家实行科学民主决策、提高执政能力的重大步骤和重要标志，在我国民主政治制度建设中必将起到积极的探索和示范作用。

第一，《规程》的颁布实施，是人民政协工作制度化、规范化、程序化的一次可贵探索。

中国共产党领导的多党合作和政治协商制度是我国的一项基本政治制度。人民通过选举、投票行使权力和人民内部各方面在重大决策之前进行充分协商，尽可能就共同性问题取得一致意见，是我国社会主义民主的两种重要形式。政治协商是人民政协的三大职能之一，它是对国家和地方的大政方针以及政治、经济、文化和社会生活中的重大问题在决策之前进行协商和就决策执行过程中的重要问题进行协商，有着独特、不可替代的作用。

一个科学、合理的制度设计，必须有一整套配套的措施来实现，以体现其优越性。毫无疑问，人民政协制度是一个科学的、适合中国国情的政治制度。但是，在现实的政治生活中，由于与基本制度相配套的具体工作制度不完善、不健全，没有制定合理、规范的运行程序，人民政协在履行职能过程中，出现了许多不规范、得过且过，简单化、随意化等现象，限制了政协委员履行职能的积极性，不同程度地影响了人民政协作用的发挥，影响了人民政协的形象，也有违制度设计的初衷。在政治协商上，由于协商的主体不明确，同时缺乏科学、详细的可操作程序，政治协商在某种程度上成了人民政协“自弹自唱的独角戏”。

根据广东省政协多年的实践，在政治协商中，往往有“三难”现象。一是请领导难。政治协商是对“大政方针以及政治、经济、文化和社会生活中的重大问题”进行协商，其层次不可谓不高。但是在以往的实际运作中，请省政府及其职能部门的领导到政协参加协商会却并不容易，很多职能部门以非领导职务干部或中层干部代替领导干部出席。而另一面，省政协方面却是主席、副主席等阵容整齐，规格、级别上明显不对等。这必然影响了协商的效果，也挫伤了对政治协商抱有热切期望的各党派、各界代表人士的积极性。二是协调会期难。由于政协常委会的协商题目没有纳入党政年度工作计划，只是按政协自身工作安排确定后才邀请党政部门领导参加，故而协商会期很难确定，往往为了争取党政领导参加而多次调整会期，未经多次更改就不正常！而等到确定会期后才发会议通知，往往时间很短，酝酿不充分，有些委员也因来

不及调整工作而无法参加协商，意见也就出来了。三是协商成效不明显，成果转化难。由于没有规定是否一定要反馈答复，有些部门可能会复函解释，但更多的是发出去后石沉大海，没有了下文。

《规程》的出台，从根本上改变了没有具体程序可循、可为可不为的随意状态，规定了政治协商的两种基本方式及具体的协商形式、程序，明确每个程序与环节的工作分工和时限要求，从而在工作制度层面细化了政治协商制度，可以说，把停留在文件里、嘴上的政治协商制度变成了实实在在的、看得见的可操作性规程。这是对人民政协工作制度化、规范化、程序化的一次重大探索和实践。用广东省政协主席黄龙云的话说，就是从“关心协商”到“必须协商”，从“可以协商”到“程序协商”，使政治协商从“软办法”到“硬约束”，实现了政治协商从制度建设到制度实践的重大跨越。《人民日报》发表评论文章认为，《规程》以“量化、规范的形式明确了开展政治协商的操作性办法，为政治协商进一步落到实处提供了保障”。

第二，《规程》的颁布实施，是党和国家实行科学民主决策、提高执政能力的重大步骤和重要标志。

《中共中央关于加强人民政协工作的意见》明确写明，政治协商是“党和国家实行科学民主决策的重要环节，是党提高执政能力的重要途径”，“各级党委要高度重视人民政协的政治协商，统一部署和协调，并认真组织实施”，“各级党委要把是否重视人民政协工作、能否发挥好人民政协的作用作为检验领导水平和执政能力的一项重要内容”。毫无疑问，我们党高度重视人民政协工作，并将之纳入全局统筹考虑。

但是，在现实政治生活中，政治协商从年度计划的制订到具体协商题目的提出、准备、实行，基本上都是政协单方面在推动，很显然，各级党委并没有把政治协商真正摆上议事日程，没有把它当作“自己的事情”来看待，而是被动接受政协“邀请”来进行协商。自然，政治协商也就不是什么“重要环节”，更谈不上是“提高执政能力的重要途径”了。

《规程》第三条表述政治协商的原则，再次明确“由省委统一部署、协调并组织实施”。在具体行文中，虽然没有明确写明政治协商的主体是党委部门，但却以党委部门的主体身份来表述政治协商，从各个程序的设计和表述上，明确体现了党委部门的主体身份。例如，在制订年度协商计划上，明确是省委每年年初听取省政协党组、各民主党派和各界代表人士意见建议而确定政治协商年度计划；在召开协商会议上，省委委托省政协党组组织实施，委托省政协领导主持；在督办落实机制上，明确由省委分管统战工作的领导同志牵头，建立政治协商督办落实联席会议制度。对政治协商的落实情况，省委办公厅根据需要定期或不定期进行督查。从这些具体条文的表述中，可以看出，中共广东省委充分认识到政治协商的重要性，认识到政治协商是“自己的分内事”，并通过规范化、程序化规定将之纳入决策体系。同时，建立督办落实机制，确保工作取得实效。这在客观上必将大大提高各级党政部门开展政治协商的自觉性和主动性，提高党政领导的民主决策意识，从而进一步提高党的执政能力，完善科学民主决策机制，推动我国民主政治建设向前发展。事实上，《规程》出台后，广东省内各市积极响应，已陆续出台或正准备出台相应的政治协商规程，一场协商民主新风正在南粤大地涌起。

第三，《规程》的颁布实施，在我国社会主义民主政治建设中必将起到积极的探索和示范作用。

长期以来，由于具体工作制度的不完善、不规范、不健全，导致了人民政协履行职能的宽泛化，其象征意义从某种程度上远大于实际意义。因此，改变这种不完善、不规范、不健全的制度，制订并实施制度化、规范化、程序化的工作制度，才能从根本上改变这种现象，人民政协才能切实地履行三大职能，才能真正体现社会主义民主政治的特色和优势。

事实上，自党的“十三大”报告提出“完善共产党领导下的多党合作和协商制度”以来，历次党代会都提及这个问题。党的“十五大”报告提出“继续推进人民政协政治协商、民主监督、参政议政的规范化、制度化”。党的十六大更是把发展社会主义民主政治、建设社会主义政治文明作为全面建设小康社会的重要目标，把坚持和完善社会主义民主制度作为建设社会主义政治文明的重要任务，强调“要着重加强制度建设，实现社会主义民主制度的制度化、规范化和程序化”。党的“十七大”报告提出：“坚持和完善……中国共产党领导的多党合作和政治协商制度……，不断推进社会主义政治制度自我完善和发展。”《中共中央关于加强人民政协工作的意见》又再次重申“推进政治协商、民主监督、参政议政的制度化、规范化、程序化”。实际工作中，人民政协在诸如提案、反映社情民意、委员视察调研等经常性工作中，建立了不少规范的工作制度，但是在保障政治协商作为决策程序“重要环节”的根本问题上，在长达二十几年的时间里，从中央到地方，没有建立一套行之有效、可操作的约束机制和程序设计，以至于政治协商无章可循，陷入简单化、随意化的境地。在这一点上，作为政协三大职能之一的“民主监督”，也是至今未建立完善的工作制度。

笔者认为，目前的政协制度相当于“粗放式的经济增长方式”，只满足于有这种制度、能发挥作用就行。殊不知，只要改变一下“增长方式”，变“粗放式”为“精细式”，那么，增长的效果会成倍扩大，效率会成倍提高，人民

政协制度的独特魅力也必将更加绽放光芒。而《规程》正是改变这种“粗放式增长方式”的积极尝试，它将框架式、“粗放式”的基本制度，细化为计划式、具体式的“精细型”规章，使“高高在上”的基本制度有了一个“落脚点”。从一种象征意义的制度到一种具有可操作性的规程，广东在这个方面做了可贵的探索。

长期以来，我们或是满足于制度的优越性而沾沾自喜，或是囿于现实而无动于衷，以至于对中央早已吹响民主的号角仍然反应迟钝，满足于现状、不思进取，而今，走在改革开放潮头的广东又一次振臂高呼，必将引发后知后觉者亦步亦趋！《规程》出台后，兄弟省市的同行普遍赞赏广东的尝试，有的省党委已经关注到这个问题，并批转有关部门学习、参考，有的已认真琢磨、热烈讨论。笔者认为，《规程》的出台实施，对各省各地政治协商工作的开展将产生良好的示范和带头作用。可以预见，一旦广东的尝试取得令人鼓舞的成效，各地将积极效仿；如果中共中央发文推广，各省必将迅速乘势而上，那么，我国独特的协商民主在党和国家决策体系中的地位和作用将大大提高，中国的民主政治建设必将产生跨越式的进步。《人民政协报》2010 年 9 月 18 日发表头版头条文章，记述广东省积极推进政治协商制度化建设，其醒目标题为“为中国民主探路”。广东的实践，诚如斯言。

二、《规程》的不足及当前政治协商存在的问题

毫无疑问，《规程》是探索政协工作科学化的积极尝试，但同时，由于其首发性，也存在一些明显的不足，有的内容表述不准确，有的规定过于空泛，难以界定、不好操作，重复着以前的“粗线条”；甚至在至关重要的“协商成果办理与反馈”环节上，对一般性的协商成果办理反馈居然只字未提，存在明显缺陷。

（一）协商内容不够细化

《规程》对协商内容做了原则性的规定，也增加了新内容，有了新突破，但对诸如“重要决策”、“重大问题”、“重要问题”等没有明确的界定，对具体的“省政府投资的重大建设项目”也没有明确标准，因而在实际操作中将较难把握协商的界限。有些事涉民生的重要决策出台前没有走协商程序，以至于有些显而易见、不该出现的失误却一再出现，引起社会的普遍不满与反感。

在确定两种基本协商方式的具体协商内容中，有几项内容是互相交叉的，例如，国民经济与社会发展中长期规划、重要地方性法规的制定修改、重要人

事安排及事关民生和经济社会发展全局的重大问题等。对于这些交叉的内容该采用何种方式进行协商才能高效、节约公共政治资源，《规程》并没有规定。

（二）协商程序还需进一步规范

《规程》的最大特点在于规范政治协商的各个程序、环节，从而避免其简单化和随意性。这也正是其产生、存在的最大理由和亮点。但同时也受到各种因素的制约。首先，《规程》本身的程序设计存在不足，如对协商议题的产生机制，在两种基本协商方式中，不论是哪一种，都没有明确规定，这在以后的实操中，容易造成一些争议和误解。其次，在实际政治运作中，往往有一些事关全局的政策措施不经协商就匆忙出台，或是在党委常委会议讨论后才拿到政协进行协商，这明显违背了政治协商“三在前”的原则，需予以改正。最后，在具体的“省政协专门委员会会议”协商形式上，虽然列明协商双方都可以提出协商议题，但并没有规定议题的产生机制及具体的运作程序。作为省委年度协商计划，主要针对的是全省的大政方针，一般不可能把某个职能部门需要协商的问题都考虑进去。因此，此项内容也较难运作。

（三）在协商成果办理与反馈上存在明显缺陷

《规程》提出建立健全协商成果办理与反馈制度，并且明确了列入省委常委会议或省政府常务会议的重要协商成果的办理、反馈程序和时限要求，但是，并非所有协商成果都能列入省委常委会议或省政府常务会议的议题，对于这部分协商成果，《规程》中只字未提如何办理与反馈，是参照“重要协商成果”办理，还是根据实际情况另立制度？这个问题没有明确，在以后的实际操作中，必然会产生诸多歧义。因此，当务之急，必须尽快完善此项制度。

（四）政治协商是常态的“决策程序”，不能以次数而论

不论是从《中共中央关于加强人民政协工作的意见》、《政协章程》等国家级文件，还是新出台的《规程》等地方性文件，其对政治协商的原则、定位表明政治协商都应该是一种常态的政治行为方式。党的“十三大”报告早已提出：“逐步使国家大政方针和群众生活重大问题的政治协商和民主监督经常化。”以后的各种文件中，进一步表述为“把政治协商纳入决策程序”、它是“党和国家实行科学民主决策的重要环节，是党提高执政能力的重要途径”。既然是“决策程序”、“重要环节”、“ 重要途径”，就必然是一种常态的行为；也只有是一种常态的、决策程序中的一个正常环节，政治协商才能发挥其民主协商、平等议事的作用，才能达到求同存异、增进共识的目的。

但是，《规程》对这种常态的政治协商行为却多次以次数来衡量。例如，省政协常务委员会会议“一般每季度举行一次”，省政协专题协商会“一般每年举行二至三次”，等等。既然是一种常态的决策程序，就不该以次数来衡量，涉及大政方针、涉及重要的民生问题或公众利益就应该走民主决策程序，而不能以完成多少次协商会议来作为是否完成协商计划或是协商任务的标准。这个次数的规定，很显然是受到以前相关文件及省政协原有工作习惯的影响而定的。以省政协为例，以前的协商主要是由省政协单方面提出的，协商计划的制定，首先是根据省政协人力、物力状况而定，协商的成果有可能被党政部门重视、吸纳，但它并未明确是决策的一个环节，因此，一年举行多少次政治协商与“实行科学民主决策”并没有直接的因果关系，说白了，就是根据省政协自身能力、精力而设定的。但是，《规程》把政治协商定位为一种“决策程序”，就必须以是否达到政治协商议题标准的所谓“重要决策”、“重要问题”、“重大问题”来衡量，而不能以省政协自身的人力、物力来定题目与次数，否则，政治协商就是“次数”而非“程序”。广州市2010年政治协商每月约一次，省政协2010年第四季度协商次数也与此相近，省政府领导出现在省政协会议厅的次数明显频繁。有的省政府工作人员因此觉得政协会议太多了，“（副）省长的公务很忙的”，言下之意，（副）省长来政协只是出席会议，能少来一次，就能腾出更多时间处理政务，殊不知，政治协商本身就是一种极为重要的政务。既然政治协商是一种“决策程序”，那么，该走程序而不走的就是违规，该参加会议的就必须来，它是不能以次数多寡而论的。当然，根据一段时期的工作重点制订协商计划是必要的，但是如果拘泥于既定的次数，那就是误解了政治协商的本义，其决策程序“重要环节”的地位、作用将大大削弱。

（五）《规程》的实施将冲击着现行的体制、结构

现行的政协、党派体制及机关人员配备是基于现行的政治框架及政治运作而设置的，两者基本上是相匹配、平衡的。但《规程》的出台却打破了这一平衡。根据中共广州市委印发的2010年度政治协商计划，其中，市委同市各民主党派的政治协商就有十项内容，而市委在市政协同市各民主党派和各界代表人士的政治协商也有十四项内容之多。仅就后者而言，平均约一个月就有一次政治协商活动。一方面，极大地调动了各民主党派和政协其他组成单位参政议政的积极性和主动性；但另一方面，由于现行的政策制度，民主党派本身的发展在地域、界别、数量上都有一定的限制，而且其成员与政协委员一样是兼职的，党派机关与政协机关也缺乏科学、严密的调查研究机制，后勤保障能力

也很有限，对于陡然增加的政治协商任务及大量的工作，已经有点不胜负荷。长此以往，必定会引发诸如知识储备不足、人员不足（尤其是专家不足）、经费不足等问题。而广东省政协从2010年9月至2016年年底，也安排了三个专题协商题目及一次常委会专题议政，对于新举措之下的工作任务，工作人员也是加班加点，谨慎应对。

政治协商要发展，体制要突破，改革必然随之而来。而事实上，这种呼声与要求已经跃然纸上。广州市不少民主党派提出希望加强自身建设、充实人才储备、改善成员结构等诉求，有的建议适当放宽对党派发展成员的限制。广东省政协也拟提出在办公厅增设协商与界别工作处，以机构、人员的保证来促进、推动政治协商的发展。

综上所述，《规程》的颁布实施，是广东省在积极推进政治协商制度化建设上迈出的可喜一步，是政协工作制度化、规范化、程序化建设的可贵探索，是中国社会主义民主政治建设道路上的一次积极尝试。当然，由于长期形成的各种因素以及现实条件的限制，也并非表明实施了《规程》就能解决政治协商存在的所有问题，何况《规程》本身不尽完美，还有诸多不足。但是，《规程》的出台，本身就是广东省的一次积极尝试，既是首创，就很难完美，我们不应求全责备，而应认真总结提高，修订其不足，完善其制度，使其在我国科学民主决策体系中发挥应有的作用。

芬兰社会保障经验对解决我国职业病保障问题的启示

张太海

在广东省公务员公共管理芬兰专题研究班学习期间，作为一名从事社会保障工作的干部，笔者认真学习了芬兰社会保障制度及其管理模式，并结合我国职业病保障问题进行了初步研究。

一、芬兰社会保障制度模式及其特点

芬兰国土面积近34万平方公里，人口总数约530万人，2011年GDP为1920亿欧元，人均GDP 3.2万欧元，2005年至今在世界经济论坛的“全球竞争力排名”均位列世界前10名。芬兰、瑞典、丹麦、挪威等北欧国家实行以“高税收、高福利”和“从摇篮到坟墓”的社会保障福利制度，被称为斯堪的纳维亚模式，是世界社会保障制度的主要类型之一。芬兰人民安居乐业，社会和谐安定，老百姓幸福感很强，2012年4月联合国发布的《全球幸福指数报告》，北欧国家包揽前三甲，芬兰位居第二，这与其拥有完善的社会保障制度是密不可分的。

（一）芬兰社会保障的基本理念和主要体系

芬兰社会保障制度以1895年工伤保险立法始建，历经一百多年发展完善，形成了普遍保障、高福利的社会保障体系。虽然历经多次改革变化，但是以维护全体公民利益为基本原则的核心理念没有改变，“不让一个人掉队”是其目标的生动写照。基本理念有三个方面：①维护全体国民利益。每一个公民，包括国内原有居民和满足居住年限等要求的外国移民，都有权利享受相关社会保障待遇。②保障人人平等。不因种族、阶级、性别的不同而区别对待，高收入者、低收入者以及无收入者均被纳入同样的社会福利保障体系。③尊重个人权益。每一项福利保障或者社会服务，都具体到每一个人。

芬兰社会保障体系主要包括三个部分：①预防性的安全与健康政策。政府鼓励人们注重自身保健，戒烟戒酒，增进自身健康。包括环境健康保障、基础卫生保健、职业卫生保健、产假及儿童福利服务、防止排外现象增进社会和谐等。②社会和医疗卫生服务。主要由中央政府和省政府组织实施，包括基础医疗卫生、特殊医疗服务、幼儿照顾、老人照顾、残疾人服务、生活补贴、儿童保护等内容。③社会保险。主要由芬兰社会保险署（KELA）负责提供和管理。包括国民养老保险、就业养老保险、健康保险、残疾保险、基本失业保险等内容。总的来说，从人的出生、婴幼儿时期到老年的全过程，芬兰社会保障体系是全方位的，确保了每一位公民生活无后顾之忧，实现了“防贫扶困”的基本目标。

（二）芬兰社会保障制度的主要内容

芬兰社会保障制度既包括多数国家共有的基本保障项目，如养老保险、健康保险、失业保险等，也包括很多国民福利项目，如家庭福利、教育福利、住房福利等。主要保障项目有以下七项。

1. 养老保障

养老保障主要向老年人、残疾人和遗属提供养老金，包括养老金、残疾抚恤金和遗属抚恤金项目。芬兰有两个不同的养老金制度：一是国家养老金，由KELA管理，保障范围是无工作或者低收入的老年人，确保居民最低收入，根据在芬兰居住的时间长短决定退休金数量，2009年为432～511欧元/月。二是就业养老金，由私营保险公司经营，以就业为基础，与参保者就业收入挂钩，由雇主（约17.35%）和个人（约5.15%）共同缴费，当就业养老金超过一定数额则不能享受国家养老金。芬兰平均退休年龄为63岁，2009年养老金月平均1145欧元，替代率50%～60%。

2. 健康保障

健康保障主要是国民健康保险计划，实行医疗费用补助及病休津贴制度。生育医疗费用由国民健康保险计划支付。医疗费用补助适用于全体居民，病休津贴适用于16～64岁的劳动者和学生。健康保险费由政府、雇主和个人共同承担，2012年雇主缴纳的疾病保险税税率为2.12%，雇员为2.04%，其余费用由政府承担。医疗费用补助包括药费补助（平均为42%）、医疗费用补助（私人医疗服务和牙医服务补助标准为60%）；病休津贴按日计发，以补偿因疾病导致的收入损失，支付标准平均为收入的70%，期限不超过300天。此外，就医所需的交通费用也纳入补助范围。重病、慢性病的药品费用补偿比例可以达到75%～100%。在一年内个人支付药品费用、交通费用超过最高限额的，超过部分费用可以申请全额补偿。国民健康保险计划也对职业病患者和工

伤者的治疗费用进行补偿，补偿比例比较高甚至可以达到全额。

3. 失业保障

芬兰建立了失业保险和失业援助双重制度。每个连续工作10个月以上的居民在失业时可以领取最长500天的失业保险金。失业保险金包括基本失业保障金（由KELA提供）、工资相关失业保障金（由参保者投保的失业基金提供），标准约为平均收入的45%。超过500天的失业人员或者无资格获得失业保险金的人员，可以获得由政府提供的劳动力市场援助，每天有一定额度的补助金。

4. 工伤保障

在芬兰，工伤保险立法最早，但随着社会保障体系不断完善，特别是建立了覆盖全民的健康保障和养老保障制度，如今的工伤保险只是社会保障一般性制度的补充，用于补偿工伤事故或者职业病患者。芬兰所有职工包括农业工人都有强制性的工伤及职业病保险，个体户可自愿参加，该保险由私营保险公司经营，保费由雇主承担，支付项目包括医疗补助、临时残疾补助和永久残疾抚恤金。医疗补助包括医疗费用、辅助器具和康复费用等；临时残疾补助用于补偿工伤者因工伤停止工作的收入损失，从事故发生后开始支付，最长支付12个月；永久残疾抚恤金根据伤残程度支付，最高为工伤前正常收入的85%，重度残疾者还同时享有生活护理津贴。此外，芬兰劳动者享有良好的职业健康保障，如KELA要补偿劳动者合理的职业健康保健费用，以及劳动者被安排接受医疗、健康服务的费用，而劳动者无须负担。在工伤与职业病康复中，芬兰把精神伤害放到与身体伤害同等重要的地位。

5. 家庭福利

家庭福利基本上由KELA提供，主要有生育津贴、家庭津贴、残疾儿童津贴、儿童看护津贴等。生育津贴是每个婴儿出生时可领一份140欧元的津贴，或者包含婴儿衣物用品的生育包裹。同时，母亲享有105个工作日的父母津贴，最长可支付158天，标准与收入水平相关，平均为980欧元/月。家庭津贴是对养育有17岁以下小孩的家庭发放，根据家庭养育小孩的人数而按不同的标准支付，通常情况下每个小孩的家庭津贴为100～172欧元/月，单亲家庭将在上述标准上每个小孩再增加46.60欧元。残疾儿童津贴是对16岁以下的残疾儿童发放，根据其受伤、残疾程度而有不同支付标准，可持续发放到16周岁，以后则领取国家退休金法案下的残疾抚恤金。儿童看护津贴或者儿童日托服务为7岁以下的儿童提供，这两个项目可以由父母选择其中之一。例如，学龄前儿童有权获得由市政府提供的日托服务，其费用与家庭收入相关，最高不超过200欧元/月，大约有50%的儿童享受政府提供的日托服务；父母也可以选择将儿童送至私人日托所，则由 KELA 向该日托所支付私人日托津贴，平均为 167 欧元/每户；如果儿童留在家里照顾，则父母可以领取儿童看护津贴，平均为 334 欧元/每户。

6. 教育福利

芬兰实行九年制义务教育，学生免交学费和书籍费，每天享有一顿免费午餐。中等和高等院校同样可以免交学费，大学生可申请助学金和租房补贴，可以向银行申请助学贷款，就业后逐步还清。芬兰对学生提供经济支持的项目有：学生餐补助，平均为 1.67 欧元/日餐；助学金，发放给家庭困难的学生，最高为 298 欧元/月，最长期限为 55 个月；租房补贴，大约相当于房租的 80%，最高为 201.60 欧元/月；政府担保的助学贷款，学生与银行签订利息与还款计划协议，由政府提供担保，最高额度为 300 欧元/月；减税的助学贷款，要求申请学生能在规定时间内完成学位学习，约有 30% 的大学生获得贷款，平均额度为 2500 欧元/人。

7. 其他保障

其他保障包括康复服务、日常护理津贴（支付给在家照顾护理老人、残疾人、病患人员的人员）、住房补贴（提供给低收入人群）、最低生活保障（提供给收入难以维持基本生活的人员，不限于芬兰公民，保障线标准为 383 欧元）。

（三）芬兰社会保障的管理模式

在社会保障管理中，芬兰中央与各级地方政府的职责划分清晰。芬兰是三级政府组织，分为中央政府、省级政府和市级政府。中央政府负责全国社会福利和社会服务方面的法规建设和发展规划，制定涉及社会公共安全、职业健康和预防性、应急性社会政策和措施，部分中央财政资金用于平衡地区差别；省级政府负责国家福利和社会服务政策方针在本地区范围内落实的细则和补充，并提供医疗保健等具体服务；市级政府具体负责社会服务和措施的落实。各级政府都有各自的税收来源。在社会保障职能上，国家承担保障资金支持的主要责任，地方政府承担提供服务的主要责任以及一定的保障资金支持责任，而非政府组织则提供社会服务和日常护理，私营机构提供社会服务。芬兰国家层面参与社会保障管理的部门很多，中央政府以社会事务和健康部为主，还有财政部、劳工部、环境部、农业和森工部等。除政府部门之外，还有很多专门机构以及基金、协会等参与管理社会保障的不同领域。

（四）芬兰社会保障的主要特点

芬兰作为北欧高福利国家典型之一，其社会保障制度具有鲜明的特点：一是以维护全体公民权益为根本原则。把追求社会公平作为基本出发点，努力让每一个公民生活得踏实。二是社会保障体系项目齐全、覆盖广泛。从"摇篮到坟墓"都会得到国家的关照，由政府给予基本保障。三是社会保障费用支出高。从20世纪90年代开始，社会保障费用支出占GDP比例在25%以上，90年代初期最高达到35%，2004年仍保持在约27%。芬兰雇主和个人税负都很高，很多社会保障补贴收入也需纳税，体现了"高税收、高福利"的特点。四是社会保障筹资由政府、雇主和个人共同负担。主要来源为政府和雇主，个人缴费较少。以2004年为例，中央和地方政府约占社会保障筹资的45%（中央政府25%、地方政府20%），雇主约占39%，个人约占11%，其他约占5%。五是社会保障管理政府职责划分明确。中央、省级、市级政府职责明确、分工清晰，保证了社会保障体系的良好运转。六是依法实施社会保障。芬兰社会保障法律体系非常健全，各级政府通过立法实施社会保障。有关法规明确社会保障项目的目的、原则、标准和实施办法，不仅规定了公民享受社会保障的资格和权利，也规定了实施社会保障措施的政府的责任和义务，保证了社会保障制度高效运转和顺利实施。七是社会服务与现金支付相结合。与其他欧美国家不同，芬兰等北欧国家被视为服务型国家，所提供的福利保障除了现金支付外，很多是以服务形式提供。财政资金以提供服务为主，如幼儿日托、养老院等；社会保险以提供资金为主，如养老金、失业金等。市政府是社会服务和健康服务的主要提供者。

二、借鉴芬兰经验，妥善解决我国职业病保障问题

我国正处于快速工业化阶段，职业病问题较为突出，职业病危害形势严峻，接触粉尘、毒物和噪声等职业病危害人员超过2500万人。2010年全国新发职业病27240例，其中尘肺病23812例；自20世纪50年代以来，全国累计报告职业病749970例，其中累计报告尘肺病676541例，死亡149110例，现患527431例。职业病以尘肺病为主，占报告职业病的90.2%。职业病具有隐匿性、迟发性等特点，危害容易被忽视，被称为"白伤"（对应于流血事故的"红伤"）。例如，尘肺病潜伏期可长达数年甚至十几年，一旦发病则无法治愈，患者极其痛苦、必然死亡，是被称为"跪着死"的致残性职业病，对患者及其家庭造成极为严重的伤害。近年来江西修水县、甘肃古浪县的群体性尘

肺病事件，以及正己烷中毒、镉中毒等群发性职业病事件，造成了恶劣的社会影响。2009 年河南农民工张海超“开胸验肺”事件更是暴露了职业病待遇保障维权难的突出矛盾。因此，完善我国职业病的相关社会保障政策就显得尤为紧迫。

（一）我国职业病保障制度及存在的问题

我国职业病专门立法始于2001 年的《职业病防治法》，于2011 年12 月修正，该法规定将职业病人纳入工伤保险范围予以保障，如用人单位未参保则由该单位承担保障费用，对于已无法追偿的职业病人（如用人单位已不存在或者无法确认劳动关系）则由政府民政部门予以医疗和生活救助。根据 2011 年施行的《社会保险法》和2004 年施行的《工伤保险条例》，“患职业病”是工伤情形之一，职工诊断患职业病后，可按程序申请工伤认定、劳动能力鉴定并依法享受工伤保险待遇。职业病人与工伤者一视同仁地纳入同样的制度，执行同样的程序，享有同样的待遇。其中，认定工伤的前提条件之一是能举证与用人单位存在劳动关系，否则不能认定为工伤及获得工伤保险待遇。

我国职业病保障的主要问题与困难，一是现制度对“新”职业病人保障不充分（本文所称“新”职业病人特指可获得法律救济的职业病人）。职业病人与工伤者特点不同，职业病对劳动者健康损害是多器官系统且难以逆转的，治疗周期长、后遗症多，今后医疗、康复和生活保障需求较高，将“白伤”与“红伤”在程序与待遇上同等对待难以充分保障职业病人权益。二是现制度对“老”职业病人保障有缺位（本文所称“老”职业病人特指无法获得法律救济及已无法追偿的职业病人）。我国职业病立法始于 2001 年，由于“法不溯及既往”原则，此前大量的职业病人难以获得法律保护。此外，某些职业病如尘肺病潜伏期长，确诊职业病时很多劳动关系模糊或者用人单位已不存在而导致无法追偿，虽然修正后的法律规定了民政救助原则，但未明确资金来源、保障标准、办理程序和法律责任等，操作性低、保障落实难。三是解决“老”职业病人保障资金压力大。例如，仅以现有尘肺病人 527431 人的 50%作为需要专门解决的“老”尘肺病人数（2011 年国有、集体企业的“老”职业病人已按国家旧工伤政策纳入工伤保险基金范围解决），按 2005 年尘肺病人均医疗费用 6954 元计算，考虑物价因素换算到 2012 年为 8693 元，2011 年度全国城镇私营企业在岗职工年均工资为 24556 元，按四级伤残计算则人年伤残津贴为 18417 元，按最低生活护理障碍计算则人年生活护理费为 7367 元，每名“老”尘肺病人医疗和生活保障需 34477 元/年，总资金需 90. 92 亿元/年（按尘肺病人均余命十年则需 1000 亿元左右）。

（二）芬兰社会保障制度的理念和做法

作为要全面建成小康社会、彰显公平正义、人民共享发展成果的目标来说，我国建立起覆盖全体国民的社会保障体系是政府责无旁贷的任务。鉴于我国与芬兰国情差异巨大，我国不可能实行芬兰的高福利社会保障模式，但可以学习借鉴芬兰社会保障基本理念和一些有效做法，妥善解决我国职业病人保障问题。

第一，芬兰社会保障制度遵循“公民权利”和“普遍性”原则，建立覆盖全民的社会保障体系的经验值得借鉴。芬兰每位公民都享有法定的社会保障权利，实现了“不让一个人掉队”的公平目标。我国可以学习借鉴芬兰社会保障原则，建立起覆盖城乡全体居民的社会保障体系，实现人人享有社会保障，将需求最迫切的农民及农民工、职业病人等弱势群体纳入保障范围，以增进公平正义。

第二，芬兰社会保障体系项目齐全、衔接合理，确保每一位有需求的国民均能获得必要的社会保障的经验值得借鉴。芬兰社会保障体系涵盖了人一生的基本生活需求，在不同经济、就业状况人群间衔接合理，实现了“防贫扶困”的基本目标。对于我国职业病人特别是“老”职业病人来说，应当建立制度保障其基本生存与生活权利。

第三，芬兰社会保障筹资由政府、雇主和个人共同负担，并由政府和雇主承担主要责任的经验值得借鉴。在芬兰，社会保障筹资主要来源于政府财政拨款和雇主缴纳费用，一些最基本的保障项目如国民养老金、残疾抚恤金、最低生活保障等完全由政府提供。对于职业病人等弱势群体，由于其保障需求迫切而所能承担的能力弱，特别需要发挥政府主导的作用。

第四，芬兰各级政府在社会保障管理中分工明确、各负其责，共同实施社会保障的经验值得借鉴。芬兰三级政府社会保障管理的分工清晰合理，既保证了科学的顶层设计和实现制度公平，又保证了各级政府效能发挥和保障措施落实到位。在解决我国职业病人保障问题上，各级政府应负起责任，统一保障制度、筹集保障资金、明确政府管理职责、组织落实保障措施等。

（三）妥善解决我国职业病保障问题

学习借鉴芬兰社会保障经验，结合我国国情实际，可以从转变社会保障理念、完善制度顶层设计、明确各级政府职责、稳定筹措保障资金、加强管理服务等方面妥善解决我国职业病人保障问题。

第一，及时转变职业病保障的思路与理念。首先，转变职业病问题全部属于企业责任的思路，树立国家与企业共担责任、职业病保障与职业危害惩治相分离的理念。在我国改革开放早期，各地政府普遍对职业病危害、环境污染等认识不足，从国家层面来看，缺乏职业病危害防治法律体系导致制约不力；从地方政府层面来看，重 GDP、轻安全健康导致监管不到位；从企业层面来看，重利轻害、防护不足、逃避责任导致职业病危害。可以说，职业病问题既有企业责任不落实的因素，也有国家法制不健全和政府监管不力的因素，是“摸着石头过河”的一种代价。因此，在明确企业承担主体责任的前提下，也要强调各级政府应承担相应责任；在优先保障劳动者健康权益的前提下，对造成职业病危害的企业依法追究责任。其次，转变职业病保障由地方政府负责的思路，树立职业病保障“全国一盘棋”、国家统筹谋划的理念。职业病问题是全国性、群体性问题。由于我国劳动者在地区、单位之间流动性强等，单个地区政府难以解决好此问题，容易出现类似于“公用地悲剧”现象而难以为继。例如，2009 年深圳市对湖南籍群体性尘肺病事件处理即为典型案例，最终因更多地区的尘肺病人前来要求补偿而不得不终止。因此，应当从国家层面做好统筹谋划，在全国范围内统一制度、待遇标准和处理程序，以及各级政府共同组织实施。

第二，科学谋划职业病保障制度的顶层设计。可以借鉴芬兰以及欧盟、美国和中国香港等国家和地区的社会保障经验做法，结合我国基本国情及法律实践，通过顶层设计去系统完善我国职业病保障制度。首先，确立目标要让每位职业病人获得基本救治与补偿、不让其家庭因病致贫。一位芬兰授课讲师称“防贫扶困是芬兰社会保障目标之一”，可以说这是社会保障制度的创立初衷与基本目标。对为经济发展付出了健康代价的职业病人，要确保其获得基本的救治与补偿，尽量减轻与弥补因职业病对家庭造成的经济与精神损失。其次，基本思路是要国家统筹、完善制度、分类解决、合理补偿。“新”职业病人应通过完善国家工伤保险制度、提高保障功能妥善解决；“老”职业病人应建立国家职业病救治与补偿基金，由国家对职业病人进行救治与补偿，补偿标准基本参照工伤保险待遇水平，下文重点讨论此群体保障问题。要依法查处、严格追责造成职业病危害的企业，罚款可归入职业病救治与补偿基金。到工伤保险基金全面实现省级统筹、全国调剂时，可将职业病救治与补偿基金与工伤保险基金合并实施，完全统一职业病保障制度。

第三，清晰划分各级政府所承担的保障责任。在职业病保障问题上，各级政府要目标一致、合理分工、共同实施，才能保证职业病保障制度顺利运行。首先，中央政府负责规定总体制度、保障资金筹集及全国基金管理、信息系统规划建设等，如规定国家职业病救治与补偿基金制度、保障资金筹集来源以及

“老”职业病人认定条件、基本程序、保障项目以及待遇标准等。其次，地方政府负责制定实施细则以及管理本辖区内的职业病人保障事务。其中，省级政府负责制定国家政策方针的实施细则，统筹本省区域的职业病人保障工作，配备调剂各类保障资源，通过全国联网进行信息共享；市（县）级政府主要负责职业病人保障措施的落实以及组织救治与保障服务。再次，依托现行的职业病诊疗机构体系及社会保险经办体系提供医疗救治和生活保障服务。职业病诊疗机构负责对职业病人进行医疗救治与康复，社会保险经办机构负责保障资格条件审核及资金管理、支付、结算等。最后，动员发挥慈善机构、工会组织、非政府组织等社会各界力量参与职业病保障工作，包括提供捐款、协助职业病人维权及获取保障服务等。

第四，建立稳定的职业病保障资金筹措渠道。可以建立政府和企业共担为主、社会捐助为辅的筹资方式。首先，由中央政府拨付一定的财政资金，履行政府保障责任。“老”职业病人属于全国性、历史性问题，应当由中央财政拨付启动资金建立国家职业病救治与补偿基金，并每年拨付一定财政资金，体现政府负责“底线民生”的理念。按照“老”职业病人保障需求，中央财政可首次拨付 100 亿元，此后每年拨付 50 亿～60 亿元。其次，由各省工伤保险基金划转一定比例的结余资金，代位履行企业主体责任。工伤保险基金是各类企业缴纳工伤保险费建立起来的，由其代替企业履行责任是合理的。我国工伤保险基金累计结余量比较大、总体当期结余水平较高，而工伤保险基金现收现付性质决定了其结余是低保障效率的，将工伤保险基金结余资金按一定比例划拨给国家职业病救治与补偿基金不会影响其正常运行，也是合理可行的。以 2011 年度为例，可从各省工伤保险基金累计结余中一次性划拨 1/5 比例 120 多亿元，此后每年从当期结余中提取 1/5 的比例 30 多亿元。最后，发动各类企业、社会慈善基金捐助，体现社会共济互助精神。例如，鼓励社会各界进行捐助，可以根据捐助人意愿划入国家职业病救治与补偿基金统一使用或者专项救治某些职业病人，确保做到公开透明、专款专用。

第五，分类解决职业病人的基本保障问题。首先，及时完善工伤保险制度更好地保障“新”职业病人。在企业工作期间因职业危害造成职业病的均应纳入工伤保险范围，对于离职前依法参保缴费、在离职后（因在职期间职业危害）被确诊的职业病人也要纳入工伤保险基金保障范围。工伤保险基金要确保职业病人诊疗、康复及护理费用，增强一次性补偿与长期性待遇相结合的保障功能，避免职业病人家庭因病致贫、因病返贫。逐步建立全国工伤保险基金调剂制度，平衡各省之间待遇负担，并为职业病人异地诊疗提供费用支持。其次，尽早建立国家职业病救治与补偿基金制度解决“老”职业病人保障问题。“老”职业病人的诊疗可按一次性补偿、长期待遇等可参照工伤保险的标准进行操作，合理给予一次性补偿，重在解决其基本救治以及长期保障的问题，其资格确认、待遇费用支付可由居住地社会保险经办机构负责。职业病人符合规定范围的诊疗费用，由社会保险经办机构与诊治机构直接结算，减少垫付压力、确保及时救治。“老”职业病人所需保障费用可先由各省工伤保险基金支付、单独建账、年度决算，再由国家职业病救治与补偿基金对各省工伤保险基金所支付的费用进行审核、划拨、冲销，从而实现保障制度体系的良性运作。

参考文献

[1] 于慧利，王淑婕，徐学才. 北欧国家社会保障制度及对我国的启示 [J]. 经济研究参考，2006 (32).

[2] 邵芬，霍延. 芬兰社会保障法律制度及其启示 [J]. 云南大学学报，2004 (1).

[3] 孙迎春. 芬兰社会保障体制概览 [J]. 国家行政学院学报，2000 (3).

[4] 欧文汉，廖路明，卜祥来. 致力于经济与社会可持续发展的芬兰社会保障制度 [J]. 财政研究，2002 (10).

[5] 邱兵，李涛，张敏，王忠旭，林菡，舒平. 某钢铁企业尘肺患者直接医疗费用的分析 [J]. 中华劳动卫生职业病杂志，2009 (4).

借鉴国外先进经验，加快推进广东省政府投资工程管理方式改革

刘耿辉

改革开放以来，广东省社会经济快速发展，政府投资工程逐步增多，但现行管理方式的弊端也日益显现。随着社会主义市场经济体制的不断发展和完善，由计划经济体制沿袭下来的政府投资工程管理方式已经与之十分不相适应，尤其在加入 WTO 的新形势下，原有的管理方式与国际惯例不一致，明显落后于工程建设和市场经济发展的需要。现行的政府投资工程管理方式，不仅造成了资源浪费，而且责任制难以落实，还容易滋生腐败现象等，亟须进行改革。为加强对政府投资工程的监管，建立健全科学的政府投资工程项目组织实施程序，保证工程质量，提高投资效益，有效防治建设领域腐败现象，广东省应借鉴国际通行做法和省内外部分试点地区的经验，加快推进政府投资工程管理方式改革。

一、目前政府投资工程管理方式及其弊端

政府投资工程是指政府财政性资金或政府融资进行投资建设的工程，政府投资工程管理方式是指政府使用财政性资金和政府融资投资建设工程的组织实施方式。

我国政府投资工程管理方式，按照国家规定的基本建设程序，从可行性研究、项目决策到设计、施工直至竣工验收交付使用全过程的项目管理一直在进行一些变革，但总体来说，仍然以临时性、分散性和自营性为基本特征。目前政府投资工程管理方式有项目法人型、工程指挥部型、基建处（室）型、专业机构型四种，其主导形式为前三类：

（1）项目法人型。项目法人是为某一建设项目专门设立的独立性机构，对项目的策划、资金筹措、建设实施、生产经营、债务偿还和资产的保值、增值，实行全过程负责。

（2）工程指挥部型。对一些大型的公共项目建设的管理，多采用这种方

式，其特点是临时从政府有关部门抽调人员组成，负责人通常为政府部门的主管领导。工程项目完成后，即宣布解散。

(3) 基建处（室）型。多数行政部门（如教育、文化、卫生、体育）以及一些工程项目较多的单位均设有基建处（室）。在这种模式下，具体项目的实施一般由基建处（室）组织管理。

上述建设管理方式在一定时期内对广东省政府投资工程建设管理发挥了一定的作用，但是随着社会、经济形势的发展，其弊端也日趋明显。一是不利于保证工程建设质量。政府投资工程大部分是重点工程，而建设工程特别是大型建设工程具有很强的专业性，建设过程中需要进行质量控制的环节很多，非专业部门管理效果不佳。二是“谁使用，谁建设”违反社会化大生产的现代经济规律，缺乏有效的监督制约机制，极易造成决策失误和监督失效，国际上和中国港、澳地区皆已不采用这种做法。三是造成资源重复配置，浪费人力、物力和财力。每建设一个工程，都要“先搭台，后唱戏”，组建一个项目管理班子，项目结束后管理人员的后续安置也是一道难题。四是难以保证工期。由于非专业部门对基本建设程序不是很熟悉，难以科学控制建设工期，常常出现超工期现象。五是这种分散管理模式容易造成投资额度失控，超预算现象时有发生。六是建管一家，既是运动员，又是裁判员，这种管理方式为工程管理腐败提供了制度条件，而且由于分散管理，不利于纪检、监察部门的监督管理。

二、政府投资工程管理方式的国际惯例

在发达的市场经济国家和地区，政府投资工程是政府采购的一部分，因此，发达国家和地区政府投资工程管理方式不仅要受到本国法律法规的制约，而且要受到国际组织的制约。它们具有以下三个特点：

（一）实行相对集中的专业化管理

发达国家和地区几乎都有实施政府投资工程的专门机构或授权机构。例如，美国联邦政府对于其负责投资的住宅及城市设施、农业设施、水利设施、军事及国防设施、交通、政府办公用房等，分别由住宅及城市建设部、恳务局、美国工兵部队、交通部、总务管理局等实施专业化管理。对于一些特大型工程，则组建类似密西西比河流域管理局这样的专门机构进行特殊管理。美国各州以及地方政府的投资工程管理体制大体相同，即由少数几个专业部门对本级政府的政府投资工程进行专业化管理。日本政府主管工程建设的部门为建设省，对中央政府公款投资项目进行直接实施管理。日本的机场、港口、铁路的

建设由运输省负责，据有关资料，这部分业务也将归建设省管理，实现建设省对各类工程建设的统一管理。德国联邦政府设建设部负责管理全国除铁路以外的各类工程建设，对地方建设工作进行指导。新加坡政府国家发展部设立建屋发展局和公共工程局，分别负责公营住宅和政府工程的建设管理，与我国香港地区的做法基本一致。

（二）严格按规则办事，机构之间权责匹配、相互制约

发达国家和地区普遍对于政府投资工程的管理设有专门的法律法规和专门的合同。实施单位、使用单位和财政预算、建设管理等部门在建设过程中具有不同的法定职责，各自在工程的不同阶段发挥作用，职责清楚，彼此制约。发达国家和地区工程管理的透明度极高，任何人对于政府投资工程的实施过程都具有知情权，政府投资工程要接受多方面的监督，由此保证了政府投资工程实施的廉洁、公正。

（三）充分依靠专业人士和中介组织

一方面表现为政府的专业管理机构本身就主要由建筑师、工程师、合同律师等专业人士构成；另一方面表现为政府除了自身对项目进行管理外，一般都按照规定的程序选择和委托相应的工程咨询公司来管理，政府实施监督。

三、深圳、珠海等地开展政府投资工程管理方式改革的主要成效

目前，许多地方已经意识到现行政府投资工程管理方式进行改革的必要性和紧迫性，广东省深圳、珠海以及上海、重庆、陕西、安徽等地率先进行了改革，在借鉴发达国家和地区政府投资工程管理通行做法的基础上，结合我国国情，积极探索建立符合社会主义市场经济体制要求的政府投资工程管理方式，已取得了可喜的成效。这些地区的具体做法不尽相同，但改革的指导思想却是一致的，即按照“投资、建设、监管、使用”分离和专业化管理的原则，对政府投资工程的建设实施实行相对集中的专业化管理，建立权责明确、制约有效、科学规范的政府投资工程管理体制和运行机制，提高投资效益和建设管理水平。

2001 年底，深圳市借鉴我国香港地区的做法，成立了工务局。工务局为深圳市建设局直属的副局级事业单位，代表政府行使业主职能和项目管理职能，即“负责除规划国土、交通、水务、公路、教育五个系统外的由政府投

资的建设工程项目的组织协调和监督管理工作”，经费由市财政核拨。2004年，深圳市工务局升格为市正局级单位，管理范围扩大到“除交通、水务之外的所有政府投资工程”，人员编制由原来的65人增加到300人。

珠海市于2002年2月设立了珠海市政府投资建设工程管理中心（以下简称“建管中心”），为珠海市建设局属下事业单位，主要职责是“代表市政府行使业主职能和项目管理职能，具体负责市政府投资的非营利性工程项目（特殊项目除外）建设过程的管理和组织实施工作，提高投资效益”，核定事业编制20人，并要求专业技术人员不少于70%，经费由市财政核拨。

深圳、珠海政府投资工程管理方式实施改革以来，取得了明显成效：

第一，控制了投资规模。深圳市工务局针对政府投资项目普遍存在超规模、超投资的问题，制定了《政府工程交接程序》，规定每接受一项工程，首先检查该工程有没有超投资，如果超出，就要求该工程的使用单位按《深圳市政府投资项目管理条例》规定，先解决超投资问题，然后再将项目移交给工务局。珠海市建管中心实行工程联审制，即要求进入建管中心的项目，必须在得到发展计划局、财政局、建设局和委托（使用）单位的共同确认后，建管中心才接手建设。由于实施了相对集中管理，通过规范项目移交程序和标准，使项目超投资的问题从源头上得到控制。

第二，落实了责任制，有效遏制腐败现象。对政府投资工程实施相对集中管理后，工务局和建管中心的职责进一步明确，机构、人员比较稳定，有利于监管部门实施监督，提高监督质量，防止腐败。工务局和建管中心每承接一项工程，都严格按照投资建设，并接受计划、审计、财政、建设和纪检监察部门的审查和监督。工务局和建管中心除了负责工程建设的质量、安全、工期、控制投资外，其他关键事项都没有决定权，这种监督和执行相分离的做法，在一定程度上遏制了腐败现象的发生。

第三，节省了人力、财力、物力，降低了管理成本。由于实行相对集中管理，解决了以往建设一个工程就要组建一个项目班子的问题，项目管理的人员大幅度减少，工作效率大大提高。由于实行了专业管理，解决了非专业人员搞建设存在的诸多弊端。工程建设管理具有很强的专业性，由各部门自行管理时，临时组建的项目班子往往是“外行业主”，人员参差不齐，有的甚至缺乏起码的工程建设知识，在实践中违反工程建设基本规律和客观科学规律的事情时有发生，且他们对设计、监理、施工企业的业务不熟悉，质量、安全、工期、投资难以保障。集中统一由工务署管理后，由于具有人员、专业、技术和经验的优势，能对政府工程进行科学管理，有利于做好“质量、工期、投资”三大控制。

第四，净化了建筑市场。当前建筑市场混乱的一个重要原因就是业主行为不规范，其中也包括政府投资项目的业主行为不规范。工务局和建管中心成立后，实际上履行了建设单位的职能，对于其接收的项目，都要执行法定建设程序，实行公开招标。工务局和建管中心在项目管理中引进了很多先进的管理制度和管理方法，如实行工程担保制度、履约保证金制度、实物量清单计价方法等，运用经济手段有效地制约了各方主体的行为。

除深圳、珠海改革模式外，省内外部分地区在政府投资工程管理方式改革方面也进行了积极探索。其中，以广东省建设项目代建管理局模式为代表的企业代建制为另一典型。在该管理模式下，由代建局通过招标，选取代建企业，再由代建企业履行工程建设过程中业主的职责，代建局负责协调、沟通。比较而言，工务署模式与企业性质的代建制相比，在反腐保廉、控制投资、降低政府行政成本等方面具有明显优势。广义而言，工务署模式与代建制模式实质上一致，都是由专业化的项目管理单位负责建设实施、竣工验收后移交给使用单位。狭义而言，工务署模式与代建制模式的不同之处在于：一是权限不同。前者是政府授权行使建设管理权；后者是受使用单位委托行使建设管理权。二是任务目标不同。前者只为政府实现建设目标，不赢利；后者在为业主实现建设目标的同时，还追求利益最大化。三是监督力度和管理成本不同。前者易于监督，管理成本相对较低；后者较分散，监督难度较大，因监督部门要面对众多参差不齐的代建制单位，管理成本必然大大提高，例如，进行代建制的单位资质审核认证、组织代建制企业招标等，将衍生出新的政府审批事项和代建制企业的招标市场，给管理和廉政带来新的风险，如果由政府各部门成立所谓直属企业来代建，风险就更大。综上所述，政府部门代建制在加强监督、遏制腐败、降低政府管理成本、客观公正等主要方面明显优于企业性质的代建制。

四、广东省政府投资工程管理方式的改革建议

（一）改革的指导思想

广东省政府投资工程管理方式的改革，以中央关于建立社会主义市场经济体制的一系列方针政策为指导，借鉴发达国家通行做法，结合广东省实际情况，在深圳、珠海、中山等市试点经验的基础上，建立起符合国际惯例的政府工程建设管理制度，使政府投资工程的建设形成职责明确、权力制衡、依法行事、科学规范的运行机制；使工程的投资决策部门、资金拨付部门、建设实施机构、建筑市场监管机构、建设项目使用单位各负其责和相互制衡。通过改

革，杜绝政府投资工程投资决策和建设实施过程中的随意性及暗箱操作，同时提高政府工程投资效益和建设管理水平。

广东省政府投资工程管理方式的改革，要遵循政企分开的原则，代表政府负责对政府投资工程项目以业主身份进行管理的机构，与代表政府行使行政管理职能的机构分开；要遵循市场竞争原则，政府投资工程项目实施过程中，应当引入市场竞争机制，充分发挥市场机制的作用；遵循尊重实际、先易后难、逐步推进的原则，对常年有基建任务的国土、交通、水务等部门，政府投资工程可暂由自己管理，今后再过渡到全部集中管理。

（二）今后政府投资工程的主要管理模式

1. 对于经营性政府投资工程项目坚持实行项目法人责任制组织建设

由授权的投资机构或项目主管部门组建项目法人，依据《公司法》设立有限责任公司。由项目法人担当项目业主，对项目的策划、资金筹措、建设实施、生产经营、债务偿还和资产的保值、增值，实行全过程负责。

2. 对非经营性政府投资工程项目建立相对集中管理的体制

（1）机构设置。设立工务局或其他类似的专门管理机构，负责非经营性的政府投资工程建设管理。

（2）职责范围。工务局或类似机构，代表政府对非经营性的政府投资工程统一组织建设，其运作阶段是工程的具体实施阶段，即从设计和概算结束后，到竣工验收和结算前。包括工程招标投标、签订合同和按合同进行造价、工期、质量等控制，履行法律法规规定的建设单位的权利和义务，在组织工程项目竣工验收后，移交有关部门使用或管理。

（3）人员编制。各级工务局或类似机构编制由各级政府根据本地建设规模大小自行决定，应当由专业的工程技术、管理人员组成。可通过整合原来分散于各部门的基建班子人员，并向社会招聘具有一定专业技术水平的工程管理专家组成。

（4）经费来源。各级工务局或类似机构为非营利单位，其经费由各级财政全额拨款。

3. 完善政府投资工程管理方式改革的配套措施

（1）加快立法，依法管理。政府工程有别于其他一般商品，因此有必要在《政府采购法》的基础上，制定政府投资工程管理相关法规，利用法律手段规范管理。

（2）建立、完善政府投资工程建设管理的运行和制约机制。按照政府投资工程要实现建投分开、建管分开、建用分开的原则，工务局或类似机构着重

于管理项目的建设实施阶段的工作。该机构应与使用单位建立良好的合作机制。计划、财政、建设、审计、监察等有关部门应根据职责分工，对政府投资工程实施有效监管。

（3）在政府投资工程中推行先进的建设管理制度。一是充分发挥项目管理、监理、造价咨询等社会中介单位在政府投资工程管理中的作用，调动各方面的积极性，使工程项目的管理更加专业。二是大力推行工程担保和工程保险制度，减轻政府投资工程建设过程中的投资、质量、安全控制等方面的风险。

中国和芬兰两国审计制度情况的分析及思考

李小深

2010年5月10日至7月9日，笔者参加了第四期广东省公务员公共管理芬兰专题研究班学习。在芬兰期间，笔者重点关注了解芬兰的审计制度以及廉政等方面的情况。本文将主要对比分析中、芬两国审计制度等方面的异同，以探讨、思考如何更好地发挥国家审计在国家经济监督中的作用。

一、芬兰国家审计机关职责及权限

芬兰审计署原来隶属财政部，2001年初从财政部分离，成为议会直接管理的独立机构，直接向议会负责，最高审计长由议会直接任命。2000年3月1日，芬兰新《宪法》生效，规定从2001年1月1日起，国家审计署隶属于国家议会，并规定了国家审计署的地位、组织架构、职责及审计报告制度等各个方面的内容。新《宪法》第90条规定："为了查核国家财务管理、预算执行是否遵循相关法规，必须设立与国会关系密切，能超然独立行使其职权的国家审计署，其地位及职责由法律制定"，"国家审计署作为国家议会附属的一个独立机构，负责审计国家财政财务收支管理情况以及预算执行情况"以及"国家审计署有权从公共管理当局以及受其控制的其他机构取得审计所需要的信息、资料"。

依据芬兰新《宪法》的规定，审计署应将其过去一年来的审计工作报告送交国会，同时视国会的需要，提出个别专题审计报告。各被审计单位应对审计署在审计过程中发现的问题及针对问题所提出的建议制订整改、改善计划方案，并应向审计署报告有关整改计划的执行情况。

2000年的改革，使审计署在管理、职能和审计资金的安排等方面完全独立于被审计的其他行政单位，更进一步地强化了审计署的独立性，也使审计机关更加超脱，受到政府的干预更少。审计署的职责和权限由法律规定，只有议会通过法案才能修改。审计署负责独立地审计国家财政资金管理、使用及效益情况。审计署可自主决定审计的重点、执行与结果披露，不受任何行政部门的

干预，具有很强的独立性。

芬兰审计署由审计长领导。审计长由议会指定，任期六年。芬兰审计署下设财务审计、绩效审计、企业服务、行政管理和咨询委员会五个专职审计职能部门，职责是负责监督预算的执行情况，保障国家财政资金管理和使用的合法性和效益性。

（一）芬兰审计署的职责

芬兰审计署的职责包括：①审查国务院、各政府机关以及各种未纳入预算的基金；②审查接受政府补助、援助的社会团体；③审查获得政府资金的各法人组织及机构；④审查政府拥有控股权的企业单位；⑤审查芬兰与欧盟间各种款项的拨付事项。

审计署依法可要求被审计单位提供审计所需的各项资料。审计署在审计的过程中如发现被审计单位在预算执行及国家财政资金管理、使用等方面存在问题，有权要求被审计单位整改或采取措施收回国家财政资金；对于违法舞弊行为，则移送相关的检察部门进行处理。

（二）芬兰国家审计方式

1. 财政财务收支情况审计

审计署进行财务收支情况审计的内容主要包括：①被审计单位是否依照经议会批准预算执行；年初预算安排的业务是否已经完成；国家财政资金的管理是否完善以及使用是否能遵循国家的相关法令规定。②被审计单位内部控制制度的设置是否适当、健全，检查内部控制制度是否能得到有效地执行。③被审计单位编制的财务报表是否能够真实、公允地反映各项财务状况。

在进行财务收支情况审计的过程中，审计组会持续评估所面临的风险，在必要时及时调整审计内容和审计重点，以保持审计质量和审计效率，避免审计风险。对审计风险的持续评估能够确保重要的及高风险的事项尽可能地纳入审计的范围。

芬兰审计署每年都对全国 116 个国家中央政府部门预算执行的情况进行全面的审计。芬兰审计署在执行年度预算执行情况审计及财政财务收支情况审计时，特别强调被审计单位内部控制制度的建立、健全情况以及相关审计风险的评估，并将评估结果作为制定审计重点及审计核查范围的重要依据。在对各单位审计的过程中，除了审计财务，同时也对被审计单位的相关业务进行审查，特别是对政府采购业务这些重点关注事项进行审核。

2. 绩效审计

芬兰国家审计署进行绩效审计主要是检查各政府部门的有关决策、使用国家财政资金以及利用公共资源是否具有经济性、效率性及效果性，并根据审计结果提出改进的意见或建议。审计的内容主要包括：①政府部门制定有关政策时，可行性研究报告及其他相关提供决策的资料是否适当、正确等；②被审计单位制定的计划或工作目标是否合理、适当；③被审计单位的内部控制制度的建立、健全情况及是否得到有效执行；④实施计划或完成工作目标所使用的财政资金是否按照预算执行并符合相关规定；⑤计划或工作是否能按照原设定的目标或标准完成；⑥完成计划或工作目标的经济性、效率性及效果性。

审计署每年在选择审计对象时，首先会评估各审计对象的风险，并按风险的高低进行排序。确定年度审计对象主要是选取存在较高风险的事项或业务，审计对象的选择比较科学、合理，审前准备工作比较充分。

二、我国审计机关职责及权限

2004 年 3 月 14 日，第十届全国人民代表大会第二次会议通过了《中华人民共和国宪法修正案》。新修订的《宪法》第 91 条规定："国务院设立审计机关，对国务院各部门和地方各级政府的财政收支，对国家的财政金融机构和企业事业组织的财务收支，进行审计监督。审计机关在国务院总理的领导下，依照法律规定独立行使审计监督权，不受其他行政机关、社会团体和个人的干涉。"第 109 条规定："县级以上的地方各级人民政府设立审计机关。地方各级审计机关依照法律规定独立行使审计监督权，对本级人民政府和上一级审计机关负责。"

根据新修订的《宪法》，2004 年修订的《中华人民共和国审计法》规定了国家审计机关的职责、权限及相关的法律责任。

（一）审计机关职责

第一，审计机关对本级各部门（含直属单位）和下级政府预算的执行情况和决算以及其他财政收支情况，进行审计监督。

第二，审计署在国务院总理的领导下，对中央预算执行情况和其他财政收支情况进行审计监督，向国务院总理提出审计结果报告。地方各级审计机关分别在省长、自治区主席、市长、州长、县长、区长和上一级审计机关的领导下，对本级预算执行情况和其他财政收支情况进行审计监督，向本级人民政府和上一级审计机关提出审计结果报告。

第三，审计署对中央银行的财务收支进行审计监督。审计机关对国有金融机构的资产、负债、损益进行审计监督。

第四，审计机关对国家的事业组织和使用财政资金的其他事业组织的财务收支进行审计监督。

第五，审计机关对国有企业的资产、负债、损益进行审计监督。

第六，对国有资本占控股地位或者主导地位的企业、金融机构的审计监督由国务院规定。

第七，审计机关对政府投资和以政府投资为主的建设项目的预算执行情况和决算进行审计监督。

第八，审计机关对政府部门管理的和其他单位受政府委托管理的社会保障基金、社会捐赠资金以及其他有关基金、资金的财务收支进行审计监督。

第九，审计机关对国际组织和外国政府援助、贷款项目的财务收支进行审计监督。

第十，审计机关有权对与国家财政收支有关的特定事项，向有关地方、部门、单位进行专项审计调查，并向本级人民政府和上一级审计机关报告审计调查结果。

（二）审计机关权限

第一，审计机关有权要求被审计单位按照审计机关的规定提供预算或者财务收支计划、预算执行情况、决算、财务会计报告，在金融机构开立账户的情况，社会审计机构出具的审计报告，以及其他与财政收支或者财务收支有关的资料，被审计单位不得拒绝、拖延、谎报。

第二，审计机关进行审计时，有权检查被审计单位的会计凭证、会计账簿、财务会计报告和运用电子计算机管理财政收支、财务收支电子数据的系统，以及其他与财政收支、财务收支有关的资料和资产，被审计单位不得拒绝。

第三，审计机关进行审计时，有权就审计事项的有关问题向有关单位和个人进行调查，并取得有关证明材料。有关单位和个人应当支持、协助审计机关工作，如实向审计机关反映情况，提供有关证明材料。

第四，审计机关进行审计时，被审计单位不得转移、隐匿、篡改、毁弃会计凭证、会计账簿、财务会计报告以及其他与财政收支或者财务收支有关的资料，不得转移、隐匿所持有的违反国家规定取得的资产。

第五，审计机关认为被审计单位所执行的上级主管部门有关财政收支、财务收支的规定与法律、行政法规相抵触的，应当建议有关主管部门纠正；有关主管部门不予纠正的，审计机关应当提请有权处理的机关依法处理。

第六，审计机关可以向政府有关部门通报或者向社会公布审计结果。审计机关通报或者公布审计结果，应当依法保守国家秘密和被审计单位的商业秘密，遵守国务院的有关规定。

（三）法律责任

第一，被审计单位违反本法规定，拒绝或者拖延提供与审计事项有关的资料的，或者提供的资料不真实、不完整的，或者拒绝、阻碍检查的，由审计机关责令改正，可以通报批评，给予警告，拒不改正的，依法追究责任。

第二，被审计单位违反本法规定，转移、隐匿、篡改、毁弃会计凭证、会计账簿、财务会计报告以及其他与财政收支、财务收支有关的资料，或者转移、隐匿所持有的违反国家规定取得的资产，审计机关认为对直接负责的主管人员和其他直接责任人员依法应当给予处分的，应当提出给予处分的建议，被审计单位或者其上级机关、监察机关应当依法及时作出决定，并将结果书面通知审计机关，构成犯罪的，依法追究刑事责任。

第三，对本级各部门（含直属单位）和下级政府违反预算的行为或者其他违反国家规定的财政收支行为，审计机关、人民政府或者有关主管部门在法定职权范围内，依照法律、行政法规的规定，区别情况采取相应的处理措施。

第四，审计机关在法定职权范围内作出的审计决定，被审计单位应当执行。

第五，被审计单位的财政收支、财务收支违反国家规定，审计机关认为对直接负责的主管人员和其他直接责任人员依法应当给予处分的，应当提出给予处分的建议，被审计单位或者其上级机关、监察机关应当依法及时作出决定，并将结果书面通知审计机关。

第六，被审计单位的财政收支、财务收支违反法律、行政法规的规定，构成犯罪的，依法追究刑事责任。

三、中、芬两国审计情况分析比较

通过上述中、芬两国审计制度的对比，我们可以看出两国审计的职责及权限基本上是相同的，都是重点关注预算的执行情况以及财政资金使用的绩效情况，主要对国家机关及国有企业单位进行审计监督，审计的内容和审计的手段、方法也基本相同。但也存在下面四个方面的不同：

第一，两国审计制度存在最大的差异是我国审计机关直属政府部门管辖，

芬兰审计署直属议会管辖；芬兰审计署的审计报告是直接递交议会，我国审计署的年度审计结果报告是报国务院总理。

第二，我国是以合法、合规的财政、财务收支审计为主，兼顾开展绩效审计；芬兰国家审计更加注重绩效的审计，绩效审计是芬兰国家审计的重点。据了解，芬兰审计署每年选择近40个单位进行绩效审计，约占年度所有审计项目的50%。

第三，芬兰国家审计的所有报告都能够全部对外公示，公民可以在审计署的网站查看，充分考虑了公民的知情权，充分体现了政务的公开透明；我国的审计报告是有选择公告，近两年的审计结果公示情况有很大的改善。

第四，芬兰的国民和媒体对于审计发现的问题非常关注。芬兰是个非常廉洁的国家，国民对于腐败是零容忍的，如果审计发现政府部门在执行预算过程中有问题，将会对该部门的负责人的政治前途造成很大的影响。有个事件可以看出芬兰政府的高度廉洁以及制度设置的细致、执行之到位：

芬兰政府公务接待，上至总理下至普通的公务人员，一起吃饭的有些什么人、点了什么菜、花了多少钱，都要巨细无遗地在网上开列清单，让人人都可以看得到、件件能够查得清。甚至由于公务接待超标，导致了一位国家银行行长落马。在一次公务接待中，该行长不小心点了一道鹅肝，超出了公务接待规定的标准，民众和媒体在查阅菜单后发现这一事项，结果行长因为这道鹅肝而引咎辞职。

我们在芬兰期间，曾组织到图尔库市考察。因为没有相关的预算，市长请我们吃午饭都是自掏腰包。

四、思考及对策

笔者在学习考察的过程中了解到，芬兰政府决策及政务非常公开透明，获取政府文件和信息是公民不可侵犯的权利，公民能够很方便地获取相关的信息。芬兰政府官员廉洁自律，能够自觉地接受社会和公民的监督。在芬兰流传最广的一句话是："公务员可以接受一杯热啤酒和一个冷三明治，但如果喝上葡萄酒那就危险了。"芬兰国家曾连续五年在全球廉洁排行榜上排名第一。

芬兰国家审计每年发现的问题很少，几乎没有什么违法行为，问题主要涉及预算执行不到位、绩效不够高等方面。对于审计发现的问题，各有关部门都能够很及时地进行整改。

我国从2000年审计署刮起"审计风暴"以来，至今已经有十二年。我们从审计署这十多年来对外公示的审计报告可以看到："审计风暴"年年刮，问题年年不见少。

为什么芬兰国家审计每年发现的问题很少，而我国国家审计机关每年审计查出的问题却总是那么多呢？这个问题值得认真思考。

正如邓小平所说：制度好可以使坏人无法任意横行，制度不好可以使好人无法充分做好事，甚至走向反面。

虽然中国和芬兰国家审计职责、权限，审计的内容和审计方法基本上是相同的，但结果却相差很大，笔者觉得，基本的原因就在于制度设计以及真正执行落实制度两个方面。

第一，要从根本上解决审计机关作为政府内部审计的问题，使审计部门真正独立于其他被审计监管部门。审计缺乏独立性，就无法超脱，监管的力度也就会大打折扣。

第二，要充分尊重人民群众的知情权，进一步完善和落实政务的公开透明制度，特别是要真正地落实政府财政预算的公开，让政府内部监督转为外部监督和内部监督并重，要更加注重发挥外部监督的力量。这是一条减低行政成本的有效途径。

在芬兰，透明和公开是政府的一个主要原则。公共部门的一切都要公开，以自觉接受公民和媒体的监督。政府档案馆以及公共部门的所有档案材料不仅要对专家和研究人员开放，而且也要对新闻界和公众开放。公民在需要时可以通过查阅相关资料了解政府部门的有关情况，从而有效地防止政府部门产生腐败现象。

第三，要更加注重审计成果的利用，加大审计整改的力度，加强对审计发现问题的处理处罚力度。对于屡审屡犯的问题要从制度或主观因素两方面去考虑，如果是制度性缺陷造成的，要及时修正有关的制度，如果是人为主观的因素就要从严处理、处罚。

芬兰经验对广东妇女就业的启示

李映雪

2010年5月9日至7月9日，笔者有幸参加了第四期广东省公务员公共管理芬兰专题研究班。芬兰是北欧发达国家之一，连续多年被世界经济论坛评为世界上最具有竞争力的国家。那么，在芬兰这个以人为本、高效、廉洁、公开、透明、民主法治的国家里，女性的就业情况是怎样的呢？带着这个问题，在芬兰学习期间，笔者认真听课，课余时间深入调查了解，并翻阅了大量的资料，现特将这次在芬兰研究班的所见所闻和近期学习的知识相结合，对广东省女性就业问题进行探索和思考，提出一些粗浅的见解。

一、芬兰女性就业方面的成功经验

（一）芬兰女性在国家具有绝对性别优势，为妇女就业提供了有利条件

芬兰妇女提倡出身平等权利。1906年，芬兰成为继澳大利亚、新西兰之后在法律中规定妇女拥有选举权及其他政治权利的第三个国家。1988年，芬兰妇女成为全国最大教堂 Evangelical Luteran 的神职人员，并在1995年通过《平等法案》修正案，要求国家和地方政府人员中妇女要占40%。2000年，芬兰出现了第一位女总统塔里亚·哈洛宁，在她带领下的中央党于2003年4月执掌联合政府。与其他国家相比，芬兰妇女在政府中发挥了令人瞩目的作用。1999年议会的男女比例为126：74，是世界上妇女比例最高的国家，17位国会和政府部长中有8位是妇女。2007年，20名内阁成员中有12名是女性。女律师、女主编、女医生以及其他职业遍及全国。芬兰是欧洲第一个赋予女性投票权的国家，芬兰妇女于1907年享有投票权。20世纪50年代，芬兰妇女以退休金和家庭生活补贴金的形式首次获得独立的经济地位。女性的广泛参政，为妇女就业提供了有利条件。

（二）芬兰良好的政策氛围，为妇女就业提供了法律保障

芬兰是欧盟成员国之一。就业是欧盟社会层面最优先的问题，男女机会平等是其重要的组成部分。从平等付薪、平等待遇、平等机会，到将男女平等政策进入欧盟决策的主流，为芬兰妇女就业提供法律保障。《阿姆斯特丹条约》中性别主流化的政策条款，标志着性别发展的新阶段。1999 年后，欧盟在《就业指南》中加入新条款，要求成员国“在实施共同就业政策的过程中贯彻性别主流政策”，这成为欧盟共同就业政策与性别问题相结合的主要动力。欧盟发布了一系列促进就业中性别平等的指令，欧洲议会与委员会通过了关于男女在就业和职业方面机会平等和待遇平等原则的建议决定，实施了“埃森战略”。为增加平等的工作机会，欧盟还采取了如下措施：一是减小性别差距，各成员国为女性和男性提供平等的就业机会并打破性别歧视，通过提高妇女的就业率来降低男女失业率的差距；二是调和工作与家庭生活的矛盾，使之协调一致；三是对妇女恢复工作在政策上给予特别照顾。芬兰另一个重要的机会平等问题是男女同龄退休。良好的政策环境，为芬兰妇女提供了法律保障。2009 年、2010 年，芬兰女性的就业率分别为 67% 和 66.5%，与男性相差只有 1.5 个与 0.9 个百分点；失业率分别为 7.5% 和 8%，比男性分别低 3 个和 2 个百分点。

（三）芬兰妇女平等的教育机会，为妇女就业打下了基础

芬兰所有学前女童享有由地方政府安排的全日制日托服务，儿童居家护理补贴每户平均 334 欧元。女孩与男孩一样享有平等的教育权利，从小学到大学甚至研究生，享受国家免费教育，目前，芬兰的女大学生占大学生总数的 50%。欧盟共同体采取了“妇女新机遇”计划，向成员国提供资金以促进妇女的职业培训，在就业和职业培训领域实现机会平等，并通过宣传妇女在交流和决策过程中的应有权利来提高妇女的地位，这个政策也惠及广大芬兰妇女。芬兰为妇女提供平等的职业和再教育机会，芬兰妇女可根据各自的兴趣爱好，选择适合自己的岗位，接受职业再教育和培训。因此，芬兰妇女整体素质得到提高，为就业打下了坚实的基础。

（四）芬兰普惠型的福利待遇，为妇女就业解决了后顾之忧

芬兰采取普惠型的福利政策，每个公民从出生到进入坟墓的基本费用都由国家负责；每个公民都享有获取最低生活保障的权利，社会福利体系的基本要素包括各种为规避老年、残疾、失业等所带来的负面影响而提供的保障措施。

芬兰永久居民享有获取失业保障的权利，每月505欧元；家中每个孩子从出生到年满17岁，每月都可领取100～172欧元儿童补贴，单亲家庭的每个孩子还可获得额外46.60欧元的补贴；母亲可享受263个工作日的补贴/带薪产假，补贴金额视其工资而定，一般为980欧元。母亲还可以请假1～3年带小孩，其间国家每月补贴500欧元基本生活费，单位为其保留职位。良好的福利待遇，使芬兰妇女无后顾之忧，可全身心投入工作。芬兰很少有没工作的妇女。

二、广东妇女就业存在的问题及原因

近年来，广东省委、省政府积极贯彻男女平等基本国策，从源头上制定有利于妇女创业就业的政策，妇女在创业就业领域里的发展步伐不断加快，就业形势基本稳定，总量稳步增长，职业技能培训力度不断加强，素质明显提高，逐步成为社会经济发展的一支重要力量。但是，也存在一些不容忽视的问题，如妇女劳动力供大于求和结构性矛盾依然突出、就业管理工作有待加强、妇女实际工作时间偏短等。产生这些问题的原因是多方面的，概括起来主要有以下三个方面。

（一）宣传力度不够，封建传统观念的影响

1. 宣传力度不够

1995年，举世瞩目的第四次世界妇女大会在北京召开，时任中国国家主席、中共中央总书记江泽民同志作出男女平等是我国基本国策的庄严承诺，在国内外引起了强烈反响和关注，得到了联合国及国际社会的支持，被誉为推进妇女发展的一项重要决策。然而，十几年过去了，男女平等基本国策实施情况却不尽如人意：一是社会知晓率低，不仅群众知道男女平等是基本国策的不多，甚至有相当一些党政负责同志也不知道男女平等是基本国策；二是贯彻不力，在相当部门和地区男女平等基本国策并未进入实施程序，尚缺乏硬约束机制，与计划生育、资源、环境等基本国策相比，男女平等的基本国策还远未深入人心，也未转化为衡量经济、社会发展的具体指标。

2. 封建传统观念的影响

在我国，社会意识由单一化向多样化转变后，我们这个有着长期封建历史的社会，尚未消除的封建意识又不断冒头：在性别意识上，认为女人低男人一等，从属于男人；在性别分工方面，重提男主外、女主内，男人从事主要的、体面的、高收入的工作，女人则更多从事辅助性的、低收入的、传统的街道和社区服务领域等工作，导致在经济和社会各个方面普遍存在性别歧视现象。

（二）就业政策不健全

1．政策对女性就业促进不够明显

近年来，为有效促进妇女创业就业，广东省委、省政府及有关部门出台了各种促进创业就业的政策和措施，但这些政策对女性就业促进效果不明显。例如，《扩大与促进就业民心工程实施方案》规定，“至2007年，全省每年培训输出农村富余劳动力45万人”，根据省人力资源与社会保障厅的统计，该工程实施以来至2005年10月，全省已培训转移农村劳动力92.6万人，其中绝大多数是男性，这说明妇女没有平等享受到这些政策资源。

2．部分法律规范不够健全

我国现行的保障妇女劳动和社会保险权益的有关法律、法规大多数出台较早，对现在的许多现象无法预见，不够健全；许多规定又比较笼统、简单，操作性不强，难以充分发挥对妇女的保护作用；而目前的一些行之有效的做法又没有上升到法律规范的形式，不能形成长效机制发挥更大的作用。例如，我国长期以来实行的城乡二元体制，造成农村发展缓慢，农村妇女的就业落后于城镇妇女。一些在特定时期制定的、目前已不合时宜的制度长期沿用下来，对妇女发展造成的影响也十分严重。最典型的就是执行了几十年而现在仍在执行的男女退休年龄不一致的问题。在新颁布的公务员条例中，规定公务员退休年龄男性为60岁，女性为55岁；职工的差距更大，男女退休年龄分别为60岁和50岁，相差10岁之多。

3．经济社会发展过程中客观存在的问题

广东率先进行经济体制改革和产业结构调整，使妇女在社会主义市场经济条件下发展所面临的问题和矛盾，更加早、更加深刻地暴露出来。例如，广东在国有企业改革中实行主辅分离，原来在辅业中占多数的从业人员很多不得不面临下岗分流的命运，加上这个时期广东进行产业结构调整，从业人员较多的纺织、轻工等行业调整力度较大，大量女职工不得不下岗失业，造成20世纪90年代中期失业人数激增，女职工下岗多的问题引起了全球性的关注，其中1995年城镇妇女失业人员占城镇失业人员总数的比例高达58.7%。据对深圳的调查，妇女就业率大约占就业总人口的40%，但下岗女职工占下岗人员总数的67%，而在下岗一年以上的职工中，女性甚至占下岗人员总数的73%。

（三）女性受教育程度相对较低，素质偏低

广东女性同男性相比，受教育的程度相对较低，特别是中高等教育。据第五次人口普查显示，25～65岁及以上年龄段，女性文盲率是男性的2.7～5.3

倍；在30岁人口中，除接受中专教育和成人教育外，在大多数教育阶段，男性受教育人数均占多数，女性相对较少。特别是农村妇女，受教育水平与男性的差距更大，据全国妇联与国家统计局联合进行的第二次中国妇女社会地位调查，到2000年年底，农村妇女具有初中以上文化程度的比例为41.2%，比男性低了21.9个百分点。在劳动转移和再就业培训中，女性比例也相对较少。妇女接受教育不足，文化水平和职业技能素质偏低，在市场竞争中难免处于劣势，在就业、岗位升迁、职业优化时也面临较大的困难。

三、对推动广东妇女就业的建议

针对上述问题，借鉴芬兰的经验，结合广东省的实际，提出如下建议。

（一）加大宣传力度，营造有利于妇女就业的社会氛围

1. 发挥政府指导作用，营造有利于妇女就业的社会环境

各级党委、政府要带头把性别意识纳入决策之中，充分认识到促进女性就业对促进妇女全面发展、推动整个经济社会发展的重要作用，对落实科学发展观，解决民生问题，继续当好推动科学发展、促进社会和谐排头兵的重要意义，在研究制定重大经济社会政策时，将保障女性实现发展的权利放到突出的位置，让女性拥有更充分的发展权利、机会和资源；在制定有关创业就业政策时，给予女性必要的政策倾斜与保障，充分考虑不同地区和阶层妇女的发展需求；在决策中充分体现性别意识，使性别意识进入社会意识的决策主流，营造全社会关注妇女发展问题、为妇女发展提供政策和经济保障的良好社会环境。

2. 发挥宣传作用，使男女平等的基本国策深入人心

通过更加广泛、深入的宣传，使男女平等的基本国策真正深入人心，提高全社会对这一基本国策的认同感，在全社会形成有利于妇女全面发展的良好氛围。要加强舆论和典型宣传，让广大群众和企业真正理解什么是男女平等，男女平等表现在哪些方面，如何才能实现男女平等。

3. 提高妇女对就业的认识，转变妇女就业观念

进一步纠正妇女片面认为只有考取公务员，进入事业单位、国家集体企事业单位才算是就业的错误观念，引导妇女树立正确的就业观；鼓励、组织和发动下岗失业妇女和农村女青年从事手工编织和家政服务业；鼓励农村种养妇女，依靠小额担保贷款在家乡发展种养业，实现在家门口就业；鼓励女大学生回乡或在异地创业，增加就业机会。

（二）制定政策，为女性就业提供法律保障

1. 完善妇女创业就业法律法规

一是加强地方性有关法规的研究制定。针对目前在用招工、劳动报酬、福利待遇、晋职、晋级、评定职称、培训等方面损害妇女劳动保障合法权益的突出问题，在地方性有关法规中制定操作性、威慑性比较强的条款，如加快制定《广东省促进就业条例》，专门设置关于禁止就业性别歧视的条款，在法规层面对男女平等就业作出明确规定。

二是对保障妇女平等就业权利予以全面、具体的规定。把妇女平等就业权贯串在企业招用员工、劳动合同签订变更解除，在职培训、提升和特殊劳动保护等各个方面，具体界定歧视妇女、侵犯妇女合法就业权益的违法行为，并提出严厉且可操作性强的惩治条款。出台广东省实施小额担保贷款财政贴息政策实施细则，完善财政贴息、政府担保机制，对农村种养妇女实行政策倾斜，切实有效解决城乡妇女创业就业遇到的资金瓶颈问题，推动城乡妇女创业就业。

2. 实施积极的就业政策，推动妇女创业就业

一是拓宽妇女就业领域，提高妇女就业层次。根据大力发展第三产业特别是服务业和高新技术产业的实际，充分发挥女性在服务经济和高新技术产业中的作用，创造更多适合妇女就业的岗位，形成一支具备不同专业技能、能够满足群众不同需求的社会服务大军，特别是建立一支知识水平高、职业层次高、经济回报高的社会工作者队伍，此举既可以扩大妇女就业和提高妇女的就业层次，又可以满足社会发展的需要。

二是创新就业形式，推动妇女创业。积极探索新的就业形式，引导、帮助妇女在兼顾家庭、社会责任的情况下，通过非正规就业、阶段性就业等有选择性的就业，并加强对妇女非正规就业、灵活就业中合法权益的保护，解除她们的后顾之忧；通过组织妇女创业培训，提供创业信息服务和创业指导，建立创业基金，提供贴息创业贷款等，帮助妇女解决创业碰到的困难；大张旗鼓地宣传、表彰妇女创业典型，形成良好的创业就业社会氛围，鼓励更多有创业愿望和能力的妇女积极创业。

三是完善就业援助制度，帮助困难妇女就业。全面落实国家和广东省制定的税费减免、社保补贴、岗位补贴、小额担保贷款财政贴息等促进妇女就业的各项扶持政策，帮助下岗失业、农村妇女实现就业和再就业、自谋职业和自主创业。继续实施“零就业家庭”的就业扶持政策，促进“零就业家庭”中有就业愿望的妇女就业再就业。积极提供免费就业服务，推动企业吸纳更多的失业人员；大力实施“三年30万”城乡就业援助工程，把有劳动能力和就业愿

望的40周岁以上的妇女下岗失业人员作为再就业援助的主要对象，有针对性地开展个性化就业跟踪帮扶活动。

四是实行城乡并重的就业制度，加快农村富余妇女劳动力转移就业。深化就业制度改革，取消对农民进城就业的限制性规定，使农村妇女与城镇妇女平等享受就业政策和公共就业服务；提高农村妇女的文化技能素质；努力破除城乡二元结构就业管理体制，消除农村女性劳动力向非农产业和城镇转移就业的政策体制障碍，以女性失地农民和女性农村富余劳动力为重点，为农村女性劳动力提供就业登记、职业介绍、流动管理、职业培训和劳务输出派遣等服务；抓住农业结构调整契机，大力发展一乡一品主导产业和特色农业，帮助农村妇女实现离土不离乡的就地转移。注重发动女企业家为农村富余女劳动力提供岗位；发挥地缘亲缘优势，鼓励外出务工妇女带引、推荐亲友和同乡到城市打工，形成“输出一个，影响一片，外出一户，带动一村”的滚雪球效应，以外带外转移。

五是积极推动国家修改公务员和职工退休制度，延长妇女的工作时间，充分利用妇女人力资源，保障妇女应有的工作权和劳动报酬权。

（三）为女性提供平等受教育机会，提高女性整体素质

1. 创造女性受教育的良好环境

将妇女教育与社会的可持续发展联系起来，注重建立男女两性平衡协调的教育和社会发展观。各级政府与各级管理决策部门应从教育经费上优先保证教育的战略地位，增大教育投入，改善办学条件，扩大教育规模，增加教育机会，为女性平等接受良好教育提供坚实的物质保障。建立教育扶助基金，对那些因贫困而没法上学的儿童特别是女童实行资助，使每个适龄儿童都能享受到教育机会，使女性的受教育权利得到充分的保障。

2. 因材施教，发挥女性的潜能和积极性

树立正确的教书育人观念，因材施教。在高中阶段开发适应当地生产、生活和女生实际需要的教学内容，实现由应试教育向素质教育的转变。在课程设置上应充分考虑女生及其家庭的愿望，在高中、职教阶段逐渐加大职业课程的比重。在高等教育阶段，应尊重女生的个性，根据女生的性别特点因材施教，充分发挥女生的潜力和积极性，为女性接受高等教育或就业创造良好条件。

3. 激励女性的自主意识，培养女性的自主精神

开发因性施教的“四自”教育等课程和活动，教育和勉励女生胸怀远大理想，有社会责任感，做积极向上的女性，提高女生自尊、自信、自立、自强、自主、自励、自控能力；鼓励女生积极参与社会实践，促进女生施展潜

能、表现个性、发挥特长，增强进取意识，克服自我心理弱点，提高自身综合素质，增强社会竞争力。

（四）加强对女性进行职业培训，为女性就业创造条件

1. 构建和完善职业技能培训体系，推进妇女职业技能培训

加大妇女职业教育和技能培训工作的力度，有针对性地对不同类型的女性群体开展再就业培训、创业培训和技能培训等各类型培训，切实提高妇女的就业能力和工作能力，提升妇女就业实力。充分运用再就业培训补贴政策，通过政府购买培训成果的办法，发动各类教育培训机构对下岗失业妇女进行免费技能培训，提升她们的就业竞争力，不断优化妇女就业结构和职业结构。

2. 完善激励和保障机制，培养大批高技能人才

加快培养高技能女性人才，建立技能人才培养、选拔、评价、交流、使用、激励和保障的新机制，创新培训体制和培养方式，扩大培训规模，拓宽培训领域，提高培训层次，优化培训结构，切实解决资金投入、高技能人才待遇等方面存在的问题，提升高新技术产业和新兴职业的科技含量，开展订单式培训，使更多的妇女成为高技能人才。

3. 加强对农村妇女进行培训，促进农村妇女创业就业

整合各级职业技术学校、农函大、农广校、农技校、农业技术推广站和农村信息直通车工程等社会教育资源，围绕主导产业、特色农业，贴近妇女实际组织开展实用技术、职业技能、现代农业技术、“双学双比”活动培训，引导妇女树立市场意识和农业产业化意识，帮助妇女提高发展现代农业的能力，培养有文化、懂技术、会经营的新型女农民，促进妇女在家门口就业。一是注重推广实用技术，增强妇女增收致富本领，达到“培训一批，就业一批，辐射一片妇女，致富一方群众”的目的。二是根据妇女的文化层次、技能水平，不定期举办美容、财会等方面的技能知识培训班，帮助广大农村妇女掌握一技之长。三是采取集中培训与分片培训相结合、长期培训与短期培训相结合、常规培训与定向培训相结合等方式，加大培训力度，拓宽培训领域。

（五）加强对妇女的就业管理，维护女性就业权益

1. 为女性劳动力提供全方位的就业服务

加快推进就业服务制度化、专业化和社会化建设，树立和增强就业服务工作中的性别意识，积极开展符合妇女劳动者要求的就业服务，针对部分女性就业和再就业难的问题，重点在职业指导、职业介绍等方面提供专项服务。

2．加强劳动力市场管理

进一步规范劳动力市场的管理，坚持男女平等原则，凡是适合女性从事的职业在招聘用工时，实行公开、公平竞争，不允许用人单位以行业、企业、工种特殊为由，在发布招工简章、面试、协商订立劳动合同等各个环节对妇女的恋爱、婚姻、生育等方面进行非法限制，有效遏制拒招、限招女性的行为，切实保障妇女的劳动就业权利。

3．强化劳动执法监督

加强对女性就业工作的执法监察力度，把女职工特殊保护纳入各级劳动保障部门监察执法工作体系，在各项维权执法行动中，把妇女劳动保障权益列入检查的重点；有针对性地开展“清理整顿劳动力市场”、“劳动用工情况监督检查”活动和打击非法使用童工等专项行动，对女职工签订劳动合同、工资支付、参加社会保险和劳动保护等方面的情况进行执法检查；加强对企业招用员工时的性别歧视、年龄歧视等突出问题的专项监察，进一步规范用人单位招用工行为，切实维护女职工的劳动保障权益。

4．加大女工维权力度

加大宣传力度，通过广播、电视、报纸杂志、互联网等多种媒体大力宣传劳动保障法律法规，为妇女创造良好的就业环境。妇联、工会要加强对妇女维权活动的指导和妇女的联系，针对妇女维权遇到的突出问题和困难，积极协调和推动有关方面解决；发动社会各方面的力量共同参与妇女维权工作，建立妇女维权网络，及时反映妇女维权需求，在全社会形成广泛而强大的妇女维权力量，为维护妇女劳动保障权益提供强有力的支持。

5．加强对妇女就业的宏观调控

在国有企业主辅分离过程中尽量减少妇女下岗分流；规范企业规模性裁员，防止妇女失业过于集中；尽量减少和缩短改革、调整过程中给妇女带来的阵痛，对失业女性加大扶持力度，使她们尽快再就业。加强对妇女就业状况的评估和监测，及时实施缓解妇女失业的工作预案。

芬兰社会保障经验对我们的启示

王正兴

党的“十七大”报告指出：要以社会保险、社会救助、社会福利为基础，以基本养老、基本医疗、最低生活保障制度为重点，以慈善事业、商业保险为补充，加快完善社会保障体系。我国目前正处于一个非常重要而特殊的社会转型时期，社会保障体系建设虽然取得了较大的成就，但也面临着社会转型期带来的各种机遇和挑战。“他山之石，可以攻玉”，作为社会保障较为完善的芬兰，在构建社会保障方面给我们提供了有益的借鉴。

一、必须着力提升认识高度，推进我国社会保障建设

芬兰人口仅有530万，但是人口老龄化问题严重。因此无论是中央政府还是地方政府，无论是各级官员还是普通老百姓，对社会保障问题都十分重视，形成了全社会重视社会保障的浓厚氛围，为建立完善的社会保障体系提供了良好的思想基础。而当前，我国许多党委政府对社会保障的重要作用和意义认识不够到位，从而导致措施不够得力，使得社会保障工作总在低层次徘徊。为此，我们必须结合国情，从以下三个方面充分认清抓好社会保障的重大意义。

（一）要从贯彻以人为本的高度认识社会保障

让全体人民共享改革发展的成果，这是社会主义公平公正原则的基本要求，也是我们党执政根本宗旨的追求，更是我们党执政能力和执政水平的具体体现。不论城市和农村，不论部门和行业，只要公民年老、贫困、失业、遭受意外灾害，国家和社会都应给予基本的物质保障，消除其后顾之忧，使其能够比较安定地生活。

（二）要从促进经济平稳较快发展的高度认识社会保障

社会是以丰富的物质财富为基础的，社会保障是经济发展的“推进器”，保证和促进劳动力的再生产及有序流动。一方面，社会经济的发展主要靠劳动

力的推动，劳动力的再生产是社会再生产的基础，是社会经济发展的关键所在。有了社会保障制度，劳动者健康有了一定保障，劳动者的素质有可能得到提高，就会促进社会生产力的提高，促进经济的发展。另一方面，完善的社会保障制度为劳动者提供了基本生活保障，统一的社会保险可以做到“劳动力流到哪里，社会保障跟到哪里”，这样就解除了劳动者的后顾之忧，人们就不怕流动。在市场经济条件下，劳动力和各种生产要素合理流动是资源优化配置的客观需要，也是保持经济生活竞争力和使经济充满活力的一个重要因素。

（三）要从实现社会和谐稳定的高度认识社会保障

没有社会的稳定，就没有经济的发展和社会的进步，社会稳定是和谐社会的特征之一，是许多国家特别是市场经济国家社会政策的重要目标。社会保障由国家统一管理并组织施，避免社会成员因各种原因陷入生存困境而产生破坏或报复性行为，因此，社会保障被称为“安全网”和“减震器”，从社会保障对市场经济的作用看，在市场经济体制下，社会成员的风险和不确定因素增加，导致劳动者及其家庭成员生活质量的下降或缺乏保证，从而可能引发一连串的社会不稳定现象，通过社会保障为劳动者建立各种风险保障措施，帮助劳动者消除和抵御各种市场风险，使劳动者的基本生活不致因为市场风险而受影响，从而达到保持社会稳定的功效。在社会转型期，我们更要建立健全社会保障制度，为社会成员编织一张没有漏洞的“安全网”，消除社会的不稳定因素，积极构建和谐社会。

二、主动抓好各项工作，构建完善的社会保障体系

芬兰建立社会保障制度的宗旨，是建立起高水平的覆盖全体国民的社会保障制度。芬兰的社会保障体系分为三大部分：一是预防性安全和健康政策；二是社会和卫生服务；三是社会保险。保障项目齐全，从预防疾病、事故、控制饮酒、抽烟，到实施基本免费的医疗制度；从免费教育、失业救济到免费职业再培训；从儿童补助、单亲父母津贴到养老金支付和老人照料等。借鉴芬兰做法，从对象上看，当前我们应重点抓好以下三个方面。

（一）要着力推进养老保障

我国已正式进入老龄社会，并具有老年人口规模不断增大、老龄化的速度快、老年人口高龄化趋势显著、老龄化在地区间的发展非常不平衡、老龄化城乡倒置等特点。而人口老龄化对我国老年社会保障提出挑战。当前，我国老年

社会保障覆盖面窄、水平低，现行的家庭养老方式面临挑战，养老金支付存在缺口，社会化养老机构数量少、质量差、增速慢、规模较小。针对这种情况，我们要完善城乡养老保障，完善城乡老年医疗保障，加大城乡老年社会救助力度，完善老年社会保障立法，以推进老年社会保障事业向前发展。

（二）要着力推进农村保障

农村社会保障是我国社会保障体系中最脆弱的环节。与发达国家不同，我国人口众多，农业人口比重相当高，而占总人口80%以上的农村人口长期与社会保障无关，仅靠家庭保险，如果不解决这一部分人的社会保障问题，社会保障制度改革完善的成效很难评判。特别是近年来农民收入的提高和部分农村城市化进程的加快，农民的保障要求强烈。外出打工人数的增多又使身处异乡的农村工人的保险问题成为一个新课题，而目前这种保障几乎为零。鉴于我国农村地域的广阔性及地区差异，我国可逐步地、有选择地、低起点地推进农村社会保障。从富裕的、接近城市的农村开始，逐步建立起农村自助性社会组织，在银行开设储蓄保险账户及商业保险，开办保障养老、医疗、意外伤害等与农村生产方式相联系的基本项目，并给予其较高的税收、政策等方面的优惠，以提高农民参与社会保障的积极性。要把农村完全纳入统一的社会保险管理尚需一段相当长的历程，目前仍应以自愿、自助为主，但各级政府应积极鼓励和加强引导，切不可挫伤广大农民参保的积极性。

（三）要着力推进社会弱势群体保障

低收入群体缺乏社会保障便没有社会安定，进而没有改革的基础和发展的基础。当前的市场竞争机制作用，不会自动帮助那些因各种无法抵御自然灾害和市场风险的困难群体自动消除贫困。只有通过社会保障制度来调节社会收入，改善收入差距悬殊状况，缓解市场竞争的不良后果，促进社会公平，保持社会的稳定。在当前，应该从以下几个方面着手：一是逐步调高保障标准，扩大保障范围；二是继续鼓励慈善捐赠，加大宣传力度；三是完善征地补偿机制，提高农户比例；四是保护外来务工人员，提供权益保障。

三、着力扩大覆盖面，建成人人共享社会保障的福利社会

芬兰的公民依据不同条件享受社会福利，欧盟成员国公民、与芬兰有社会保障协议的国家的公民以及难民和无国籍人员均可享受与芬兰公民水平相当的福利。另外，在芬兰居住一年以上，或在芬兰拥有永久性住房的居民也可享受

不同程度的社会福利。而我国当前社会保障覆盖面比较窄等问题依然比较突出，特别是就业方式日益多样化，使扩大社会保障覆盖面问题更为凸显。近几年，全国职工中有超过一半的人在非公有制企业工作，还有大量农民工在国有企业工作，相当数量的非公有制职工和农民参保率低，社会保障权益缺失。针对这种情况，我们应该着重抓好以下三项工作。

（一）依靠深入的宣传来推动

引起社会保障覆盖面比较窄的原因是多方面的，但是社会保障意识薄弱是其中重要的原因之一。一方面，是由于长期旧体制影响造成的。过去，我国政府大包大揽，一个人的生老病死完全由政府承担，这样就导致了个人的依赖心理，舍不得花钱为自己的生老病死积累资金。社会保障对于每个人来说既是权利又是义务，不能只讲权利而忽视义务。另一方面，传统的家庭养老思想还占相当大的比例。我国长期以来都是实行的“养儿防老”模式，对社会保障还有一个相当长的认识过程。因此，针对这种情况，我们要加大宣传力度，从改变人们的思想意识入手，引导全社会积极投入到社会保障工作中来。

（二）依靠严格的法治来推动

社会保险、社会救济、社会福利、社会抚优是我国社会保障的主要方面，其中养老保险是覆盖面最广的一个项目。但我国目前的养老保险状况令人担忧：城镇参保人数相对较少，农村几乎没有养老保险。导致社会保险覆盖面太窄、难以进一步扩大的最主要原因是缴费率过高。从养老、医疗和失业三项社会险项目看，仅雇主缴费就已达到工资总额的 30% 左右，个人三项保险费合计也在工资总额的 10% 左右。过高的缴费率会使很多企业以各种式逃避参保，而政府不得不通过提高缴费率来维持收支平衡，缴费率提高则使覆盖面难以扩大、企业参保的积极性进一步削弱，这样就使社会保险制度陷入恶性循环。面对这种情况，仅靠宣传是远远不够的，必须由国家出台相应的法律，对个人、企业、政府各级应承担的责任予以明确。

（三）依靠科学的制度设计来推动

我国较为发达的城市经济与欠发达的农村经济并存，现代工业与传统农业并存，城乡差别很大，是典型的二元经济。与之相适应，我国社会保障制度也呈现出二元化特征：在城市建立了面向企业劳动者的社会保险制度；在农村则实行家庭保障与集体救助相结合的保障制度，现代意义上的社会保险并未在农村设立。因此，必须统筹城乡社会保障制度建设，重点完善以城镇职工基本养老保险、城镇职工和居民基本医疗保险、失业保险、工伤保险和生育保险为主要内容的社会保险体系，探索适合农民工、非公有制经济组织就业人员、城镇灵活就业人员特点的养老保险办法，增强社会保障的适应性和普惠性。

四、着力加强科学领导推进我国社会保障建设

芬兰对每项制度都认真研究，从而建立了一个适应本国国情的社会保障体系，取得了较好的社会效果。当前，我们在开展社会保障工作时，要结合实际，科学筹划，精心组织，确保取得实实在在的效果。

（一）要坚持从国情出发

社会保障的内容、水平和方式，都要受一个国家政治、经济和社会等因素的影响。我国的社会保障体系建设，必须考虑现阶段社会经济发展的状况，必须建立在我国国情的基础之上。

我国是一个人口大国，到 2030 年人口最高峰可能要达到 16 亿，而且将进入老龄化社会，退休人员将达到最高峰，届时退休人员将相当于在职人员的 40% 以上，养老费用相当于在职职工工资额的 44%，远远超过了国际普遍认同的 20%～23% 的警戒线。

我国各地区、城乡经济发展极不平衡，收入差距仍有进一步扩大的趋势。因此在建立社会保障制度时，应因地制宜，一切从实际出发，不搞“一刀切”。既要考虑规范化和政策的统一性，又必须考虑政策的灵活性、适应性，切不可不管具体情况，盲目冒进，既要照顾眼前，又要考虑长远。做到基本社会保障的标准与我国经济发展水平以及各方面承受能力相适应，如最低生活保障金的推行、最低生活保障线的确定，都是政策性和技术性很强的工作。我国幅员辽阔，经济和社会发展程度不同，各地生活水平、物价水平存在差距，东、中、西部存在差距，城市和农村存在差距，大城市和小城市存在差距，建议由社会保障部门委托专门机构研究制定各个城市地区的最低生活保障标准。制定标准时可参考一些城市正在实施的最低生活保障线，在此基础上通过数据采集、细致测算，结合全国情况，确定出各城市各地区的最低生活保障标准。

（二）要坚持与生产力水平相适应

建立新的社会保障制度的根本目的是发展生产力。过低的保障水平会损害劳动者的积极性，这不是社会主义。无所不包的“大福利”不能采用，高福利更不行。不注意这一点，就可能说大话兑不了现，或者“寅吃卯粮”，最后

造成极其被动的局面，西方国家的福利危机即是先例。改革的目标是建立新型的社会保障制度，保障水平由生产力发展水平决定。这对于处于现代化水平初级阶段的社会主义国家尤为重要，低于或超出生产力水平的社会福利保障制度是违背生产力发展规律的，最终会失败的。要建立与社会主义市场经济相协调的社会保障体系，我们需要以我国经济和政治体制为根本，借鉴成熟的市场经济国家的做法，找出适合我国社会保障自身发展的规律。在现行社会保障基本框架下，由政府按照社会保障自身运行规律，调整和规范现有社会保障制度。坚持立法、实施、管理、监督相互制约又相互分离的原则，构建独立的社会保障法制系统、实施系统、管理系统和监督系统，逐步建立起分工明确、组织严密、职责清楚、相互制约和相互协调的社会保障宏观运行机制。

（三）要坚持充分发挥政府主导作用与广泛发动社会参与相结合的模式

特别是现阶段，政府必须在社会保障制度建设上发挥主导作用，积极推动立法，增加财政尤其是中央财政投入，提供更多的公共服务。那种把社会保障全面推向市场的主张并不适合中国国情。同时要发扬中华民族悠久的尊老爱幼、扶危济困和集体主义的文化传统，充分调动社会各方面的积极性，发展社会慈善事业，支持志愿者公益行动，鼓励社区群体和邻里互助，发挥社会组织自我管理和自我服务的作用，提倡家庭和睦，等等。在政府主导下，让全体社会成员共同参与构建社会保障的大厦。

（四）要坚持严格监管

在对社会保障基金的管理方面，要防止社会保障基金被挤占、挪用，必须建立健全社会保障基金监管体系，建立内部监管、政府监管、社会监管的多层次监管体系。通过多重的审计机构和稽核检查机构，避免贪污、挪用、私分基金等问题的发生。

借鉴芬兰经验，建设幸福广东

卢壁辉

中新网2010年7月16日报道："盖洛普世界民意调查"访问来自155个国家及地区数千名受访者，将自己的生活满意程度以1～10评分，得出幸福指数，芬兰以7.7分与丹麦并列全球幸福国家第一位；美国《新闻周刊》（2010年8月16日"最佳国家"特刊）对100个国家的教育、健康、生活质量、经济竞争力和政治环境五个指标调查进行比较，芬兰被列为世界"整体最佳"国家首位；英国智库列格坦研究所每年研究110个国家的国民财富水平和快乐程度，评选全球繁荣指数，2009年芬兰列第一，2008年和2010年均列第三。本文拟就芬兰创造幸福国家的经验及对建设幸福广东的启示谈谈个人浅见。

一、芬兰为什么幸福

芬兰从20世纪80年代后期开始，进入飞速发展时期，显示出强大的竞争优势，在世界经济论坛等多个组织每年发布的"全球竞争力报告"中，芬兰多年列世界竞争力第一名，近十年多项排名稳居世界前10名；透明国际组织每年发布各国清廉度指数，芬兰在2000—2004年连续五年世界第一，其他年度也都名列前茅；美国耶鲁大学和哥伦比亚大学有关组织对世界142个国家和地区的环境健康和质量进行评估，芬兰也是世界第一；世界经济合作组织从2000年开始发表国家学生质量评估，芬兰多次名列第一，被誉为世界教育第一的国家，等等。所有这些，构成了芬兰作为最幸福国家的标志。

（一）强大经济实力和福利型社保体制创造了优越的社会环境

芬兰倡导北欧社会民主主义传统，建立了完善的社会福利制度，涉及养老金、失业保险、疾病保险、儿童补助、免费教育等方面，惠及全体公民，属于典型的"从摇篮到坟墓"福利型社会保障体制。而高福利来源于芬兰科技领先、创新为本、充满活力的经济，芬兰很早就注意到经济可持续发展问题，鼓

励科技创新、产业转型升级，工业、农林业、信息产业和服务业发达，以诺基亚为代表的芬兰企业在全球具有较强竞争力，其森工产业占据多项世界第一，但每年森林砍伐量少于增长量。受国际金融危机影响，2009 年芬兰国内生产总值比 2008 年下降 7.8%，但人均 GDP 仍达到 3.2 万欧元。强大的经济实力为其实施高福利的社会保障提供了坚实的基础。同时，政府通过税收对社会财富进行二次分配，防止贫富差距过大（基尼系数为 0.256）。在经济实力支撑和高福利体制下，社会弱势群体和低收入者享受特殊照顾，基本生活水准得到保障，人民生活安逸，医疗健康有保障，社会治安状况良好，极少出现刑事案件，人民安居乐业。

（二）小国意识造就国民强烈的国家认同感和民族自豪感

芬兰国土面积小，自然资源有限，生态环境脆弱，水土抗污染能力弱，历史上还是一个灾难深重的国家，长期隶属于瑞典、俄国，1917 年独立后，与苏联先后进行“冬战”和“续战”，英国首相丘吉尔高度评价芬兰在“冬战”中的表现：“芬兰展示了一个独立国家的力量。”1947 年 2 月，芬兰作为战败国与苏联等国签订《巴黎和约》，支付战争赔款反而强烈促进了芬兰的工业发展，战争赔款持续到 1952 年。自然条件局限以及历史灾难，培育了芬兰人民坚韧的民族性格，激发了人民强烈的爱国热情，芬兰人认为，尽管战败赔偿，但获得了国家独立和人民自由，“自由无价”。时至今日，芬兰人民的爱国情感仍然非常强烈，他们视国家独立、人民自由为最大幸福。

（三）以民为本的理念营造了和谐的官民关系

以民为本的观念在芬兰政府和官员心目中根深蒂固。20 世纪 80 年代，芬兰被联合国列为世界上最抑郁和最贫穷的国度之一。为改变现状，让国民感到幸福，芬兰政府开展一次大规模民意调查，调查结果显示，民众普遍认为，要使全国民众都幸福，政府必须进行革新和开展全民教育，而且要在这两方面予以大力投资。政府顺应民意，很快取得了成功。芬兰公务员必须时刻接受公民和舆论的监督，特别是高级官员，必须经常深入到选民中，听取选民意见，争取选民支持。为确保法律有效实施，1992 年芬兰成立竞争事务管理局和竞争事务理事会，消除自由竞争障碍，创造宽松的企业经营环境，提高经济效益，维护消费者权益。在法律和社会道德规范下，芬兰人养成了内向自律、善良宽容、诚信忠厚的民族性格，保持着纯真古朴的道德准则和良好的社会风气，国民心态平和，待客友善，尤其是以赫尔辛基周边为代表的芬兰南方地区，人民热情开朗，互谅互让互信成风。

（四）政治协商机制和廉洁透明政府决定了国家政局的高稳定性

芬兰是一个多党制国家，2007年在议会选举中注册的政党有19个。他们认为，多党政府比少数派政府的执政基础更为广泛，更能代表民意。“二战”之后芬兰政府基本上由在议会享有多数席位的几个政党联合执政，甚至出现左中右各政党联合组成的“彩虹政府”，这一做法使执政党与反对党之间更容易妥协，执政党80%的议案都能获得反对党的支持，对于其他议案一般也能经过妥协达成一致。不同意识形态的政党通过协商，互相妥协和合作，在内政外交的大政方针问题上不存在重大分歧，保证了政局的高度稳定和国家主要政策的连续性，有利于经济社会长远发展。同时，芬兰坚持把公开透明作为政府执政的基本原则，《政府活动公开法》规定，除有关外交、国防的涉密文件外，政府公共部门所有档案资料向社会开放、提供查询服务，公众有权获得任何政府文件，包括公务活动的账单等，方便公众查询并接受监督，新闻媒体的自由度和监督力度长期处在国际前列。廉洁、透明、高效、公正的政府会带来公众信任，公共部门深受公众信任。

（五）国民就业优先和谈判协商机制形成了和谐的劳资关系

芬兰政府长期实行积极的劳动力市场政策，把充分就业作为宏观经济政策的最主要目标之一，根据形势发展变化积极探索解决就业的新途径，从调整宏观经济政策着手进行综合治理。例如，下放工资协议权限，放宽就业规定和退休年龄，实行弹性工作和解雇机制，降低劳动力税率；对妇女、青年、高龄失业者、残疾人及移民就业采取一定的政策倾斜，特别是加强对外来人口的就业限制，以保证国民充分就业（尽管雇佣本国国民薪酬远远高于雇佣外国人）。芬兰实行政府、工会和雇主三方协商谈判机制，谈判内容从增加工资逐步扩大到工作时间、培训、假期、退休安排等各个方面，以合作代替对抗，避免罢工发生，有力地促进了社会稳定和经济发展。若谈判破裂，则依程序由政府任命的调解员调解，如调解不成功，可由政府出面干预，从而避免发生影响经济和社会生活的长时间、大规模罢工。

（六）强烈的环保意识和不断优化的生态环境实现人与自然的和谐相处

芬兰国土面积1/3在北极圈内，资源短缺，早期经济以造纸、纸浆、木材为主。20世纪六七十年代，芬兰曾经遍地烟囱、处处工厂，资源浪费、污染严重，造纸业成为空气和水源的主要污染源。从80年代开始，政府意识到环

境污染的严重性，通过立法和技术革新，推动环保观念转变。把环保教育列入基础教育和高中教育大纲，相关职业和高等教育也不断强化环保教育。1995年环境部组成了13个地区环保中心，加强地区环保机构综合管理权力，同时成立由专家组成的国家环保中心，负责监测全国环境状况。2000年开始实施新的《环境保护法》，将防止空气污染、消除噪音和环保许可证制度等法规汇总在一起，同时修改了节水和垃圾处理等相关法规，加强对环境的预防性保护。2002年8月决定增加对环保类能源项目的资金支持，推动风能、太阳能、生物气体等能源项目的开发，同时采取征收环保税（能源税、燃料税、机动车辆税、饮料的一次性软包装税等）的方式约束生产者和消费者，所征税款全部用于节能和环保工作。目前占芬兰全国工业污水总排放量90%的造纸工业污水已基本得到净化，城市污水净化处理率达到100%，不断优化的环境为芬兰人健康快乐生活提供了优越条件。

（七）教育优先发展为芬兰发展培养和储备大量人才

在美国《新闻周刊》"最幸福国家调查"五项指标中，芬兰的教育体系在所有国家中名列第一，他们评价芬兰"宽松而全面的学习环境，学生的自由选择度大，所有老师都拥有硕士学位，额外辅导是正常情况，每年大约有1/3的学生可以获得导师的单独辅导"。芬兰教育号称世界上最慷慨的教育，1921年起实行义务教育，1980年起在全国实行九年一贯制免费义务教育，包括大学在内实行全民免费教育，连外国留学生都可以享受免学费读书。芬兰教育支出长期高居政府预算第二位，仅低于社会福利支出，2008年教育预算为73亿欧元，占政府预算的15.9%。芬兰教育的核心价值就是坚持平等精神，绝不放弃学习慢的孩子，老师总是花最多的时间"把学习慢的孩子教会"；教育的重心是坚持教会学生"微观生活、宏观视野"，让学生从小安排自己的生活，让他们走出国门感受世界，找不到没出过国的中学生。芬兰一位15岁的中学生，在经合组织（OECD）"国际学生评价项目"大赛中蝉联两次总冠军。目前，芬兰拥有各类图书馆3000座，人均占有图书馆比例居世界之首，人均科技论文产出率超过美国和英国。良好的教育，最大限度地发挥了芬兰人的聪明才智，激发了他们的激情和创造力，使整个国家经济始终保持强大的竞争力，经济可持续发展的基础非常厚实。

（八）高科技发展战略的实施增强了芬兰国家的整体竞争力

芬兰多年来一直高居全球竞争力排行榜前列，其根本原因是得益于长期高度重视科技投入。20世纪七八十年代，芬兰就制定了以科技研发为核心和产业生存发展为基础的国家高科技发展战略，先后成立了芬兰国家技术创新局和国家科技政策委员会，总理直接领导科技政策委员会，相关政府部门、大公司、科研机构、大学的负责人参与其中，委员会负责监督和指导国家科技政策、规划和法规的制定和实施，综合协调科研、开发和教育同步发展。近十年，芬兰政府对技术研发投入巨资，如2007年全国研发的投入资金占国内生产总值的3.5%，在全世界名列前茅，其中公司、企业与私人机构投入45亿欧元，政府投资17亿欧元。即使是在遇到金融风暴的2008年，研发投入仍有增无减。政府还将重大科技发展项目纳入国家计划，与企业共同投资，成果归企业所有。芬兰科技发展的另一个特点是研究机构、大学和企业三位一体，紧密配合，共同制定和进行研究开发活动，使研究成果几乎是在产生的同时即转化为生产力；政府还通过组建国家科技创新体制、设立高科技风险投资基金、建设科技园等，推动研究机构、大学和企业锐意创新。

二、芬兰的经验对建设幸福广东的几点启示思考

综合分析芬兰人的幸福经验，可以看出，人见人慕的幸福芬兰，上天并不眷顾，贫瘠的土地、恶劣的环境、历史的磨难给芬兰人带来极大的痛楚，然而，芬兰人从不怨天尤人，而是政府和全体国民坚强地站在一起，坚持不懈地共同努力，大家生活在一个既有创意又相互照顾的世界，已经找到了幸福路径，这就是，大家都在同一艘船上。从中也可以看出，幸福的构成是多方面的，其中最重要的是来自精神方面的感受，“幸福在于做人的本性所要求的事情”（马可·奥勒留著：《沉思录》，何怀宏译，中央编译出版社2009年版），精神满足更容易产生幸福感。从芬兰的经验中，笔者认为，建设幸福广东应该以经济社会发展、人民就业充分、创新活力迸发、民意诉求畅通、社会公平正义、生态环境优美、人际关系和谐为目标。“他山之石，可以攻玉”，建设幸福广东，必须靠全省人民共同努力。

（一）强化为民造福理念，营造共创幸福社会氛围

建设幸福广东，最根本的目标就是要使全省民众普遍感受到幸福。以人为本、为民造福，必须成为各级党委、政府的执政理念。从现实看，建设幸福广东的形势不容乐观，在全球范围内，我国的经济总量已跨进世界前列，而在各种不同的国民幸福评价项目中，我们都位居中下游。在国内，尚未有省级幸福指数排名榜，但从实际看，广东省提出建设幸福社会在全国省区市中并不靠前，落后于相当部分省份如江苏、浙江等，基础并不扎实，在主要城市幸福感

评比中，广东城市的排名总体也较靠后，与改革开放前沿、经济大省的地位极不相称，民众幸福感并没有与经济发展同步。

要加大宣传力度，充分发挥新闻媒体和网络的作用，创新宣传载体和方式，大力开展社会主义幸福观宣传，动员全省人民积极投入到建设幸福广东的事业中来，共谋幸福、共创幸福、共享幸福。要善于加强思想引导，让广大人民群众准确把握什么是幸福、如何才能实现幸福。在全省范围内开展一场建设幸福广东的大讨论和思想教育活动，围绕“幸福是什么？幸福在哪里？我为幸福广东做什么？”这个主题，教育引导广大干群准确把握价值取向，科学合理地对待各种社会关系和利益格局，正确把握幸福的内涵和处理“知足”与“知不足”的关系，理性面对人生道路上的顺境与逆境，完善自身人格。大力倡导“我参与、我奉献、我幸福”的精神，唤起全省民众主人翁意识，主动参与到幸福广东建设中来，用积极态度为社会创造物质和精神财富，用和谐的心态与人和环境和平共处，精诚协作，互助共济，分享幸福。

（二）致力于政治生态建设，努力打造阳光政府

芬兰之所以能够成为一个最幸福的国家，最根本的经验就在于它有一个透明、廉洁、高效、公正并深得国民信赖的政府，“官念”淡化，官民平等。不存在特权和欺凌，社会就会和谐，人民才会幸福。要着力营造团结和谐的政治氛围，必须加大干部人事制度改革力度，大力选拔素质高、能力强、民意好的干部，按照科学执政、民主执政、依法执政要求，进一步完善领导方式，不断提升各级领导班子和领导干部的执政能力、领导水平，打牢组织基础。要以建设廉洁高效政府为重点，健全完善政务公开制度和监督机制、责任追究制度。强化严厉的立法，在法律层面营造一个平等的履行公务行为、司法执法和经商创业的环境。建立完善决策、执行、监督分立机制，强化责任追究。加大政务公开力度，强化公众监督和新闻舆论监督，营造民众对官员和公务员实施有效监督的社会氛围。强化公务员的法制观念和遵纪守法意识，必须把是否具有法律知识作为录用公务员的必要条件。加强民主法制建设，维护社会公平正义。

（三）建设人民满意的公务员队伍，营造和谐的社会氛围

公务员是治国理政的主体，承担着管理公共事务的重要职能。芬兰的公务员之所以能得到民众的信赖，原因就在于他们的廉洁为民和高素质。建设幸福广东，必须坚决打破传统观念中官民“对立”局面，建设稳定和谐、相互信任、相互依赖、荣辱与共的官民关系。要以人民群众满意为根本标准，切实加强公务员队伍的建设和管理。不断完善公务员考录和遴选制度，畅通各类优秀

人才进入公务员队伍的渠道，增强公务员队伍的活力。要把实践锻炼作为加强公务员队伍能力建设的根本途径，选派公务员到基层和群众最需要的地方去、到条件艰苦和困难较多的地方去摔打磨炼，砥砺意志品格，增长本领才干。加强公务员队伍作风建设，开展公务员职业道德教育活动，特别是群众观点和群众路线教育，引导广大公务员立足本职创先进、履职尽责争优秀，自觉树立为民、务实、清廉、高效的良好形象。坚持监督约束与激励保障并重，增强基层公务员服务群众、造福百姓的积极性和主动性。

（四）加快经济转型升级，努力提高民众生活福利

芬兰及北欧诸国在幸福国家排名中都很靠前，其共同特点就是经济发达、就业充分、收入高、分配公平、保障无忧。这里我们可以看出，“钱袋子”与“幸福感”有着密切的联系，“幸福感”要以“钱袋子”为基础，但有钱不一定就幸福，幸福感还受其他因素影响，如教育、医疗、环境等。得改革开放之先，广东经济发展成效显著——社会财富极大增加，人民生活水平提高，走在全国前列，这为我们建设幸福广东奠定了坚实的基础。但也应该看到，广东的发展是不平衡的，群众收入水平差距巨大，粤东西北有的连温饱问题还没有解决。建设幸福广东，必须坚定不移地把加快经济发展放在第一位，把增加民众收入作为提高人民幸福感的最根本前提和最重要基础。大力推进产业转型升级，帮助扶持粤东西北加快发展，促进地区平衡发展，多渠道增加群众收入。要关注低收入群体和贫困家庭的生活困难，加大对低保户、无劳动力者的福利救助，提高人民生活质量。大力实施积极的就业政策，千方百计增加就业机会，拓宽就业渠道，打造就业平台，完善就业服务，使每个有就业愿望和能力的城乡居民都能找到好工作。要积极探索收入二次分配制度，实行阶梯式纳税制度，对高收入者课以重税，减轻低收入者的税负，不断缩小贫富差距。

（五）坚持科学发展，尊重人的主观感受，实现人与自然和谐相处

在幸福国家调查中，芬兰大多数受访者表示，经常进行体育锻炼让他们感到愉悦。此外，和亲友在一起度过美好的时光、参加公益活动、享有安静的环境、沉思冥想也是让芬兰人感到幸福的要素。广东民众幸福感没有与经济发展同步，原因是多方面的，在生存环境、食品安全、社会公平正义等方面，民众的心理反差大大降低了他们的幸福感。要从根本上提高广东民众的幸福感，必须坚持科学发展道路。要把尊重人的主观需要、精神富足作为发展基本目标，重视对人类生存必需的淡水、大气、阳光、环境等的保护。大力实施人居环境升级工程，建立以政府为主导、企业为主体、全社会共同推进的污染治理与环

境保护工作机制，打造宜居宜商广东。要摈弃 GDP 挂帅思路，在国家主体功能区规划指导下，发展蓝色经济、海洋经济、低碳经济。积极开展环境综合治理，加大执法力度，强化环境监管，探索污染物排放有偿交易，建立生态补偿机制，努力改善大气和水环境质量，提高民众的环境满意度。

（六）积极推进基本公共服务均等化，不断缩小城乡差别

芬兰各地除了自然条件差异之外，基本实现了公共服务无差异化，从根本上消灭了城乡差异。我国提出积极推进基本公共服务均等化这一任务已经好几年了，但实际效果甚微。建设幸福广东，必须彻底破题，实现全省民众共享幸福。要着眼于广东全省域高起点规划、高标准建设、高效率经营、高质量管理，全力打造以广深珠为中心的珠三角城市群，作为全省政治、经济、文化、信息和公共服务中心，同时，加快以汕头、湛江为核心的粤东、粤西城市群建设，着力提升城市化水平。加快建立统筹城乡建设发展的大部门管理体制，以推进规范化服务型政府建设为保障，促进城乡管理体制一体化。加快改革户籍管理制度，稳步推进省内户籍人口自由迁徙，建立起城乡一元化户籍制度。加大财政投入和政策支持力度，进一步优化公共财政支出结构，加大对民生社会事业发展投入，确保全省民众公平享有各类公共服务，促进公共资源均衡配置，特别是加大对粤东西北扶持力度，大幅度提升公共就业服务、社会保障、保障性住房、义务教育、基本医疗卫生、公共文化体育、福利救助服务的供给和均等化水平，初步建立起统筹城乡和区域、覆盖全省、高效低廉的基本公共服务制度体系，实现全省域基本公共服务均等化。

（七）强化考核保障，有效推进幸福广东建设伟大工程

建设幸福广东，涉及面广，是一项关乎全省民众切身利益的系统工程，必须建立、健全强有力的保障机制，其中最重要的是要健全完善考核评价机制。要将国民幸福指数列为各级党委、政府和官员政绩考核的重要内容，作为一个硬性指标，不断健全完善幸福指数考核评价体系（鉴于民众幸福感有随着经济社会的发展不断变化的特点，指标体系必须不断调整完善），将国民幸福指数与经济发展、社会发展和党的建设等考核紧密结合起来，把人民幸福作为科学发展的根本目的、动力和检验标准，用幸福衡量发展，用民生倒逼转型，强化对民众幸福感的考核监督，充分发挥考察的指挥棒作用，促使各级党委、政府和广大领导干部从思想上高度重视，行动上认真落实，切实提高全省民众的幸福感，提高民众的生活质量，有效保证幸福广东建设的健康顺利进行。

参考文献

[1] 马辉，周荣国. 芬兰是如何构建和谐社会的［J］. 当代世界，2005（6）.

[2] 岑玉珍，蔡瑜琢编. 芬兰印象——改革开放30周年留学芬兰文集［M］. 北京：中国社会科学出版社，2009.

[3] 涂翠珊. 北欧四季透明笔记——芬兰创意、人文、生活［M］. 北京：生活·读书·新知三联书店，2010.

[4]（美）泰勒·本-沙哈尔. 幸福的方法［M］. 汪冰，刘骏杰，译. 北京：当代中国出版社，2009.

[5]（美）约瑟夫·E. 斯蒂格利茨，（印度）阿马蒂亚·森，（法）让-保罗·菲图西. 对我们生活的误测——为什么GDP增长不等于社会进步［M］. 阮江平，王海昉，译. 北京：新华出版社，2011.

[6] 胡祖才. 推进基本公共服务均等化的内涵和路径［N］. 人民日报，2010-10-08.

[7] 张达民. 芬兰人的幸福［J］. 知识窗，2009（2）.

创新公务员绩效考核机制的几点思考

宋　岩

在企业的绩效考核如火如荼、蓬勃发展的时候，公务员的考核却进入了进退维谷的冰封期，尽管全国各地都在推陈出新，但效果却都不甚明显。这固然与政府提供的产品是公共服务，而公共服务包括很多理论与意识形态类的要素难以量化、考核结果的激励效果受政府现有的薪酬体制和晋升方式制约较大等客观因素有关，但各级领导潜意识里对考核重视不够、没有专业化的考核人员队伍、怕烦、畏难也是造成考核“新瓶装旧酒”的重要原因。那么，公务员的绩效考核究竟“路在何方”？如何在这个复杂的体系中找到“切入点”和“突破口”，使公务员的绩效考核能够真正考出成效来？本文试图抓住考核的“短板”，从搞好“基础建设”方面入手，找到一些行之有效的办法和措施。

一、制约我国公务员考核制度的“短板”

考核工作要做好，首先需要有相应的理论做支撑，理论体系越系统、越完整就会有越强的指导性和操作性。就像企业在绩效考核时可依据目标管理法、关键指标法、平衡记分卡法、重要事件法等，虽然方法五花八门，但的确可以让企业根据实际情况“对号入座”。反观我国公务员考核的两大依据：《中华人民共和国公务员法》（以下简称《公务员法》）第五章、《公务员考核规定（试行）》，却带有“先天的缺陷”，虽然看起来对权限、内容、方式、结果都有了规定，但具体落实到各个地方、各个部门适用时，才发现照此理论去做非但没考出“绩”，更是浪费了“效”，变成了每年年底集体上演的一场“涂鸦”大戏。

（一）重通用而轻个性

目前我国的公务员管理遵循着科层制，是一种自上而下的管理体制。在不同层级里的公务员工作的核心和重点完全不同，因此不同层级里对人员的素质、能力的要求也不同。《公务员法》规定“对公务员的考核，按照管理权

限，全面考核公务员的德、能、勤、绩、廉，重点考核工作的实绩”，这就像把所有的公务员都统一用一个模子浇筑，造成了“千人一面”。再来看看我国公务员的职位序列，仅领导职务就分为十个层次，再加上非领导职务层次（含各个县级单位的股级）总共近二十个层次，用一种通用类指标进行考核，不尊重岗位的个性特点，必然会造成错位和错乱，就像让一个人拿着士兵的工资，经常去考虑将军的事一样，既不合情，也不合理。

（二）重定性而轻定量

考核其实也是一种测评工作，应该包括测量和评价。其中测量是应该建立一个模型，导入一组数据进行衡量，是一种定量分析的手段，是不以人的主观意志为转移的，属于科学计算法。而评价是基于个人的日常表现在其他人心目中形成的一种主观印象，是有感情因素夹杂于其中的。一个成熟的考核体系，定性和定量相结合是必不可少的。道理易懂，但操作起来却比较困难。特别是目前我们还处于政治体制改革的初级阶段，政府的角色还没完全定位，对许多该是市场或是社会组织去做的事情还要大包大揽，导致政府工作种类繁多且日渐加重，给本来就难以量化的公共服务产品增加了许多不确定因素。应该来说在较高层次政府机关，由于有大学、科研机构等资源可以利用，绩效考核的量化还有一定的效果和进展，但是在较低层次，由于没有相应的专业技术人员来保障，量化考核基本处于空白，而基层往往是面向群众、提供公共服务最直接的环节，也是工作最容易量化的。这种本末倒置的做法也是导致考核“失灵”的一个重要因素。

（三）重领导而轻群众

考核的目的是让被考核者及时了解自己在群体中所处的位置，发扬自己的成绩，改进自己的不足，进而在整个集体中形成一种“鲶鱼”效应。它的重要之处就在于群众参与，这里所说的群众，不单指参加考核的本人，更要包括社会上的老百姓，也就是说“民意”。但目前我国公务员考核中，特别是领导干部的考核中主要采用一种自上而下的单向评估模式，群众没有参与的途径，也没有参与的意识与兴趣，这也是造成某些领导只对上而不对下的原因，也出现了群众不认可、领导评价高的“怪象”，久而久之，领导和群众之间就变得“陌生”并产生了“隔阂”。而在基层单位的考核中，考核更变成了考核小组的“独家专利”，既没有年初的共同商议制定考核指标，也没有考核期内的谈话与沟通，往往是年终开个会，召集大家一起，不管认识不认识、对对方的工作了解不了解，凭感觉打钩或者涂卡。而且出于“面子”考虑，怕影响工作

积极性，考核的结果往往变成“密件”，当然优秀的除外。这样的考核，造成了大家对考核工作的麻木，也造成了对评估结果的认识分歧，容易出现考核的不公正和腐败。

（四）重结果而轻效果

考核的结果被重视的程度还是相当高的。因为其中有两个等次是与个人的前途息息相关的，一个是优秀、一个是不称职，但这两个等次的人数在庞大的公务员队伍中用“凤毛麟角”来形容绝不为过。而大多数评定为称职、基本称职的人在惋惜和庆幸过后，又会一如既往地按以前的方式开展工作。因为在他们的心里有一种认识，优秀可以“轮流坐庄”，不称职只要不犯大错误也落不到自己头上。但究竟这一年里我工作干得到底如何？我在这个集体里排在一个什么名次？就不得而知了。因为考核结束了就结束了，不会再有人和你提及这件事。这就是为了考核而考核，为了结果而考核，但却完全忽略了考核效费比，没有人来审计考核的成本。如果对考核工作本身也进行一个“优秀、良好、合格、不合格”的测评，那么后两个等次的票数肯定遥遥领先。

二、创新公务员绩效考核机制要先搞好“基础建设”

为什么企业员工的绩效考核可以做得好，而公务员的绩效考核却是如此难以开展？为什么把成熟的企业的绩效考核直接拿过来依然无济于事？很大程度上是由于我们的“基础建设”工作没做好而造成的。

（一）重视文化建设以求认同

也许有人会认为改善考核和重视文化建设是风马牛不相及，那就错了。一件事要能长期、可持续地发展下去，一定要取得大家思想上的认同，而这种认同的背后就是文化的同一性，简单地说，就是大家都认为这件事是对的、可行的、有用的。官员的考核制度从历史中走来，虽然它的内容和方式随着时代的不同而不断进行嬗变，但它背后蕴藏的文化却是一脉相承的，那就是民主和公平，而这正是考核文化的核心和基石。由于长期以来公务员的考核并没有形成一套完整的、有效的制度体系，导致了公务员群体对其的认知性和认同度越来越低，考核也趋于走形式和走过场的状态，所以要想让其重新焕发青春和活力，重塑考核文化，让公务员重新拾起对它的信心，也是当务之急。其实考核的终极目标是“不用考核”，是暂时通过考核，日积月累使大家形成一种习惯、一种认同，最后形成一种自觉遵守的意识。让每个人都能够在不受监督的情况下在其位、谋其政，用法律的框架来调节人们的行为，才是考核真正所要达成的目的。

（二）明确职责分工以求定位

职位分类是基于政府公务员的利益，将其职位就其所任工作性质、内容及责任，予以准确的定义、顺序的安排、公平的品评，以作为人事管理上公平处理的基础。可以说，在科学完善的职位分类制度下，我们才能相应地、从容地解决考核标准体系中所出现的更为复杂琐碎的问题。而目前我国机关单位中却存在职能交叉、混编现象严重的问题，张三在干李四的活，李四在干王五的活，处长在干科长的活，科长在干科员的活，有人找活干、有人等活干、有人没活干。造成许多部门人员在写年终总结时，各个层次的人员完成的任务都差不多，因此在考核时无论是纵向比还是横向比都较难分出高低和优劣，在进行优秀指标确定时也变成了部门利益的一种均衡，最好就是人人有份，避免造成内部的矛盾和不和谐。《公务员法》提出了“公务员可划分为综合管理类、专业技术类和行政执法类等类别”，是因为国家看出了在没有分类的情况下进行管理的难处，但《公务员法》颁布至今已经快五年了，却少见哪个地方进行了分类改革。而公务员的绩效考核要想真的能考准、考实也期待着公务员分类改革的“破冰”。

（三）细化指标体系以求精确

我国公务员考核指标的“粗糙”一直饱受诟病。任何类型的考核都要遵守考核对象的工作职责和职能不同，使用的考核要素和标准就应该不同这一基本原则。笼统模糊的指标易造成对指标理解的偏差，导致考核指标缺乏有效性和针对性。所以国家应该在指标体系的建设方面加大科研的力度，可根据公务员的职位分类，依照横向按定性定量分类、纵向按职务序列分类的原则，制定出理论完整、目标清晰、内容合理的考核体系框架标准，当然一些个性化的分指标可由各部门在大的框架体系中进行调整，这样才能保证整体的普遍性与局部的特殊性相结合。

（四）利用信息技术以求高效

公务员考核工作出现领导不重视、组织者积极性低、群众参与度差的问题，在很大程度上与此项工作繁琐、任务量大有关。在机关部门中真正组织实施此项工作的往往是人事部门的一两个人，而许多单位的人事部门通常还要负责工、青、妇、党务、机关等工作，这就导致了他们无法在考核工作中投入较

多的精力。同时，在组织考核中也没有相应的系统软件做支撑，许多数据要靠人工统计，这都造成了考核工作的效率低下。特别是缺少群众参与的信息化平台，通常的做法是发给单位或群众一张评议表让前来办事的单位或群众填写。这种做法不但无法保证评议的真实度，更因为其结果的单向透明，参与者无法了解自己的评价所起到的作用而失去了参与的兴趣。所以应该开通网上考核平台，让相关部门和群众通过网络进行参与，并将信息实时公开，这样才能提高效率和信度。

三、提高公务员考核“性价比”的具体方法和措施

公务员的绩效考核，不但要考出别人的绩效来，更要注重考核本身的绩效。要想提高绩效考核的“性价比”，让考核不只是“花钱赚吆喝”，需要各级领导放下身段、摆正心态、踏踏实实地做好每一个环节的工作，虽然它可能不完善、可能无法立竿见影，但只有在朴实的探索中才能找到准确的出路。

（一）群众参与，让考核指标真正定得“准”

现在就让我们来考虑第一个问题，关于定指标。这应该是每个考核设计组织者公认的最难的问题。解决这个问题的关键在于谁来定和定什么的问题。莫尔曼等人认为，“对于任何类型的设计活动，其根本原则都在于必须让将要使用这些系统的有关人员参与这个系统的设计。”也就是说，我们的“主考官”和学者们不要仅把指标的设计当成是自己的事，不要只是对着各个部门的岗位责任去“绞尽脑汁”、“冥思苦想”。对一个大单位而言，即使考核者对各个部门都有所了解，但也不可能详细知晓每一个部门的重点工作是什么，每个职位对人员的能力素质要求如何。因此，这时候考核者必须是“相信群众、依靠群众、发动群众”，考核者可以负责建立起一级指标和权重，而将细化二级、三级指标和权重的任务交给被考核人，由被考核人根据自己在工作中遇到的实际问题进行细化，然后由被考核人报给主管领导审核，考核者所要做的是最后的归纳和调整，当然在调整时积极与被考核者进行沟通，达成共识。最后将双方协定的指标和权重以表格的形式确定下来。这就解决了谁来定的问题。那么到底该定些什么呢？主要是根据不同的工作类别、不同的职位来确定不同的内容，在这里笔者以表格为例进行说明，一个是领导干部考核表，一个是一般员工考核表。

领导干部考核表

（考核对象：科长）

姓名：　　　　　　　岗位名称：　　　　　　　总得分：

项目及考核内容		配　分	自　评	外部评价	上级审核
领导能力（15%）		15 分			
		13 ～ 14 分			
		11 ～ 12 分			
		7 ～ 10 分			
		7 分以下			
创新能力（15%）		15 分			
		13 ～ 14 分			
		11 ～ 12 分			
		7 ～ 10 分			
		7 分以下			
工作任务及效率（15%）		15 分			
		13 ～ 14 分			
		11 ～ 12 分			
		7 ～ 10 分			
		7 分以下			
责任感（15%）		15 分			
		13 ～ 14 分			
		11 ～ 12 分			
		7 ～ 10 分			
		7 分以下			
沟通协调（10%）		10 分			
		8 ～ 9 分			
		7 分			
		5 ～ 6 分			
		5 分以下			

续上表

项目及考核内容		配　分	自　评	外部评价	上级审核
授权指导（10%）		10分			
		8～9分			
		7分			
		5～6分			
		5分以下			
工作态度（10%）		10分			
		8～9分			
		7分			
		5～6分			
		5分以下			
成本意识（10%）		10分			
		8～9分			
		7分			
		5～6分			
		无成本意识，经常浪费	5分以下		
备注： 关于“工作任务”这个项目，必须另附上工作计划及工作总结供参考和审核。					
考核人签名		分管领导确认		考核日期	

普通员工考核表

（考核对象：科员）

岗位名称：　　　　　　　　　　　姓名：　　　　　　　　考核日期：

项目及考核内容			配　分	自　评	外部评价	上级审核
工作任务（30%）			30 分			
			25～29 分			
			15～25 分			
			15 分以下			
工作能力（20%）	处理能力（10%）		10 分			
			8～9 分			
			7 分			
			5～6 分			
			5 分以下			
	工作技能（10%）		10 分			
			8～9 分			
			5～7 分			
			5 分以下			
工作协调（15%）			15 分			
			13～14 分			
			10～12 分			
			7～9 分			
			7 分以下			
责任感（15%）			15 分			
			13～14 分			
			10～12 分			
			7～9 分			
			7 分以下			

续上表

项目及考核内容		配　分	自　评	外部评价	上级审核
工作勤惰（10%）		10 分			
		8～9 分			
		7 分			
		5～6 分			
		5 分以下			
工作质量（15%）		15 分			
		12～14 分			
		7～11 分			
		7 分以下			
纪律性（10%）		10 分			
		8～9 分			
		7 分			
		5～6 分			
	经常违反制度，被指正时态度较差	5 分以下			
备注： 关于“工作任务”这个项目，必须另附上工作计划及工作总结供参考和审核。					
考核人签名		科长确认		考核日期	

这里所固定的指标，并没有完全按照《公务员法》规定的德、能、勤、绩、廉确定，而是根据具体岗位的实际要求来分解，其中“项目及考核内容”一栏的空白内容就可以由考核人进行细化。以上两个表格只是提供一种模式以供参考和借鉴，不能完全涵盖和代表不同部门对所属人员的考核指标要求，考核的组织者应根据实际情况对指标重新进行设定和调整。而考核指标的生命力也就在于它的个性化。许多人在制定考核指标时都觉得无法精确，所以就放弃，这里需要提醒的是，任何考核系统包括指标体系都不可能是完美无缺的，要允许包容其缺陷。尽管这也许是一种缺陷，但是这种逆向结果也许能更好地

反映出组织的现实状况，即多元利益的存在。以绩效提升为目的的考核必然是面向未来的。如果绩效衡量仅仅意味着对历史结果进行综合回顾，那么从绩效管理的角度考虑，这种衡量几乎没有任何价值。所以我们更要用一种发展的眼光来看指标的制定，要勇敢地走出尝试性的第一步，在实践中检验它的有效性，而不能因为畏难和怕失败而停滞不前。

（二）加强培训，让考核的组织者真正过得“硬”

在我国机关单位中，对考核的组织者进行全面系统的培训还是一片空白。负责考核的人往往也是“半路出家”，对考核工作一知半解。因此，加大对考核组织者的培训是做好考核工作的一个重要保障。现在通用的模式是成立考核领导小组，通常由部门一把手担任组长，其他分管领导担任副组长，然后选择一些从事人事工作的干部担任组员，还会下设一个考核办公室负责具体工作。从管理架构来看是合理的，但是从效能来看却是低效的。因为这种组合模式选出的是领导，但不一定是专家，而且这些人员也有一种“被当选”的感觉，也只是应付差事，不会全身心地投入考核工作。

因此，在成立考核领导小组时要走“专家型”路线，每年年初就要召开考核动员大会（而不是传统的在年底才召开），在整个部门内进行人员的选拔。首先要选好“主考官”，主考官是考核工作的管理者和指挥官，其工作是对整个考核工作进行组织、管理、实施、结果反馈，并作出最后的奖罚决定，因此他处于考核的核心地位，要选择政治合格、思想过硬、业务熟练，对考核理论和实践都有一定认识的人员，并且要让其参加相应知识的培训。其次是在部门中选拔一些业务骨干担任考核组成员，为了保证考核的公正性、客观性和准确性，要对入选人员进行统一培训，明确本次或者本阶段的考核内容、考核标准、考核程序、考核重点等，不仅使他们掌握考核所需的一切知识和技能，也尽可能做到考核标准统一。最后，参加考核组的人员要进行考试，作为培训结果的检验，考试不合格者不能成为考核组人员，考试合格者发放相应的证书。通过这些工作，不但可以提高考核者的素质，增强部门人员对考核的信心，也可以调动起群众参与的积极性。

（三）多法并举，让考核方法真正用得“活”

围绕着既定的考核指标，各单位可以根据单位特点、服务对象、服务性质的不同，灵活地采用各种考核方法。在考核方法的使用上就可以借鉴企业的考核办法。例如，单位规模比较大、服务对象比较多、业务涉及的部门比较广的就适宜采用全视角考核法，也就是所谓的360°考核法，即上级、同事、下属、

自己和顾客对被考核者进行考核的一种考核方法。通过这种多维度的评价，综合不同评价者的意见，则可以得出一个全面、公正的评价。这种考核办法，使原先考核的结构从“树型”结构变成了“网络”扁平状结构，采用这种方式通常要以信息化建设较好为基础，在企业中同事和顾客的评价往往是通过电子邮件和信息平台的形式来完成的，因为这样易做到保密性和便捷性的统一。但对工作性质比较单一、服务对象比较少的单位，就可以采用重要事件法，主要指考核人在平时注意收集被考核人的“重要事件”，即那些会对部门的整体工作绩效产生积极或消极的重要影响的事件，对这些表现要形成书面记录，根据这些书面记录进行整理和分析，最终形成考核结果。此外，人格特质类考核办法、行为类考核办法、结果类考核办法都可以“视情使用”，这里不再一一列举。

另有一点要格外注意，即考核时间安排的问题，一定要由原来的“贺岁片”变成“连续剧”，要从年底的“合订本”变成“月谈”甚至是“半月谈”。通过及时反馈，较差的绩效就会及时得到处理，而不会推迟到年度考核时，或者根本得不到处理。考核的作用并不在于年底拿出一个结果，分出一个好坏，而是在于平时的督促和促进，要使每个人都能及时了解到自己的工作完成情况以及其他人的现状，这样就可以形成一种“比、学、赶、帮、超”的氛围，进而带动整体工作向前发展。这就要求考核人员最好每半月将考核工作表发给被考核人员，同时还要附上其在同类人员中的排名情况，此外，考核组的人员要与排名靠后的同志进行沟通与分析，共同查找问题和原因。这样，平时考核发挥着反馈和监控的作用，也作为年度考核的基础和客观依据。

（四）赏罚分明，让考核结果真正说得上“话”

假定我们的考核程序、手段都是正确的，那得出的考核结果就应该是真实和有代表性的。接下来就要解决结果的激励作用了。《公务员法》规定，定期考核的结果作为调整公务员职务、级别、工资以及公务员奖励、培训、辞退的依据。但在实际落实时，情况并不那么乐观。因为按照激励效果来说，最显著的就是两点，一个是加薪，一个是晋升。但我国公务员的工资体系里没有绩效这一块，所以无依据拿出相应的钱来根据考核优劣进行二次分配，唯一的就是考核优秀者可以奖励一个月的基本工资，但由于数额太小根本无法吊起大家的胃口，大家反而会互相谦让来彰显自己的“高风亮节”。至于职务的晋升，由于受职数的限制，加之没有硬性的规定，更少有和考核结果直接挂钩的，所以作为依据的只能是“有条件”的依据。而不及格辞退这个处罚工具，在以和气为主的机关单位中，使用的就少之又少了，试问在目前的体制和机制下又有哪个领导肯担负起“要了别人饭碗”这个责任呢？因此，要让考核结果真正有“发言权”，必须拿出一部分工资进行二次分配，当然这需要国家出台相应的政策。在国家没出台相应的政策前，要允许单位进行试点，如可以在机关作风建设奖、公务员的年度考核奖里进行调剂分配；而在职务晋升方面，一定要规定、明确相应的激励措施，如考核优秀的可在竞争上岗时加分，在同等条件下可优先考虑，甚至连续几年优秀的可晋升非领导职务等“看得见、摸得着”的政策。只有这样才能让大家将考核真正当成自己的事来做，而不是在旁边看热闹。

公务员绩效考核是个难题，甚至关乎机制、体制改革的问题，但它并不是无解的，也不是一蹴而就的，它需要不断地探索和实践，只要每个公务员都做个有心人，一定会不断推进它向更新、更完善、更健全的方向发展。

芬兰廉政建设模式及其启示

黄锐亮

芬兰是行政监督较为完善、行政效能较高的国家，也是在反腐败方面取得了成功经验的国家。芬兰多年来一直被列为“最清廉的国家”，其廉政建设之所以取得较好成效，靠的是一套以综合治理、预防教育为特征的制度和法律体系，靠的是一种讲究公平的社会价值理念和以贪为耻的公民自觉，确保公共机构接受公众监督，构成了现代国家廉政体系，它同芬兰国家的政治民主、经济民主和社会民主制度一起，以合法、公开、透明、责任为基础，有效地保证和促进了芬兰政府的诚实、守信、廉洁和效率，保证国家和社会的健康运行。探析芬兰廉政建设的模式，总结芬兰廉政建设的经验和特色，希望汲取其在廉政建设方面的优点和经验，为我国反腐倡廉建设提供更具前瞻性与启发性的思维与观点，并透过体制的改革、政策的落实，构建我国廉能政治。

一、芬兰的廉政建设模式

芬兰的廉政建设，注重从文化、法律、制度、体制等不同层面架构起立体、多维、共推的反腐败体系，其主要特点有以下四点。

（一）思想层面：营造诚实可靠的廉政文化

芬兰在廉政文化建设方面堪称典范，廉政文化已经深入人心，并发挥出重要的作用。芬兰通过长期的廉政文化建设，营造了浓厚的崇廉文化氛围，使得贪污受贿、侵吞社会财富等行为如同偷盗抢劫一样，被视为卑鄙肮脏的不义之举，没有生存空间。在这种环境下，廉洁成为人格的组成部分。

芬兰长期执政的社会民主党奉行社会民主主义，主张公平、平等，公平、平等成为芬兰社会普遍认同和遵守的共同价值观。

芬兰重视培养公民的守法观念，中学开设法律基础教育课程；公民大多培养了自觉遵纪守法的良好理念，强调诚实守信，以权谋私被视为令人唾弃的行为。这种以廉洁为荣、贪污为耻的道德传统和社会氛围，对公务员的廉洁自律有极大的影响。

芬兰重视培养整个公务员队伍的职业道德和操守道德，特别是突出执法系统的廉洁自律教育，录用公务员必须考法律知识，上岗必须进行守法宣誓。多年的熏陶和不懈的教育使清正廉洁成为每个芬兰人的自觉习惯，这已经成为当代芬兰文化的一个重要组成部分。芬兰年轻人从大学毕业进入公务员体系后，最重要的就是弄清“腐败”的界限，即接受礼品或受请吃饭的上限是什么。在芬兰，领导带头廉洁自律，总统做出榜样，平时总是骑自行车上下班。各级政府官员也都自觉地廉洁守法。出现这种浓厚的廉洁自律氛围，从根本上讲，就是公务员自身有根深蒂固的严格自律的廉政理念。

（二）制度层面：形成严格细致的规范

在芬兰，腐败被视为刑事犯罪的一种，是政府无能或政府腐化的表现。多年来，芬兰以官员清廉为目标，制定了极其广泛而细致的规范，涉及宪法、法律、规章及伦理道德等各方面的内容。早在20世纪初叶，芬兰就开始制定反腐败法律，强调预防与惩治相结合。20世纪20年代制定了《公务刑法》，其后又根据情况变化而加以修订和完善，并制定了《审计法》、《政府采购法》、《工程招投标法》，这四部法典成为反腐败的基本法律依据。

芬兰反腐败方面的法律可分为三大类：一是规范约束公务员行政行为的法规；二是与惩治腐败犯罪有关的法规；三是专门用来规范约束行政监督机构的行为并为其履行职责提供必要保障的法规。这些法规内容具体细致，针对性很强。芬兰的宪法设置了反贪污贿赂的条款，规定了惩治腐败的原则。例如，行贿受贿在芬兰受到的惩罚以罪行严重程度划分，从一般性罚款到判处最高四年监禁。在接受礼品上，法律规定公务员不能接受价值较高的礼品，且根据物价指数而时有变动，约20欧元。公务员接受金钱、珠宝、家用电器、低利息贷款、免费旅行等都可以被视为接受贿赂，甚至接受荣誉头衔和有关部门的推荐也可能被视为受贿。公务员如果被指控受贿罪名成立，将立即被免职。对于因公出差，各部门每年都有固定计划，出差目的、期限和报销数额都有规定。对于部局级高官的出访，因为涉及重要政务，出访要经总理或议会批准。对人际交往中请客吃饭这样的小事也立下大规矩：上自总统高官出行，下至黎民百姓出差，都要执行政府以法规形式制定的全国统一招待标准，除此之外，加菜或烟酒的费用通过电脑网络，接受主管部门和媒体的核查和监督。

（三）监督层面：构建多层次的监督体系

芬兰对公职人员的权力制约机制十分健全，依赖整个社会，形成了一个由

政府内外组织、正式和非正式组织、政治和行政、司法系统全面参与的立体监督网络。

1．司法途径

司法独立，不受行政干预，保证了司法系统独立地开展工作，从而能够真正起到监督的作用。

2．议会途径

议会以立法权、重大政策审批权对行政进行监督，对政府的不良行政进行纠正。用名副其实的弹劾制度和责任追究制度对行政权力进行制约。议会有监督职责，根据《部长责任法》，如果各部委官员有不合法行为，就会受到议员指控，包括在官方活动中得到明显不合法的援助或帮助、滥用官方身份、损害国家利益等。被控诉人可以在某段时间内向议会作出解释。如果宪法委员会最后认定其违法，则把该指控提交到特别高等法院。

3．审计途径

芬兰在财政部设立的审计机构具有较强的独立性，有助于公正和独立地进行审计。

4．内部途径

芬兰重视内部监督，如行政监察、立法内部监督和政党相互监督。通过地方自治来有意识地弱化中央集权，法律规定了地方政府在领导人、财政和决策权方面的自决权，实际上减少了中央机构权力寻租的机会。为了使反腐败成果达到预期效果，芬兰还建立了一个反腐败网络，它由不同部门同一级别的负责人组成，该网络把芬兰各个部门连在一起，包括内务部、外交部、工业贸易部、财政部、总检察办公室、国家招商局、国家税务局、国家海关总局、商务部、芬兰工业联盟、芬兰商贸组织、芬兰企业联盟和司法部，网络中的每个代表各自负责他们行业的反腐败活动。

5．专职途径

行政监察专员公署是芬兰人的一大反腐法宝，其反腐功效受到了世人瞩目。根据1919年的宪法，芬兰行政监察专员由议会无记名投票选举产生，任期四年。在任期内，议会不得罢免其职务，不能向他发出工作指令或指派工作，案件涉及政府部长时除外。监察专员的主要职责是监督国家官员和国家机构行为的合法性。除总统、政府司法总监等极少数人外，其他所有工作人员都不能逃脱监察员的眼睛。他们有权视察各级政府机关和公共机构，出席他们的决策会议。他们的监督视线甚至延伸到宗教和社会团体。监察专员有权就任何事项向有关部门提出建议，对法律法规中存在的缺陷和问题提出修改意见，批评不良行政程序和做法，或直接提请国务委员会审议。日常工作中，公署充分依靠人民群众，任何芬兰公民甚至包括监狱犯人都可以举报官员的违纪违法行为。从1971年起，芬兰设立了助理监察专员，协助监察专员工作。

6. 舆论途径

公众通过新闻媒体揭露腐败，监督政府的行为。媒体通过自主的新闻报道、转播、调查、评论，对政府官员的行为操守进行批评监督。芬兰的大众媒体拥有很高的自由度，十分关注即使很轻微的可能导致贪污腐败的行为，为谋求个人私利而受贿或行贿的想法是不能被接受的，更不会被容忍。如果政府官员有不体面的事被媒体曝光，就会威信扫地，只能引咎辞职。芬兰现代化程度高，社会公众在追求平等和社会公正的民主社会主义观念主导下，也把对政府官员的监督当作一项应有的权力，积极参与社会组织，参与社会监督。在芬兰，官员的行为皆在公众的监督之下，任何公民都有权自由地检举和揭发违法的政府官员。芬兰政府为公民提供了各种机会，让每一个人都可以对政府官员的工作进行监督。任何人发现政府官员有渎职行为都可向警方告发或向其上司检举，甚至可以直接向法院起诉。

（四）行为层面：打造阳光政府和法治政府

1. 透明与公开原则

透明与公开是芬兰政府的一个主要原则，公共部门一切公开，接受市民和媒体监督。根据芬兰的《公开法》，政府档案馆以及公共部门的所有档案都对公众开放。政府官员实行信息公开和财产申报制度，实行金融实名的存款制度和官员财产信息公开制度，成为名副其实的阳光政府和透明官员。国家在采购物资和进行工程项目时尽可能公开招标，将行贿受贿的可能减到最低。芬兰社会的透明程度很高，现在，电子政务成为芬兰人日常生活的一部分，税务局和国家保险局都已设立热线服务系统，实行金融实名制度，不断完善财产申报办法。任何人都不能开匿名账户，税收当局有权了解全国所有账户的情况。每个公民和团体的收入及财产（资产）每年都要在纳税表上加以公布，任何人都可以到税务局询问和查实某人或某团体的收入及财产情况。

2. 实行集体决策

自17世纪以来，集体决策就在芬兰流行。芬兰人认为，如果决策机构只有一个人说了算，就容易导致腐败。行贿者会集中其所有资源和智慧贿赂该决策者；相反，如果集体决策，行贿难度和风险都大大增加。因此，家长制作风和个人独断专行在芬兰行不通。芬兰各级政府机构都设有审查官，虽然职位不是很高，但在行政首长决策过程中，如果出现疑问或失误，审查官可以对该决策提出质疑，并进行独立调查。一位部长可以不顾审查官的异议而通过某项决

策或制定某项规定，但没有审查官的签署，该决策就不受法律保护。因此，芬兰政府为防止腐败设置了双重保险，所有决策都要过两道关，一是行政首长，二是审查官。这样，决策一般不易为各种利益集团所影响和控制，从而保证了政府决策的公正性。

3．实行严格的公务员管理

芬兰对公务员的管理严格而没有弹性。在实行高薪养廉的同时，强化对公职人员管理考核，主要方法有以下三个方面：一是人员选任。对公务员和公共机构工作人员的选任有严格的条件和标准，对具有监督职能的行政机关或司法机关的官员选任尤为严格。二是管理监控。遵循现代管理原则健全管理，重要职位进行岗位轮换，严格控制公务员的兼职行为。三是考核评估。每年对公职人员的工作能力、个人素质、管理水平和廉政情况进行考评。一旦公务员被证实了腐败，不仅会被立即革职，严重的话还可能入狱，私营机构也不愿雇佣，更会被社会上的人看不起，更重要的是在亲朋好友、街坊邻居面前永世不得抬头。四是分类管理。芬兰实行现代公务员制度，政务官与事务官分开，防止权钱交易。占职位少数的政务官通过选举由党派轮流充任；占职位多数的事务官由考试录用，不受政务官更迭的影响，其升迁实行考核制，无过不得被解职。

4．强力惩治腐败

在芬兰，公务员接受金钱、珠宝、低息贷款、免费旅行都可以视为接受贿赂，甚至接受荣誉头衔和有关部门的推荐也可视为受贿。一旦公务员的受贿罪名成立，便会立即免职。芬兰中央银行行长有一次在公务接待中点了一道鹅肝，传媒公布菜单后被指责“超标”，结果只能引咎辞职。在芬兰，腐败的成本十分昂贵。由于机制健全，加之人员素质较高、工资水平较高，芬兰政府中很少有官员行贿受贿。

二、芬兰廉政建设的主要成效

（一）创造了世界公认的廉政成就

芬兰多年来一直保持着较低的腐败发案率，公众对执法人员的廉洁满意率非常高。自 1995 年起，“国际透明组织”每年发布世界各国腐败状况排名，芬兰一直被列为“最清廉的国家”。美国兰德公司公布有关廉政建设和惩治腐败的一项调查结果表明，在“世界各国政府廉洁自律总排名”中，芬兰名列第一。国际舆论称赞芬兰建立了比较有效的腐败剔除机制，能够“将一个筐里烂了的桃子挑出来，扔出去，从而保持了整筐桃子的新鲜”。

（二）提高了国际竞争力和国际地位

芬兰的廉政建设极大地促进了国家经济发展，直接影响了其国际竞争力和国际地位。在世界多项指标评比中始终位居榜首：芬兰已连续多年被评为世界上最廉洁的国家；连续多年被世界经济论坛评为世界上最有竞争力的国家；2005 年全球可持续发展中也名列第一；在 2006 年接受调查的 144 个国家和地区环境质量的“环境可持续指数”评估中，芬兰环保状况全球最佳，名列榜首；同时，芬兰也在 2006 年新闻自由度的评估中排名世界第一。

（三）提升了国家的整体道德水平

芬兰的廉政建设加强了公众与政府的交流和沟通，增强了民众对政府的信心，更好地巩固了政府的政治合法性。廉政建设鲜明的指向性让公众在获取各种信息的过程中自觉地接受熏陶，从而在全社会营造了人人崇廉奉廉，个个羞于腐败、耻于腐败和不敢腐败的良好环境，树立了“以廉政为荣，以贪污为耻”的社会风尚。芬兰的“幸福指数”在欧盟排名最高，这些不仅得益于芬兰发达的医疗服务和社会保障制度，更得益于政府廉洁所带来的社会和谐。

三、芬兰廉政建设经验对我国的启示

芬兰廉政建设模式和治理腐败的经验，与全世界所有成功根治腐败的国家或地区一样，无非民主、法治、制衡、监督、公开、透明、教育等。其廉政建设模式，贯串着加强教育、健全制度、强化监督等方面的内容，体现了惩防并举、注重预防的反腐败理念。当前，我国正在积极推进惩治和预防腐败体系建设，借鉴芬兰有效预防腐败的经验，对推进我国反腐倡廉工作，无疑有着重要的现实意义。

（一）强化反腐倡廉教育的针对性和实效性，大力营造廉政文化

反腐倡廉教育是一项长期的治本性、基础性工作。要突出针对性，针对不同类型、不同层次、不同岗位的党员干部，实施分类教育，解决要求的统一性与个体的差异性之间的矛盾。要注重典型性，深入发掘和培育先进典型，认真开展示范教育、警示教育，真正做到入脑入心。要讲求有效性，坚持继承传统教育方式与求新求变并举，多采用启发式、引导式的教育方式，以动态立体的高科技手段赋予反腐倡廉教育更鲜明的时代特色。要积极推行道德立法，对公共行政部门人员的职业道德以法律或法规的形式加以确定和强化，以提高他们

的道德水平，强化道德内约；深入开展廉政文化建设，结合中华民族的传统美德，挖掘有利社会的先进文化精髓，开展“荣辱廉耻”、“明辨是非”、“积德行善”、“犯罪可耻”、“不义自灭”的反腐观念的教育，形成强大的社会舆论压力，并将此变成公务人员拒腐蚀的自觉行动，营造推崇诚信、反对腐败的良好社会环境。

（二）建立严密的监督制度，约束权力的规范运行

强化监督机制是反腐败的重要途径，这是芬兰反腐败的基本经验，经过长期努力，芬兰形成了以分权制衡为总原则的多层次、全方位、纵横交错的权力监督网络，这一监督网络由议会监督、行政监督、司法监督、公众监督和新闻舆论监督等部分构成，形成了严密的监督制度体系。这个监督制度体系对公共权力进行了严密的制约，对可能滋生的权力滥用和腐败现象进行了严密的设防，为实现政治清廉提供了有力保障。因此，对于我国来说，对此要十分重视，采取种种措施，建立包括党内监督、国家监督和社会监督在内的权力监督制度，形成合理配置权力的结构，使权力主体间形成一定的制约关系，消除因权力高度集中、失去制衡而产生腐败的机会。

（三）制定完备的廉政法规，依法治腐护廉

注重廉政立法、法制比较完备，也是芬兰始终保持高度廉洁的重要经验之一。廉政建设并非作为一项单一的工作体现出来，而是已渗透到社会生活的各个层面，这些完备的廉政法规犹如编织了一道覆盖所有公共权力运作系统的极为严密、具体、全面、细致的法治之网。芬兰的廉政建设之所以卓有成效，重要的一条就是具有一套严格的、操作性很强的管理制度。法律不仅细化可操作，更重要的是法律非常严肃，任何人都不能当它是摆设。因此，我们按照依法治国的要求，一方面，必须将廉政法制建设纳入整个国家的立法体系，把制度用法律形式确定下来，全面通盘考虑，建立具有中国特色的党风廉政和反腐败法规制度体系，尤其要建立健全涉及反腐败内容的专门法律体系，提高反腐败法律层次，要有专门的部门法律，包括《反腐败法》、《公务活动刑法》等；另一方面，为了改变制度虚置的状况，必须强化制度的落实，在制定有关规定时要充分考虑可操作性、可实施性以及后续的监督，把制度反腐和监督反腐落到实处。

（四）强化反腐败机构权威，强力惩治腐败

芬兰政府为了更有效地惩处腐败行为，排除对反腐败的各种干扰，建立了

专职反腐肃贪机构，为维护国家的政治清廉和良好的社会环境作出了突出贡献。我们必须探索和推进反腐败体制改革，解决反腐败监督机构力量分散、职能交叉、资源浪费等突出问题，按照惩处、教育、预防、监督的基本职能调整力量，整合资源，优化机构设置，进一步整合我国的监督机构，增强监督机构监督的独立性和权威性。同时，要打造一支专业、廉洁、高效的反腐工作队伍，这是反腐工作取得成功的重要保证。必须坚决惩治腐败，加大腐败成本；对腐败问题实行零容忍，只要涉嫌贪污，无论数额大小都坚持一查到底，决不姑息。

参考文献

[1] 倪星，程宇，揭建明. 芬兰的廉政建设及其对中国的启示 [J]. 湖北行政学院学报，2008 (1).

[2] 朱军. 芬兰的廉政文化 [J]. 检察风云，2005 (5).

[3] 许道敏. 芬兰：监督机制有效运行 [J]. 中国监察，2004 (7).

[4] 朱明国. 香港廉政建设的成功做法及思考 [N]. 学习时报，2009 - 11 - 11.

芬兰警务内涵式发展之路对我们的启示

郑建辉

2010年5月8日至7月8日，笔者有幸参加了第四期广东省公务员公共管理芬兰专题研究班的学习，其间，研究班学员赴芬兰首都赫尔辛基国家行政管理学院进行为期一个月的学习考察。在培训学习期间，笔者结合本职工作，重点对中芬两国的警务工作模式进行了比较研究思考。尽管中芬两国有不同的国情、不同的文化背景与管理体制，警务运作模式也不一致，但芬兰警务内涵式发展之路对我国警务工作发展具有借鉴意义。随着我国的文明法治建设进程不断加快，随着建立现代警务机制的战略理念越来越明确，我们对警队的要求也越来越高、越来越迫切。如何从观念上、体制上、机制上、保障上借鉴学习芬兰先进经验，因地制宜地转变观念和改进工作，实现“科技强警”、“素质强警”战略，促进公安工作可持续发展，仍将是一项重大而长远的课题。

一、芬兰警察概况

芬兰地处北欧，历史悠久，国土面积近34万平方公里，人口约530万。公民素质较高，自然环境优美，讲究环保低耗，属于高福利国家，贫富差别较小，社会和谐稳定。

（一）中央集权与地方自治相结合的警察体制

在警察机构设置方面，芬兰警察机构分为三级：第一级为国家警察署，隶属于内政部，由警察技术中心、警用装备局、警察学校、警察学院、警犬培训中心、交通警察局、国家调查局、安全警察局、赫尔辛基警察局等部门组成；第二级为省级警察局，全国共有5个省（市）警察局；第三级为地区级警察局，下设调查部、组织部两大块，其中调查部又分设毒品案件、侵犯财产权利案件、侵犯人身权利案件、经济案件和暴力犯罪案件侦破五个部门；组织部主要是内部行政和人力资源管理。国家级对于省级、省级对于地区级是指导监督关系。

（二）警察的职责任务

根据芬兰《警察法》，警察局的主要任务是维护社会秩序、保障公共安全、预防犯罪和调查案件，日常工作主要有进行犯罪调查、审批外国人居留许可、审批特殊证件许可。其中，国家调查局负责调查、侦破和打击国际犯罪、有组织犯罪、职业犯罪、经济犯罪以及其他严重的犯罪活动，同时，该局还兼有国际刑警组织芬兰国家中心局职能。安全警察局负责对危害国家安全的犯罪活动开展调查，防止此类犯罪活动的发生。

（三）治安状况平稳良好

芬兰共有人口 530 万，警力约 8700 人，警察与人口比例为万分之十六。全国刑事发案年平均只有一两百宗，是世界上犯罪率最低的国家之一，交通、火灾事故也很少发生。近年来，由于经济全球化和欧洲政治、经济一体化进程的影响，周边国家人员大量涌入，也出现了一些新的治安问题，如毒品问题、青少年犯罪问题、外来人员犯罪问题、网络犯罪问题等。

二、芬兰警务工作给我国的启示

尽管我国与芬兰社会制度、经济基础、文化背景不同，警务工作在许多方面没有可比性，但芬兰警务内涵式发展之路对我们构建社会主义和谐社会、探索建立现代警务机制，有不少有益的启示。

（一）重视犯罪预防，社会治安综合治理，打造防范警务

芬兰警方把预防犯罪工作作为警方的首要职责，反复强调犯罪预防的重要性，认为案件一旦发生，即使成功破获也已经对社会或公民造成损害，只有减少犯罪，才能取得最佳的社会效益，才能最大限度地减少警务运行成本。而要减少犯罪，必须营造和谐的社会环境，遏制犯罪动机。为此，芬兰政府采取了大力发展经济、提高整体国民生活水平、缩小贫富差距等一系列措施。政府在政策制定、职能划分和运作机制上，将“有限政府”的理念向警务工作延伸，落实“有限警务”的方针，充分发挥社会各部门优势，建立社会治安综合治理大格局。例如，在政府部门专门设立人口登记处，对 15 ～ 17 岁的问题少年成立由警察、监护人和社会福利部门组成的帮助教育小组，经常与之交谈，促使其转化等。因此，芬兰的侵财犯罪案件占全部案件的比例远比我国低，仅为 20%～30%。

芬兰警方在减少发案工作中采取了大量主动性、根治性的措施。例如，为了实现交通事故“零死亡”的目标，芬兰警方从预防儿童交通事故入手，培养孩子们的交通安全意识。为了结合实际对孩子们进行交通安全教育，芬兰警方和青少年事务中心在赫尔辛基市中心建立了“儿童交通城”。交通城内模仿城市的各种设施，设有微型马路和人行道及自行车道。幼儿园和学校的老师可通过电话预约时间，然后带领孩子们来到“儿童交通城”实地接受交通安全教育，在工作人员的指导下进一步熟悉有关的交通规则。除此之外，芬兰的幼儿园和学校每年举行“交通安全教育日”活动，由交通警察给孩子们讲述交通安全基本知识。芬兰拥有400余万辆机动车，万车死亡率为0.3，远低于发达国家万分之二左右的死亡率。

总体而言，我国对犯罪预防工作也一直很重视，社会各方尤其是公安机关为此做了大量工作，成效也相当明显。但与芬兰相比，预防犯罪的理念无论是全社会还是公安机关，都需要大大强化。当前，全社会对犯罪预防没有引起高度重视，预防和遏制犯罪的机制还很不健全；对新时期犯罪预防工作信心不足，认为犯罪高速增长的势头不可避免；不少地方公安机关重打轻防，工作方式粗放，防范工作只停留在赶跑可能作案的人员。

借鉴芬兰的做法，有必要重新考量我们预防犯罪的理念、体制、机制。从全局看，要把发展作为第一要务，大力发展经济，提高群众的生活水平，并且要兼顾公平，消除贫困，缩小各阶层之间的贫富差距，尤其是各级党委、政府要树立正确的政绩观和科学的发展观，把构建和谐社会作为执政能力的重要体现，采取各项治本性的对策和措施，从根本上减少犯罪。要把预防犯罪工作纳入各地党委、政府的政绩考核内容，坚持社会治安综合治理方针，把教育人、挽救人、帮助人的工作摆到更加重要的位置，努力减少犯罪动机，消除犯罪起意。要进一步加强未成年人保护工作，减少他们与不良现象的接触时间和机会，帮助他们扎牢思想“篱笆”。对有问题的少年，要主动会同学校、家庭、社区等部门，从关爱入手，防止其滑入犯罪的泥潭；对背井离乡的外来人员，要真心关心、尊重他们，为他们提供各种便利，增加他们对“第二故乡”的归属感；对归正人员，要重视而不歧视，暖心而不伤心，帮助他们解决工作和生活问题，努力为他们创造改过自新的机会，防止其重新犯罪。作为维护社会治安的主要职能部门，公安机关要在坚持“严打”经常化、打击破案专业化的同时，进一步重视预防犯罪工作，建立起全方位、全时空、多层次的治安防控体系，健全诸警种分工协作、有机衔接、整体作战的打防控一体化工作机制，体现防范严密、控制有力、全面设防的要求。

（二）警令畅通，快捷有序，打造高效警务

芬兰的警察机构实行三级架构：国家警察总局、省级警局和县级警局。相比我国的四级架构：公安部、省级公安厅、市级公安局、县级公安局，他们减少了一级机关。这固然与他们的国家地域及国家体制有关，但的确比我国的警察体制更加精干，更容易了解实情，更利于快速反应，工作也更加高效。而且他们的警局机关也比较简练，一般只设局长一名、副局长一名。警务运行机制相当高效，值勤警力和警用装备始终处于待命状态，一旦发生警情，能够在第一时间赶赴现场。道路上的车辆对鸣笛警车非常配合，一律斜向靠边让道供警车先行。如果发生街面警情或道路交通事故，路面监控系统可以立即发现警情，即使没有民众报警，警方也可以及时到达现场。部门联动工作也比较到位，其他部门在接到警方通知或者发生水灾等突发事件时，都能在很短时间内到达现场，处置工作有组织、有效率。此外，芬兰警察主要是刑警、巡警两个警种，警种之间的职责分工非常明确，这也保证了工作运转的协调高效。

与芬兰警局运行机制的规范、精干、高效相比，我国还存在机关单位机构臃肿、部门联动不协调、工作效率不高的现状。新中国的警察体制从成立到现在已有半个多世纪，出现这样的局面很值得我们反思。多年来尤其是改革开放以来，由于案件的持续高发，我们把警力资源数量的扩张作为重要途径，警员数量、装备数量、基础设施等都有了大幅度的提升，但目前仍然处于头痛医头、脚痛医脚，打不胜打、防不胜防的状态。这固然与我国的社会发展阶段有关，但更与我们的组织架构和体制瓶颈有关。要改变这一状态，必须走内涵式的发展道路，按照公安工作的规律性，实现科学决策、科学布警。

第一，进一步精简机关警务人员，充实派出所等基层单位，把绝大部分警务资源用于一线实战部门。明确上下级之间的职责划分，努力提高决策的科学性，防止越位、错位、失位现象，使决策充分体现当地、当时的形势要求。

第二，推动警务指挥模式由传统层级式“警情引导警务”向扁平化“信息引导警务”转变。传统警务工作依靠领导的层层行政指令来运作，环节多、反应慢、效率低，层级流转过程中许多资源被无谓地消耗。要通过情报信息分析研判，适时调整警力和资源向最需要的方位和时间流动，推动打、防、管、控工作由粗放型向集约型、精细化转变。同时，借助信息指挥平台，形成“点到点”的扁平化新型指挥调度机制，大大提高指挥效能和快速反应能力。

第三，要加强执法规范化建设，有的放矢地从程序和实体上对民警的执法活动作出规范，并充分借用信息化手段着力强化执法监督，以刚性手段推动民警提高执法素质，推动公安执法由粗放型向规范化转变。

（三）优化警务资源配置，打造节约型警务

芬兰社会治安虽然良好，但在高科技犯罪和跨国犯罪日益严重的形势下，如何以有限的人力、物力和财力有效地打击犯罪仍然是一个重要的课题。为此，制定符合实际情况的警务工作计划是十分重要的。为使现有警务资源得到合理利用，芬兰警方在制订工作计划时，采取以现有人、财、物等为基础，量力而行的原则。例如，如果某个警务部门要招录警察，那么就要先进行预算，如果有资金就可以招收，没有资金就不能招收。如果工作实在需要，那么就采取组织现有人员加班，支付其加班费的方式予以解决。

芬兰政府比较富有，但对警方的警力和装备投入却非常节俭。为避免警察成为“数目、经费和权力日益增大，而效率和效能并不一定高的队伍”，芬兰警方在处理后勤人员的聘用、警用车辆、警用设施的建设与使用等细小问题方面非常讲究实用性。例如，芬兰的艾思堡市警局警员仅有 380 人，警用车辆 37 辆。警局的办公场所不仅没有想象中的宽敞，警员办公间都是大开间敞开式，但功能区如审讯、接待、装备、档案等房间却非常齐全，利用率很高。警用装备不追求豪华但能满足应用的要求，而且这些装备始终处于待命状态，随时可以使用。

芬兰警方在警务运行中非常重视成本核算。警方以情报信息和风险分析预测为依据，科学评估，合理配置常规警务和专项行动中的人数、警种、分工、职责，最大限度地减少非警务活动，加大技防投入，以先进的门禁系统和监视系统取代以人为主的防范模式，将警力用于预防和打击犯罪一线。对于大型体育比赛、商业演出、群体集会等活动，充分发挥主办部门和团体的力量，做到“谁主管，谁负责”，主要安保任务由主办方的保安人员负责，警方负责一般巡逻、道路疏导和应急事件处置任务，投入警力也以当班警力为主。例如，我们实地参观了 2010 年 6 月 12 日在赫尔辛基城市广场举办的赫尔辛基节游行，参加游行表演的演员和围观的群众近 20 万人，警方出动巡警、防暴警不到 100 人。

与芬兰警局在警务运行遵循市场经济规律，科学引入成本核算理论，优化警务资源配置相比，我国警务工作高耗低效的现象比较突出。长期以来，我国警务工作仍沿袭粗放型方式，习惯于依靠高强度的警力投入、大规模的运动战、不断强化的行政指令来提升工作效果，投入大而产出较低，严重制约了公安工作的科学发展。因此，从公安工作的发展方向来看，我们有必要把警务运行方式转到主要依靠科技进步、科学管理和提高民警素质上来，打造节约型警务。

第一，坚持走科技强警之路，抓紧公安机关的现代化建设。一方面，要积极争取党委、政府和相关部门对公安科技建设的支持，将其纳入政府科技发展总体规划，加大对公安科技装备的资金投入；另一方面，要加强规划论证，科学决策，善于精打细算，避免贪大求全，少花钱多办事，发挥建设资金的最大效益。

第二，推动公安社会管理由粗放型向信息化转变。公安社会管理对象量大面广，单靠人工管理、传统方式难度大、效果差。而信息化是我们在社会开放性、流动性不断增强的新形势下，提高社会管理能力和水平的关键要素和重要手段。通过信息化手段，建立起统一规范、资源共享的信息平台，可以顺利实现对“人、屋、车、场、网”特别是流动人口等社会管理基础对象的动态、实时管控，做到“基础工作信息化，信息工作基础化”，达到既能管住、管好，又大大减少警力投入的双重效果。

第三，建立以人为本，高效灵活的人力资源管理机制。尽快实现组织机构、队伍管理、执法执勤、监督制约等方面的科学化、规范化、制度化。尤其是在采取较长时间的工作部署时，必须慎之又慎，一般性的集中行动应由县级公安机关组织，给基层较大的自主权。同时，要大力提高民警的自主能力，鼓励民警科学安排自己的时间和精力，发挥主观能动性和创造性。

后　记

中共广东省委、省政府高度重视公务员境外培训工作，为培养一批具有世界眼光和战略思维的党政人才，广东省每年均选派一批公务员到发达国家大学学习公共管理先进理念和经验。广东省公务员公共管理芬兰专题研究班是广东省公务员境外培训项目之一，在国家外国专家局、广东省财政厅、广东省外国专家局的大力支持下，由广东省人力资源和社会保障厅、广东省人民政府外事办公室、中山大学与芬兰公共管理学院合力承办和共同努力，专题研究班取得成功，达到了预期的目的。

2010 年 5 月 10 日至 7 月 9 日，第四期广东省公务员公共管理芬兰专题研究班在广州中山大学学习培训了一个月，在芬兰公共管理学院学习培训了一个月，为期两个月的学习培训采取国内和国外培训相结合、理论教学与政策研讨相结合、课堂讲授与专题讨论相结合等灵活有效的方式进行。在国内的培训学习中，中山大学组织了公共管理方面的专家为本研究班讲授涉及公共管理、公共政策等方面的 14 门课程，并邀请校外权威专家就中国政治发展、北欧福利制度、中国土地政策等问题作专题讲座。在此期间，学员还以小组讨论、学员论坛等形式对所学知识予以总结，并将理论知识结合具体问题进行分析。在国外学习期间，芬兰公共管理学院负责提供培训服务，通过培训，学员透过芬兰了解发达国家公共管理的体制机制、运行模式、政策措施及成功经验，掌握了公共管理基本理论。在学习中，学员们表现出极强的求知欲，善于利用课堂教学与研讨、图书馆查阅资料、网络搜索与交流、实地考察等学习资源与机会，积极向培训专家求教，圆满完成了教学计划的全部内容。

按照培训要求，每位学员在培训课程结束后，需提交一篇运用所学公共管理理论并结合芬兰公共管理经验来深入分析广东公共管理实践的论文。呈现在您面前的这部论文集就是第四期芬兰班学员精心撰写、反复修改之后的研究成果，内容涉及科技创新和经济发展、社会公共服务和社会保障、政府管理等各个方面。他们充分结合各自的工作领域，借鉴芬兰的有益经验，对广东省乃至我国改革开放进程中政府所面临的诸多具体问题进行了积极思考，对转变观念、提高公共服务意识、不断提高自身公共管理与服务的水平和能力等问题进行了较深入的分析和探讨。

本论文集由广东省人力资源和社会保障厅（广东省公务员局）综合管理与培训处、中山大学政治与公共事务管理学院组织、编辑。由于时间仓促，本论文集难免有粗疏之处，还请各位指正。

2013 年 9 月